혹부리 영감과 내선일체

혹부리 영감과 내선일체

김 용 의 저

전남대학교출판부

서 문

왜 일어일문학과를 들어갔나요? 이는 저자가 전남대학교 일어일문학과에 입학한 이후, 주위 사람들로부터 줄곧 들어왔던 질문이다. 이 질문은 저자가 일본에서 보낸 6년 동안의 유학생활 중에 일본사람들로부터 가장 많이 받은 질문이기도 하다.

저자는 1980년에 전남대학교 인문사회과학대학에 인문계열로 입학하여 개인 사정으로 1년을 휴학하고 복학 후에, 1982년 3월 당시 신설된 일어일문학과를 택하여 학과 전공진입을 하였다. 왜 일어일문학과를 택하였을까? 당시만 해도 노골적으로 '반일감정'이 팽배하던 시대로, 학과 친구 중에는 시골에 계신 할아버지로부터 "대학까지 가서 일본어를 배우느냐."고 야단을 맞기도 했다고 한다.

지금 생각해보면, 저자가 일어일문학과를 택한 동기는 비교적 단순하다. 즉 '일제시대의 잔재'에 대한 관심에서 비롯되었다. 지금은 상황이 많이 바뀌어 '잔재'란 말 자체도 별로 쓰이지 않게 되었지만 당시만 해도 주변 사람들 특히 나이든 노인들의 일상적 대화에서 일본어 한두 마디를 어렵지 않게 들을 수 있었다. 그리고 조금만 관심을 갖고 주변을 둘러보면 일상생활 곳곳에서 '일제시대의 잔재'를 확인할 수 있었다. 일제강점기 한국사회에 이식된 일본문화가 근대 이전부터 전승된 한국의 전통문화와 어떤 지점에서 충돌하고 융화되었는지, 그 일본문화가 오늘날 한국사회에 어떤 형태로 잔존하고 기능하고 있는지. 이는 저자가 일어일문학과에 입학하여 일본어를 배우기 시작한 이래, 지금까지 일관되게 지니고 있는 주된 관심 영역이다. 요즘 자주 쓰이는 말로 표현하자면 포스트 콜로니얼리즘 또는 식민지 문화변용에 대한 관심으로 요약할 수 있겠다.

본서는 저자가 1997년 일본의 오사카대학 대학원에 제출한 박사학위 논문을 바탕으로 구성하였다. 그 동안 학위논문의 일부를 관련 학회에서 몇 편의 소논문으로 나누어 발표하였는데, 이번 기회에 단행본으로 출판하게 되었다. 박사학위 논문은 일제강점기 교과서에 수록된 〈혹부리 영감〉의 이데올로기적 성격, 일본의 오니(鬼) 영향으로 한국의 도깨비 형상이 탄생하게 된 과정이 핵심 내용이다. 본서에서는 전자를 중심으로 정리하였다. 후자에 대해서는 다른 기회에 보완하여 정리하고자 한다. 저자가 학부 때부터 줄곧 탐색해왔던 '일제시대의 잔재'에 대한 문제의식에 비하면 그 성과가 미미하여 부끄러운 생각이 앞서지만, 앞으로의 연구활동에 대한 각오를 새롭게 다진다는 의미에서 스스로 위안을 삼고자 한다.

본서의 구성에 대해서 간략하게 설명하고자 한다. 본서는 모두 6장으로 구성되었다. 제1장은 서론에 해당하는 부분이다. 한국과 일본의 〈혹부리 영감〉을 비교하는 목적 및 의의를 중심으로 문제제기를 하였다. 선행연구 검토를 통해서 한일민담 비교연구에 드러난 두드러진 경향을 지적하고, 〈혹부리 영감〉을 소재로 하여 새로운 방식의 연구가 필요함을 제시하고자 힘썼다.

제2장에서는 본서의 주제인 일제강점기 교과서에 수록된 〈혹부리 영감〉의 이데올로기적 성격을 규명하기 위한 토대가 되는 작업을 행하였다. 한국과 일본의 〈혹부리 영감〉의 유형 및 양상을 검토하여, 양자의 공통점 및 차이점을 분명하게 부각시키고저자 나름대로 비교연구를 위한 유형 분류를 시도하였다.

제3장에서는 일제강점기 한국의 설화를 연구한 일본인 연구자들에 의한 한국의 〈혹부리 영감〉의 「발견」, 그들이 어떤 이유에서 한국의 〈혹부리 영감〉을 대대적으로 주목하고 관심을 가졌는가를 밝히고자 하였다. 그들이 한국의 〈혹부리 영감〉을 주목한 이유는 당시 조선총독부의 통치이념으로 강조된 '내선융합' '내선일체'라는 이데올로기가 결정적으로 작용하였기 때문이다. 그리고 그들 일본인 연구자들에 의한 〈혹부리 영감〉의 발견 및 확산은 조선총독부에서 편찬한 『보통학교 조선어독본』을 비롯한 교과서에 수록되는 직접적 계기가 되었다. 이로 인해

〈혹부리 영감〉과 유사한 민담구조로 된 〈도깨비 방망이〉 이야기는 당시 한국에서 〈혹부리 영감〉보다 더욱 널리 전승되고 있었음에도 차츰 잊혀져가는 결과를 초래하였다.

제4장에서는 일제강점기 보통학교 및 소학교 교과서에 수록된 〈혹부리 영감〉의 텍스트 에 대해서 구체적으로 분석하였다. 우선 일본의 「소학독본」에 수록된 '오대동화'의 분석에서 출발하여 일본의 「소학독본」에 수록된 〈혹부리 영감〉이 교과서에 수록되는 과정에서 가해진 개작 양상을 분석하였다. 일본에서 편찬된 「소학독본」을 주목한 이유는, 일제강점기 식민지 조선의 보통학교 및 소학교 교과서가 제국 일본의 교과서와 밀접하게 연동되어 있었기 때문이다. 그 결과, 일제강점기 한국의 〈혹부리 영감〉이 교과서에 수록되는 과정에서 적지 않은 개작이 이루어졌음을 관련 자료를 통해 구체적으로 밝혀냈다.

제5장에서는 일제강점기 교과서에 수록된 〈혹부리 영감〉의 이데올로기적 성격에 대해서 분석하였다. 즉 제4장이 교과서라는 텍스트 분석이라면 제5장은 교과서에 주입된 시대적 이념에 대한 컨텍스트 분석이 목적이다. 먼저 당시 시행된 조선총독부의 교육정책에 대해 개관하고, 해당 교과서와 관련된 「편찬취의서」 등의 분석에 의해, 당시 조선총독부에서 통치 슬로건으로 내건 '내선일체'라는 정치 이데올로기를 주입시키기 위한 목적에서 한국의 〈혹부리 영감〉을 교과서에 수록하였다는 사실을 규명하였다.

제6장에서는 일제강점기가 끝난 후에 한국사회에서 〈혹부리 영감〉이 어떤 방식으로 확산되었는지를 확인하고자 하였다. 특히 오늘날 어린이 독자를 대상으로 유통되는 한국의 전래동화집에 실린 〈혹부리 영감〉의 화소 분석을 통해, 일제강점기 교과서 수록을 계기로 한국의 〈혹부리 영감〉에 가해진 개작 요소가 어떻게 지금까지 답습되고 있는 지를 지적하였다.

부록편에는 독자들의 편의를 위해서 본문에서 인용한 관련 설화자료를 따로 모아 두었다. 일제강점기 일본인 연구자들이 발행한 「조선동화집」에 실린 설화자료, 당시 일본의 교과서에 실린 〈혹부리 영감〉, 일제강점기 보통학교 및 소학교 교과서에 수록된 〈혹부리 영감〉, 한국의 전래동화집에 실린 〈혹부리 영감〉 등을 중심으로 수록하였다.

본서가 나오기까지 많은 분들의 힘이 보태지고 가르침을 받았다. 학부 시절 가르침을 받은 전남대학교 일어일문학과의 여러 교수님들, 이 시절 민속학이라는 학문에 흥미를 느끼게 이끌어주신 일본 게이오대학 노무라 신이치(野村伸一) 교수님, 대학원 석사과정 시절부터 부족한 제자가 어려움에 처할 때마다 버팀목 역할을 해주신 중앙대학교 박전열 교수님, 일본유학의 계기를 만들어주신 전남대학교 명예교수 신상순 교수님, 오사카대학 대학원 지도교수로 공부하는 즐거움을 가르쳐주신 국제일본문화연구센터 고마쓰 가즈히코(小松和彦) 교수님, 학위논문 작성 중에 좋은 연구 여건을 만들어주신 민족학박물관 아사쿠라 도시오(朝倉敏夫) 교수님께 특히 감사드린다.

그 밖에도 저자의 유학시절 오사카대학 대학원의 선배 동료들로부터 많은 조언을 받았다. 인하대학교 명예교수 최인학 교수님, 천안대학교 김기창 교수님, 경수초등학교에 근무하신 신영순 선생님께는 자료제공 면에서 큰 도움을 받았다. 이 기회에 지면을 빌어 감사드린다. 그리고 편집과정에서 저자의 부족한 부분을 채우느라 애쓰신 전남대학교출판부의 박방배 과장님을 비롯한 편집부 여러분께 진심으로 감사드린다.

본서는 저자의 박사학위 논문 일부를 바탕으로 구성한 만큼, 그 동안 저자가 출간한 여러 책 중에서도 각별한 의미가 담겨 있다. 이제 연로하셨으나, 살아계신 그 자체로 늘 힘이 되어 주시는 부모님의 은혜에 큰 절을 올린다. 끝으로, 부부의 인연이란 얼마나 소중한 것인가를 깨닫게 해준 아내 강경희, 별 탈 없이 성장하는 아들 휘중, 딸 소중에게도 고마운 마음을 전하고 싶다.

2011년 2월

봄이 오는 길목에서 김용의

목 차

제3장 일본인 연구자에 의한 조선의 <혹부리 영감>의 「발견」과 확산

제4장 일제강점기 보통학교 및 소학교 교과서에 수록된 <혹부리 영감>

한국과 일본의 〈혹부리 영감〉 비교의 의의 및 과제

제1장

1. <혹부리 영감> 비교연구의 의의

현재 한국에서 주로 어린이 독자를 대상으로 유통되고 있는 동화집에 수록된 이른바 「전래동화」를 읽다보면 흥미로운 현상을 목격하게 된다. 즉 옛날부터 한국에서 구전된 민담을 바탕으로 구성했다는 「전래동화」 중에, 민담의 서사구조, 전개과정, 등장인물 및 사건 등에 있어서 왠지 일본의 민담과 매우 유사한 「전래동화」가 포함되어 있다는 점을 알 수 있다. 이는 일본의 민담에 조금이라도 전문적인 식견이 있는 사람이라면 금방 알아차릴만한 현상이다.

본서에서 주목하는 〈혹부리 영감〉[1]은 그 대표적인 사례에

1) 한국에서는 거의 〈혹부리 영감〉이라는 이름으로 정착되었으며 일본에서

속할 것이다. 먼저 구체적인 사례를 제시하여 문제제기의 출발점으로 삼고자 한다.

사례1

옛날에 오른쪽 뺨에 커다란 혹이 달린 노인이 있었다. 어느 날 산속에서 심한 비바람을 만나서 나무 구멍에서 머물게 되었다. 두려움에 웅크리고 있으려니 누군가가 다가오는 소리가 들려서 슬쩍 밖을 내다보았다. 그러자 험상궂은 얼굴을 한 자들이 모여들어서 나무 앞에 앉아서 술잔치를 벌이고 춤을 추기 시작했다. 노인은 즐겁게 춤을 추고 있는 모습을 보고서 자신도 춤을 추고 싶어져서 뛰쳐나가 잔치에 끼어들었다. 험상궂은 얼굴을 한 자들은 잠깐 놀랐지만, 노인이 춤을 잘 추는 모습을 보고서 칭찬을 했다. 날이 새서 돌아갈 때가 되자, "네 춤은 정말 재미있구나, 또 오도록 하기 위해 이 혹을 맡아 두겠다." 하고서 노인의 혹을 떼어서 사라졌다. 다음날 아침 노인은 매우 기뻐하며 집으로 돌아왔다.

옆집에는 왼쪽 뺨에 커다란 혹이 달린 노인이 살고 있었다. 다른 노인의 혹이 없어진 이야기를 듣고서 자신도 흉내를 냈다. 그러나 옆집 노인은 춤이 서툴렀으므로 반대로 혹을 하나 더 붙이게 되었다. 이 이야기는 다른 사람을 부러워하는 사람을 경계하기 위해서 옛날 사람들이 전한 이야기이다.[2)]

도 대부분 〈혹부리 영감(瘤取爺)〉라는 이름으로 알려져 있다. 본서에서는 한국과 일본의 사례를 모두 포함하는 일반적인 화명(話名)으로 〈혹부리 영감〉이라는 용어를 사용하기로 한다. 개별적인 〈혹부리 영감〉 사례에 관해서는 해당 사례의 제목을 그대로 사용한다. 그리고 민담의 화명을 표시할 경우에는 〈 〉 안에 넣어서 사용한다는 점을 밝혀둔다.

2) 일본의 『尋常小學讀本』(1887)卷之四 「第七課 こぶ取一」, 「第八課 こぶ取二」에 수록되어 있다. 일본어 원문은 본서 부록편에 수록하였다.

사례2

옛날에 오른 쪽 뺨에 커다란 혹이 하나 달린 영감이 있었대. 하루는 이 영감이 나무하러 산으로 갔지. 한참 나무를 하고 있는데 비가 보슬보슬 오기 시작하더래. 그래서, 비가 개면 또다시 나무를 할 작정으로 우선 큰 나무 밑으로 갔지. 그런데, 비는 점점 더 쏟아져 나무 밑에서도 비를 피하기가 어렵게 됐지. 마침 건너편에 쓰러져 가는 절간이 있어서 그리로 뛰어 갔지. 그러나, 비는 그치지 않고 저물어 어두워졌지. 영감은 할 수 없이 거기서 하룻밤을 새울 요량으로 절간 한 귀퉁이에 가서 가만히 쭈그리고 앉았었지. 한밤중쯤 되니까 어디서 도깨비가 한 떼 몰려 오더니 방망이를 '또드락 딱딱 또드락 딱딱' 하고 두드리더니 술이야, 고기야, 떡이야, 메밀묵이야, 먹을 것을 많이 갖다 놓고 한참 먹고 마시고 하더래. 어지간히 먹고 나더니 도깨비들은 모두 일어나서 춤을 춘다, 노래를 부른다 하며 떠들어 대더래. 영감은 도깨비들이 이렇게 놀아 대는 것을 보고 있자니까 자기도 신이 나서 도깨비들이 노는 사이로 춤을 덩실덩실 추면서 노래를 불렀지. 영감이 이렇게 춤을 추며 노래를 부르니까, 도깨비들은 더욱 흥이 나서 영감한테 술이랑, 떡이랑, 고기를 서로 갖다 주며 먹으라고 하더래. 영감은 시장하던 판이라 주는대로 다 받아 먹었지. 이렇게, 흥겹게 노는 동안에 날이 새어 닭 우는 소리가 들리자. 도깨비들은, "야아, 벌써 날이 샜다. 어서 가야지!" 하며 제각기 갈 채비를 하더래. "영감님, 영감님 덕분에 잘 놀았습니다. 내일 밤에도 또 와서 놉시다."하며 또 오라고 하더래. 영감은 또 오게 될지 몰라 아무말 않고 가만히 있으니까, "에이, 이 영감 안 올 생각인가보다. 이 혹을 떼어서 우리가 맡아 두면 찾으러 오겠지." 하면서 혹을 뚝 떼어서 가져 가더래. 영감은 아프지는 않았지만 깜짝 놀라는 체하며, "그건 안 돼요, 안 돼! 이리 내요." 하고 소리 질렀지. 그러니까 도깨비 장수는 들은 체도 않고 혹을 가지고 어디론가 가 버리더래. 이 영감은 보기 싫던 혹이 떨어져 좋아라고 집으로 돌아와 혹이 없어진 이야기를 집안 사람한테 다 했지. 그런데, 그 이웃집에는 혹이 왼 뺨에 달린 영감이 있었더래. 오른쪽 뺨에 혹이 달린 영감이 산에 나무하러 갔다가 도깨비 한테 혹을 떼어 주었다는 말을 듣고, 자기도 혹을 떼어 볼 작정으로 산으로 나무하러 갔지. 산에 가서 나무는 하지 않고 일찌감치 그 쓰러져 가는 절에 가서 도깨비들이 오기를 기다렸지. 한밤중쯤 되니까 도깨비들이 수없이 모여 들더래. 방망이를 또드락거려서 술이랑, 고기랑 많이 마련해 놓고, 먹고 마시고 춤을 추고 노래를 부르더래. 이 영감은 도깨비들이 흥도 나기 전에 뛰어 들어가서, "얼시구 좋다. 절시구 좋아!" 하며 팔을 폈다 오그렸다 하기만 했지. 도깨비들이 보니까 멋대가리도 없고 재미도 없어, "저 영감 오늘 밤엔 왜 저 모양이야? 노래도 춤도 멋대가리가 없어서 흥이 나야지. 아마 혹이 없어져서 그러는가보다. 옛다. 이 혹을 도로 달아주지." 하면서 어제 밤에 떼어 두었던 혹을 오른쪽 뺨에다 딱 붙쳐 주더래. 이 영감은 혹을 떼려고 산에 갔는데 혹을 떼기는커녕 도리어 하나 더 붙이게 됐지. 그래서, 그 후부터 〈혹 떼러 갔다 혹을 부쳤다.〉는 말이 생기게 되었대.[3]

[사례 1]은 일본 메이지(明治)시대의 소학교 교과서에 수록되었던 〈혹부리 영감〉의 요약이다. 그리고 [사례 2]는 한국의 동화집에 수록되어 있는 〈혹부리 영감〉의 전문이다. [사례 1]과 [사례 2]를 비교하여 살펴보면, 세부적인 차이를 제외하면 전체적으로 이야기의 구조 및 전개과정, 등장인물의 행위 및 사건 등이 너무 유사하다는 사실을 확인할 수 있다. 무슨 연유에서 일본 메이지 시대의 소학교 교과서에 수록되었던 〈혹부리 영감〉과 1970년대 한국에서 발행된 동화집에 수록된 〈혹부리 영

3) 임석재편(1971 : 177-180) 수록.

감〉이 이토록 유사한 것일까? 양자 사이에 무언가 특별한 영향 관계가 있었던 것은 아닐까? 이번에는 현재 잘 알려져 있지 않은 한국의 〈혹부리 영감〉 사례를 소개하기로 한다.

사례3

옛날옛적 간날갓적에 투수바리 소년적에 한 사램이 질로 가다가 해가 저서 질가에 있는 장성 밑이 누버서 자는디 한심 자고 일어났더이 이짝 장성이 저짝 장성을 불러서 우리 집에 손임이 와있이 우리 헝송공부나 하자 캤다. 그라이 저짝 장성이 우리 그러자 캤다. 그러더이 이짝 장성캉 저짝 장성이 항께 헝송헝송캤다. 이 사람은 이 헝송소리하는 거로 듣고 있다가 재미가 나서 저도 같이 헝송헝송했다.

아칙이 되이께네 이짝 장성이 저짝 장성보고 우리 집이 오신 손임이 우리 헝송공부를 항께 잘 따러했이이 손님을 거저 보낼 수가 엄다. 멋이던지 공을 해 딜이자 하더이 손임이 혹부리가 있어서 고생하고 있이이 그 혹부리로 띠어주자 캤다. 그러자 하더이 혹부리로 띠어주었다. 이 사람은 뜻밖이 귀찬헌 혹부리가 엄서지이 좋아서 집이로 갔다. 그 마실에 혹부리가 달리 영갬이 있었다. 이 사람이 혹부리가 엄서진 거로 보고 우찌서 혹부리가 엄서졌느냐꼬 물었다. 이러고 이러꼬해서 엄서졌 카이 이 영감은 지 혹부리도 엄서지게 할라꼬 그 장성한티 갔다. 찾어가서는 해가 지기로 지달러 가지고 그 장성 밑이서 잤다. 한숨 자고 일어낭께네 이짝 장성이 저짝 장성을 불렀다. 우리 집이 손임이 오섰이이 우리 헝송공부나 하자 캤다. 저짝 장성이 그러자 하고 둘이서 헝송헝송하고 헝송소리로 했다. 영감은 그 소리로 듣고 무스바서 웃이개 삼어 헝송헝송했다. 날이 새서 이튼날 아칙이 됐다. 이짝 장성이 저짝 장성을 부르디마는 "우리 집이 온 손임이 우리 헝송공부하는디 방해만 했다. 그라이 우리 손임한티 연검을 믹이자" 하이까이 저짝 장성도 거 좋다 캤다. 그리고 어지 띠어나 두었던 혹부리로 이 영감으

불티기에 붙어 주었다. 1927年 2月 東萊郡 東萊公立普通學校 李貞淑[4])

[사례 3]은 [사례 2]의 편자인 임석재의 『한국구전설화』(경상남도편 I)에 수록되어 있는 〈혹부리 영감〉이다. [사례 3]을 검토해 보면, [사례 1] 및 [사례 2]와 비교하여 이야기의 구조 및 전개과정, 등장인물의 행위 및 사건 등이 상당히 다르다는 사실을 알 수 있다. 그런데 오늘날 한국에서 [사례3]과 같은 유형의 〈혹부리 영감〉 이야기는 거의 알려져 있지 않다. 그 까닭은 무엇일까?

이 연구는 앞서 제기한 두 가지 의문에서 출발하였다. 이 두 가지 의문은 밀접한 관련이 있으며, 두 가지 의문에 대한 답은 하나이다. 결론을 먼저 밝히자면, [사례 1]과 [사례 2] 사이에 보이는 한일 〈혹부리 영감〉의 유사성, 그리고 [사례 3]과 같은 유형의 〈혹부리 영감〉이 오늘날 한국에서 거의 알려지지 않은 것은 결코 우연한 결과가 아니다. 일제강점기를 거치면서 식민지 교육정책자들이 식민지교육의 일환으로 의도적으로 개입한 결과이다. 의도적으로 개입한 이유는 일제강점기 식민지 교육현장에서 「내선일체(內鮮一體)」라는 정치적 · 교육적 이데올로기를 주입시키기 위한 목적 때문이다.

본서의 목적은 〈혹부리 영감〉의 한일 비교연구를 통해서 〈혹부리 영감〉이라는 특정한 민담이 일제강점기에 어떤 과정을 거쳐 「내선일체」라는 이데올로기 실현에 동원되었는가를 밝히는 것이다. 〈혹부리 영감〉이라는 개별 민담의 한일 비교연구를 바탕으로, 일제강점기 제국 일본이 식민지 조선을 통치하기

4) 임석재(1993 : 323-324) 수록.

위한 핵심적인 이념으로 고안한 「내선일체」라는 이데올로기와의 관련성을 밝히고자 한다. 그렇지만 이 연구는 한일 양국에 전해지고 있는 〈혹부리 영감〉이 어느 한 쪽에서 다른 한 쪽으로 전해졌다는, 이른바 전파론적 연구만을 목표로 하고 있지 않다. 일제강점기에 이루어진 한일 〈혹부리 영감〉의 영향관계를 주목함으로써, 궁극적으로는 제국의 식민지 지배에 따른 식민지 설화의 「발견」과 확산, 구전설화를 재구성하는 과정에서 발생하는 설화의 형식 및 내용에 있어서의 개작 양상, 그리고 학교교과서라는 근대적 매체에 교재로 동원된 설화의 이데올로기적 성격 등에 관해서 논하고자 한다.

2. 관련연구 검토 및 연구과제

(1) 한일 민담 비교연구의 두드러진 경향

본론으로 들어가기에 앞서 한일 민담의 비교연구와 관련된 선행연구를 검토하기로 한다. 비교연구에 드러난 양국 설화 연구자들의 주된 관심과 연구 경향, 〈혹부리 영감〉에 관한 선행연구, 그리고 교과서의 교재로 동원된 민담 등의 순서로 연구사를 개관하기로 한다. 먼저 일본인 연구자들의 비교연구 경향을 살펴본다.

한일 민담의 비교연구는 특히 일제강점기에 식민지 조선에서 활동한 일본인 연구자들에 의해 그 토대가 마련되었다고 볼 수 있다. 이 시기에 활동한 대표적인 연구자로 다카하시 도오루(高橋享), 야마사키 히시로(山崎日城), 나카무라 료헤(中村亮平) 등을 들 수 있다.[5] 이들은 특히 한국(조선)의 민담(설화)자료를 많이 수집하여 자료집을 편찬하였다. 이들 자료집 중에는 설화의 수집 장소 및 시기, 그리고 화자가 제시되지 않아서 오늘날의 연구 관점에서 보면 자료집으로서의 가치가 충분치 않은 것도 포함되어 있다. 그렇지만 이 시기에 이들이 수집한 한국의 민담자료는 그 후 일본인 연구자들에게 한일 민담의 비교연구를 위한 자료로 크게 활용되었다. 예를 들면 다카키 도시오(高木敏雄), 나카다 지우네(中田千畝)의 연구는 다카하시 도오루의 자료집을 활용하였으며, 아시야 시게쓰네(蘆谷重常)의 연구는 나카무라 료헤의 자료집을 활용하여 비교연구를 시도하였다.[6)]

필자가 파악한 바에 의하면, 이 시기 일본인 연구자들에 의해 이루어진 한일 민담 비교연구의 경향으로 크게 두 가지 점을 지적할 수 있겠다. 첫째 한일 민담 사이에 보이는 유사성에 대한 지속적인 관심, 둘째 일본인 연구자들의 시선이 항상 고대에 있어 한일 민담의 영향관계에 고정되어 있었다는 점이다.[7)] 이 두 가지 두드러진 경향은 표리관계에 있다. 즉 고대로 소급할수록 한일 양국의 민담(설화)이 유사하다고 하는 점이 유독 강조되었다. 이 같은 경향이 나타나는 주된 이유는 당시 일본

---

5) 예를 들면 高橋享(1910), 山崎日城(1920), 中村亮平(1926) 등이 편찬한 조선의 설화자료집을 들 수 있다. 이들 설화자료집에는 민담에만 국한하지 않고 신화 및 전설이 다수 포함되어 있다. 수록 자료에 설화 수집 장소 및 시기, 화자 등이 제시되지 않은 점으로 미루어 볼 때에 현지조사에 바탕을 둔 자료집은 아닌 듯하다. 따라서 이들 자료를 활용하는 데 있어서는 세심한 주의가 필요하다.

6) 이 점을 확인하기 위해서는 高木敏雄(1943 : 418-419), 中田千畝(1926 : 325-328), 蘆谷重常(1936 : 498-503) 등을 참조.

7) 특히 후자에 관해서는 한일신화 비교연구의 두드러진 특징이다. 이 점에 관해서는 노성환(1994 : 3)을 참조.

민담의 역사적 · 지리적 루트를 탐색하고자 하는 계통론적 연구가 주류를 이루었기 때문이다. 일본인 연구자들의 계통론적 연구에 대한 관심은 그 후에도 오랫동안 계속되었다. 예를 들면 이토 세지(伊藤清司), 요다 지호코 (依田千百子) 등의 연구에서 그 같은 경향을 확인할 수 있다.[8]

일본의 민담연구자들이 유독 한일 민담의 유사성에 강한 관심을 갖고 있었음을 지적하였다. 그런데 흥미로운 것은 한국인 연구자들 사이에도 이 같은 경향이 뚜렷하게 나타난다는 점이다. 한국의 민담연구는 1920년대 후반에 손진태, 최남선, 정인섭, 임석재 등이 시작했다고 보아야 할 것이다.[9] 특히 손진태는 한일 비교연구에 많은 관심을 갖고 있었다. 손진태 연구의 두드러진 경향 중의 하나는 고대에 한국에서 일본으로 민담이 전해졌다는 문화전파론적 관점이 근간을 이루고 있었다는 점이다.[10] 이 같은 문화전파론적 관점은 그 후로도 한일 민담의 비교연구에서 큰 줄기를 형성하였다. 소재영, 성기열의 연구에서 이 같은 경향을 확인할 수 있기 때문이다.[11]

한일 양국의 민담연구자들이 공통적으로 고대에 있어 한일 민담의 영향관계에 많은 관심을 갖는 경향이 있었다는 점을 지적하였는데, 그 관심의 방향 및 배경에는 커다란 차이가 인정된다. 즉 일본인 연구자들의 연구는 한국(을 포함한 외국)의 민담을

---

8) 예를 들면 伊藤清司(1979), 依田千百子(1985) 등이 있다.

9) 손진태(1947), 정인섭(1927) 등을 들 수 있겠다.

10) 예를 들면 손진태(1947)의 「일본으로 전파된 조선설화(日本に伝播された朝鮮說話」에 총 8편의 설화가 소개되어 있다.

11) 이 경향을 보이는 연구로 소재영(1984), 성기열(1979) 등을 들 수 있다.

통해 일본의 민담을 조명해 봄으로써 일본 민담의 역사적 루트를 탐색하는 방향으로 전개되었다고 한다면, 한편 한국인 연구자들의 연구는 문화전파론적 관점에서 암묵적으로 한국문화의 우월성을 입증하고자 하는 방향으로 연구가 이루어졌다고 정리할 수 있겠다.

(2) 한일 양국의 〈혹부리 영감〉 선행연구 검토

한국의 〈혹부리 영감〉에 대한 연구성과를 검토하기에 앞서, 먼저 한국의 도깨비에 관한 연구사를 개관하기로 한다. 왜냐하면 한국에서는 〈혹부리 영감〉이라고 하는 일정한 화형(話型)으로 인식하기보다는, 이 이야기를 다양한 도깨비설화 중의 하나로 인식하는 경향이 강하기 때문이다. 따라서 〈혹부리 영감〉에 관한 연구도 도깨비설화 연구의 일환으로 이루어졌다고 볼 수 있다.

우선 도깨비의 성격 및 분류에 관한 연구로 임동권, 최인학을 들 수 있다.[12] 설화에 등장하는 도깨비에 관한 주요 연구로는 임석재, 김학선, 강은해 등의 연구가 있다.[13] 그 중에서도 특히 도깨비 설화의 형성·변화와 구조에 관해서 논한 강은해의 연구가 관심을 끈다.[14] 그리고 민간신앙이라는 관점에서 도깨

12) 임동권(1971), 최인학(1987) 등이 있다.

13) 임석재(1981), 김학선(1982), 강은해(1985) 등이 있다.

14) 필자가 강은해의 연구를 주목하는 이유는 도깨비설화의 형성 및 전승단계에 관한 기본적인 발상에 있어 일본의 민속학자 柳田國男의 발상과 유사점이 발견되기 때문이다. 柳田國男(1963 : 424)은 요괴에 대한 인간들의 신앙정도를 기준으로 전승과정을 몇 단계로 나누어 설명하였다. 강은해는 柳田國男의 연구 성과를 참고하지 않은 듯한데, 우연히도 양자 사이에 유사점이 발견되어서 흥미롭다.

비를 다룬 연구로는 장주근, 현용준, 문무병의 연구가 주목된다.[15] 일본인 연구자들도 도깨비에 관심을 가졌는데 마쓰바라 다카도시(松原孝俊), 요다 지호코(依田千百子) 등의 연구가 대표적이다.[16]

앞서 소개한 선행연구 중에서 장주근, 최인학, 마쓰바라 다카도시, 요다 지호코의 경우는 도깨비와 일본의 요괴에 관한 비교연구를 시도하고 있는데 이들의 비교연구는 시론적 성격이 강하다. 즉 연구자들이 공통적으로 앞으로 본격적인 비교연구가 필요하다는 점을 강조하고 있다. 그 밖에도 도깨비의 형상에 관한 연구로 진홍섭, 김송구의 연구가 있다.[17]

한국의 〈혹부리 영감〉에 관한 연구로는 김종대, 김유진, 양효진 등의 연구가 있다.[18] 김유진, 양효진의 연구는 교육학적 관점에서 〈혹부리 영감〉의 교육적 활용에 관해서 논한 연구이다. 그리고 김종대의 연구는 도깨비에 관한 설화와 민간신앙을 함께 시야에 넣고 민속학 연구방법에 의한 분석을 꾀하였다. 특히 김종대의 경우는 오늘날 한국에서 여러 매체를 통해 유포되고 있는 〈혹부리 영감〉이 일본에서 전해지던 〈혹부리 영감〉의 영향을 받았다는 중요한 지적을 하였다.[19] 그렇지만 김종대는 문제제기에 그치고 본격적으로 논지를 전개하는 데에는 이르지 못했다. 이 문제를 밝히기 위해서는 통시적 관점에서 관련 자료

15) 장주근(1975), 현용준(1992), 문무병(1993) 등이 있다.
16) 松原孝俊(1985), 依田千百子(1985, 1991) 등이 있다.
17) 진홍섭(1981), 김성구(1992) 등이 있다.
18) 김종대(1994), 김유진(1990), 양효진(1994) 등이 있다.
19) 김종대(1994 : 144-151).

에 근거한 한일 비교연구가 필요하기 때문이다. 본서에서 이 문제를 아울러 해결하고자 한다.

다음은 일본의 민담연구에 있어서 〈혹부리 영감(瘤取爺)〉 연구에 관한 선행연구를 검토하기로 한다.[20] 필자가 파악한 바로는 일본의 〈혹부리 영감〉에 대한 연구는 한 가지 뚜렷한 경향이 나타난다. 일본의 중세설화집인 『우지슈이 모노가타리(宇治拾遺物語)』(제3화)에 수록된 「오니에게 혹을 떼인 이야기(鬼に瘤取られるる事)」를 중심에 놓고, 민간에서 전승되는 〈혹부리 영감〉과 비교연구를 시도하는 경향이다. 이는 설화연구에서 자주 시도되는 문헌설화와 구전설화를 비교하는 연구방법이다. 이 계열에 속하는 연구로 오시마 다테히고(大島健彦), 고미네 가즈아키(小峯和明), 마스코 가즈코(增古和子), 사사키 고지(佐々木孝二), 나가타 노리코(中田典子) 등의 연구가 있다.[21] 이 점은 〈혹부리 영감〉 연구에 있어서 『우지슈이 모노가타리』에 수록된 「오니에게 혹을 떼인 이야기」가 얼마만큼 중요한 비중을 차지하고 있는 가를 여실히 보여 주고 있다. 다시 말하자면, 〈혹부리 영감〉 이야기가 『우지슈이 모노가타리』라는 중세설화집에 수록되어 있다는 점이야말로, 일본의 연구자들이 민간에서 구전되는 〈혹부리 영감〉 쪽에 관심을 갖게 된 결정적인 이유이다. 특히 이 점은 일제강점기 일본인 연구자들이 조선(한국)의 〈혹부리 영감〉을 주목한 결정적인 이유이기도 한다. 그리고 이

20) 일본의 민담연구를 통시적으로 개관하기 위해서는 武田正(1991, 1992 : 2-40)이 도움이 된다.

21) 大島健彦(1984), 小峯和明(1987), 增古和子(1988), 佐々木孝二(1990), 中田典子(1990) 등이 있다.

점으로 말미암아 조선의 〈혹부리 영감〉은 교과서 교재로 크게 주목받기에 이른다. 본서에서 이 점에 관해서 실증적으로 밝혀 나갈 것이다.

그 밖에도 일본 〈혹부리 영감〉의 역사적 기원에 관한 연구로 다카기 도시오(高木敏雄), 나카지마 요시쓰기(中島悦次) 등의 연구가 있다.[22] 이 민담의 사회적 의미를 추구한 연구로는 오자와 도시오(小澤俊夫), 마키 사치코(槇佐知子)의 연구를 들 수 있다.[23] 오자와 도시오는 〈혹부리 영감〉에 한정하지 않고, 일본의 민담에서 흔히 확인되는「이웃집 할아버지(隣の爺)」모티브를 주목하여 민담에 나타난 사회적 인간관계의 양상에 대해서 탐색하였다. 그리고 세계 각국의 〈혹부리 영감〉을 시야에 넣고 국제적 비교연구를 시도한 다케하라 다케시게(竹原威滋)의 연구도 빠뜨릴 수 없겠다.[24]

(3) 근대 교과서에 수록된 민담연구

근대 교과서에 수록된 민담에 관한 연구를 검토하기로 한다. 일본에서 소학교 교과서에 민담(동화)이 수록된 것은 1909(메이지 20)년에 발행된『심상소학독본(尋常小學讀本)』이 처음이다.[25] 그 후,『심상소학독본』(1909, 제2기 국정국어교과서),『소학국어독본(小學國語讀本)』(1933, 제4기 국정국어교과서) 등에 민담이 다수

22) 高木敏雄(1943), 中島悦次(1971) 등이 있다.

23) 小澤俊夫(1984), 槇佐知子(1989) 등이 있다.

24) 竹原威滋(1997)에는 세계적으로 전해지고 있는 〈혹부리 영감〉의 사례가 소개되어 있어서 국제적 시야에 의한 비교연구에 도움이 된다.

25) 일본의 교과서편찬사에 관해서는 주로 唐澤富太郎(1956), 海後宗臣編(1964), 秋田喜三郎(1977), 東京書籍株式會社社史編纂委員會(1980), 井上赳(1984) 등을 참조.

수록되었다.[26)]

물론 민담을 교과서에 수록하는 문제에 관해서는 당시 민담 연구자들이 다양한 견해를 피력하고 그 방향을 제시하였다. 이 문제에 관한 당시의 논의를 정리해 보면, 민담을 교육적으로 어떻게 활용할 것인가, 그리고 이른바 「국민동화(國民童話)」로서의 이데올로기적 성격에 관한 논의로 집약된다. 이 같은 논의의 방향은 당시의 시대적 상황과 긴밀하게 맞물리며 전개되었다. 이에 관한 주요 연구로는 사다무라 세효(定村青萍), 이와야 사자나미(巖谷小波), 아시야 시게쓰네(蘆谷重常) 등을 들 수 있겠다.[27)] 이들의 연구에 국민동화(國民童話)」 또는 「국민설화(國民說話)」라는 용어가 빈번하게 사용되는 점에서도 알 수 있듯이, 이들의 논조에는 공통적으로 국민국가를 근간으로 하는 국가 이데올로기가 바탕을 이루고 있다.[28)]

한 가지 더 지적해야 할 점이 있다. 민담이 교과서에 수록되는 것을 계기로 원래의 민담에 가해진 체재상의 개작이다. 즉 특정한 민담이 교과서에 수록되는 과정에서 문체를 다듬거나 이야기의 줄거리를 변경하는 등 여러 차원에서 개작이 이루어졌다. 이 같은 개작의 결과는 그 후, 민간에 전해지는 구전민담 쪽에도 많은 영향을 주게 된다. 말하자면 교과서의 교재로 채택되기 이전의 구전민담과 교재로 채택되어 개작이 가해진 민담 사이에 일정한 상호작용이 이루어진 셈이다.

---

26) 이 점에 관해서는 본서 제4장에서 상세하게 다루고자 한다.

27) 定村青萍(1989), 巖谷小波(1989), 蘆谷重常(1936) 등이 있다.

28) 국민국가의 개념에 대한 다양한 논의에 관해서는 歷史學研究會編(1994)를 참조.

한국의 교과서에 수록된 민담에 관한 연구로는 이숙자, 박붕배, 김기창 등의 연구를 주목할 수 있다.[29] 이숙자는 일제강점기가 시작되기 이전부터 해방 후인 1970년대까지 교과서를 대상으로 하여 교과서 교재로 수용된 민담에 관해서 체계적으로 분석하였다. 박붕배의 연구는 교육학 쪽에서의 접근이다. 박붕배는 일제강점기가 시작되기 이전부터 해방 후까지 교과서를 연구하는 과정에서 민담에 관해서도 분석을 가하였다.

박붕배 연구의 특징 중의 하나는, 일제강점기 교과서의 교재를 「한국교재」와 「일본교재」로 나누어 분석하고 있다는 점이다. 그런데 이처럼 이분법적 사고에 기초하여 일제강점기 교과서의 교재를 「한국교재」와 「일본교재」로 나누어 분석해서는 한계가 있다. 특히 교과서의 교재로 선택된 민담의 이데올로기적 측면을 제대로 드러내는 데에 한계가 있다. 왜냐하면 교과서의 교재를 「한국교재」와 「일본교재」 라는 둘로 나누어서 분석하기 보다는, 양자 사이의 긴밀한 관련성을 파악해야 본질적인 면에 접근할 수 있기 때문이다. 다시 말하자면 방붕배의 연구처럼 「한국교재」는 문제가 없고, 「일본교재」는 문제가 있다는 식으로 파악해서는 양쪽 교재가 갖는 긴밀한 관련성을 파악할 수 없다. 일제강점기 교과서에 채택된 「한국교재」와 「일본교재」는 서로 연동되어 있기 때문에 양자 사이의 관련성에 중점을 두어야 핵심을 지적할 수가 있다고 본다. 본서의 연구를 통해 양자가 어떻게 긴밀하게 연동되어 있는지 그 관련성이 밝혀질 것이다.

---

29) 李淑子(1985), 박붕배(1987), 김기창(1992) 등이 있다. 그리고 근대교육사에 관해서는 한기언(1963), 世界教育史研究會編(1975) 등을 참조.

교과서에 수록된 민담의 성격에 관해서는 김기창의 연구에서 본격적인 논의가 시작되었다.[30] 김기창은 한국의 교과서에 수록된 설화 교재를 통시적인 관점에서 검토한 결과를 바탕으로 향후 설화교육의 방향에 관해서 제시하였다. 특히 일제강점기 교과서에 수록된 설화의 내용을 면밀하게 분석한 끝에, 교과서 편찬자에 의한 의도적인 개작은 없었다는 결론을 도출하였다. 김기창의 연구는 앞의 박붕배의 연구와 비교할 때, 교과서에 수록된 설화의 내용분석에 입각한 객관적인 고찰이었다고 평가할 수 있겠다. 그렇지만 김기창의 연구는 특정한 개별 민담이 선정되어 교과서에 수록된 역사적·사회적 배경에 관한 고찰이 결여되어 있다고 볼 수 있다. 즉 그 이데올로기적 성격에 관한 분석이 결여되어 있는 것이다. 예를 들면 본서에서 다루고자 하는 〈혹부리 영감〉이 어떤 시대적 맥락에서 일제강점기 교과서에 수록되었는지 주목하고 있지 않다.

교과서에 수록된 민담에 관한 한국인 연구자의 주요 연구를 검토하면 통시적 관점에서 어떤 민담 교재가 교과서에 수록되어 있는지 그 현황을 파악하기 위한 연구가 대부분이었다. 그 때문인지, 일제강점기 민담이 교과서에 수록된 역사적·사회적 배경, 교과서 수록에 즈음하여 새롭게 가해진 민담의 개작, 교과서 수록의 결과가 본래 민간에 구전되던 민담에 어떤 영향을 끼쳤는지 등의 문제에 관해서는 본격적인 논의가 불충분했다고 볼 수 있다. 또한 같은 시기에 일본의 교과서에 수록된 민담과의 관련성에 관해서는 연구가 이루어지지 않았다. 일제강점기

---

30) 김기창(1992 : 52-56).

조선에서 발행된 보통학교 및 소학교 교과서는 일본 소학교의 교과서와 연동해서 발행되었다. 따라서 일제강점기 조선의 보통학교 및 소학교 교과서에 수록된 민담을 연구하기 위해서는 먼저 일본의 소학교 교과서에 수록된 민담에 관한 고찰에서 시작하는 것이 타당할 것이다. 그리고 이 점이야말로 한일 비교연구의 필요성이 절실한 이유이다.

본서의 비교연구를 통해 교과서라고 하는 근대적 교육매체를 통해 진행된 한일 민담의 영향관계를 밝히고자 한다. 이를 통해 일제강점기 식민지 교육현장에서 「내선일체」라는 이데올로기를 교육하기 위한 목적으로 조선의 〈혹부리 영감〉이 주목받고 동원되었다는 사실을 밝히고자 한다.

한국과 일본의 〈혹부리 영감〉의 비교

제2장

1. 일본의 <혹부리 영감>의 유형 및 양상

일반적으로 한국과 일본에서 〈혹부리 영감〉이라 부르는 이 민담은 세계적으로 널리 분포되어 있다. 즉 중국, 유럽, 중동 지역 등에도 이와 비슷한 민담이 전승되고 있다.[1] 고대 그리스시대의 에피다우루스(Epidaurus)에 있는 아스크레피오스(Asklepios)라는 의술의 신의 신전 비문에 〈혹부리 영감〉과 관련된 이야기가 새겨져 있는 것을 보면,[2] 이 민담이 역사적으로 매우 오랜 세월 동안에 전해져왔다는 사실을 알 수 있다. 독일의 그림형제가 편찬한 『그림동화집』에는 〈난장이의 심부름꾼〉(KHM 182)

1) 유럽 사례에 관해서는 小澤俊夫編(1976, 1985, 1986)을 참조. 그리고 중국 및 중동의 사례에 관해서는 竹原威滋(1997)을 참조.

2) 竹原威滋(1997 : 263)에 비문이 소개되어 있다.

이란 이름으로 수록되었다.[3] 그리고 아르네 톰슨의 타이프 인덱스에는 〈난장이의 선물〉(AT 503)이라는 화형(話型)으로 분류되어 있다.

일본에서는 〈혹부리 영감〉이 여러 종류의 문헌설화집에 수록되어 있다. 예를 들면 『우지슈이 모노가타리(宇治拾遺物語)』, 『세스이쇼(醒睡笑)』, 『기유쇼란(嬉遊笑覽)』 등의 설화집에 수록되어 있다.[4] 그리고 다양한 유형의 변이담이 일본의 규슈(九州)에서 홋카이도(北海道)에 이르기까지 전국 각지에 구전되고 있다. 일본의 〈혹부리 영감〉을 고찰하기 위해서는 무엇보다도 일본 각지에 다양한 유형의 변이담이 존재한다는 것, 그리고 그 변이담 사이에 나타나는 차이점 등이 충분히 고려되어야 할 것이다. 일본의 민담연구에서 〈혹부리 영감〉이라는 동일한 화명(話名)으로 묶어서 분류하는 것이 일반적이지만 변이담 사이에 나타나는 차이점이 갖는 의미가 크기 때문이다.

여기서는 우선 다양한 변이담이 전승되고 있는 일본의 〈혹부리 영감〉에 관해서, 일본의 주요 민담자료집에서는 어떤 방식으로 분류하고 있는지, 그리고 그 위치는 어떠한지를 확인하기로 한다.

사례4

옛날에 정직한 노인과 마음씨 나쁜 노인이 살았다. 두 사람 모두 뺨

---

3) 이야기 본문은 金田鬼一譯(1979 : 74-78)을 참조.

4) 『우지슈이 모노가타리(宇治拾遺物語)』(제3화)에 수록된 「오니에게 혹 떼인 이야기(鬼に瘤を取らるる事)」의 일본어 원문 및 한국어 번역문을 본서의 부록편에 수록하였다.

에 커다란 혹이 달려 있었다. 어느 날 정직한 노인이 산에 나무를 하러 갔다. 돌아올 무렵에 비가 내렸으므로 나무동굴 속에 들어가 쉬고 있던 참에 잠이 들었다. 깨어나 보니 밤중이었다. 동굴 앞에는 많은 요괴들이 모여서 술잔치를 벌이고 있었다. 그러다가 술에 취해서 춤을 추기 시작했다. 노인도 재미있는 춤에 끌려서 저절로 앞으로 나가 춤을 추기 시작했다. 요괴들이 놀랐지만 노인을 무리 속에 끼어주어 함께 떠들썩하게 놀았다. 요괴들은 날이 새고 돌아갈 무렵이 되자 "재미있는 노인이니까 오늘 밤에도 또 오도록 소중한 혹을 맡아두겠다" 하고서 노인의 혹을 떼어 갔다. 노인은 집에 돌아와서 할머니한테 그 이야기를 들려주고 둘이서 매우 기뻐했다. 마음씨 나쁜 노인은 자신도 혹을 떼어주었으면 하고서, 산 속의 동굴에서 기다리고 있었다. 밤중이 되자 요괴들이 나타났다. 무서움에 떨고 있으려니 요괴들이 "어젯밤 그 노인은 오지 않았느냐" 하고서 동굴 속의 뒤져 노인을 끌어냈다. 그렇지만 노인이 전혀 춤을 추지 않자 화를 내면서 어젯밤에 맡아 두었던 혹을 붙여버렸다. 이 때문에 노인은 양쪽 뺨에 혹을 붙인 채로 돌아왔다.[5)]

[사례 4]는 야나기타 구니오(柳田國国)가 감수한 『일본석화명휘(日本昔話名彙)』[6)]에 〈혹부리 영감〉의 대표적인 유화(類話)로 수록되어 있는 이야기의 전문이다. 야나기타 구니오는 『일본석화명휘』에 민담을 수록하면서, 이들 민담을 우선 「완형석화(完形昔話)」와 「파생석화(派生昔話)」로 크게 구분하였다. 〈혹부리 영감〉은 「완형석화」 중에서도 「동물의 원조(動物の援助)」라는 하위 유형 속에 위치한다.[7)] [사례 4] 이외에도, 『일본석화명휘』

---

5) 柳田国男, 『日本昔話名彙』(1948 : 147-148) 수록. 일본어 원문은 본서의 부록편에 수록하였다.

6) '昔話'란 일본어로 '무카시바나시(むかしばなし)'라고 한다. 한국어로는 '옛날 이야기' '민담'에 해당하는 용어이다. 본서에서는 특별한 경우를 제외하고는 혼란을 피하기 위해서 '昔話'라는 표현을 그대로 사용하기로 한다.

에는 총 15편에 이르는 〈혹부리 영감〉의 전승지가 소개되어 있다. [사례 4]는 오늘날 일본에서 가장 널리 알려진 대표적인 유형이다.

사례5

옛날 옛날에 어느 부지런한 노인네가 토방을 쓸고 있었다. 그러자 콩 한 톨이 굴러왔다. 그 콩을 주우려 하자 토방 구석에 난 쥐구멍으로 굴러 들어갔다. 노인이 뒤를 따라 구멍 속으로 들어갔다. 그 곳에 궁전이 있었다. 이미 어두워졌으므로 궁전 마루 밑에서 자기로 했다. 그러자 많은 덴구(天狗)들이 나타나서 춤을 추기 시작했다. 노인은 그 모습을 보고 있다가 재미가 나서 자신도 덴구와 함께 춤을 추었다. 덴구는 "내일 또 오라"고 하면서 노인의 혹을 떼어갔다. 노인은 아주 기뻐하면서 집으로 돌아왔다. 이웃에 사는 노인이 이 이야기를 듣고서 흉내를 냈다. 그렇지만 이 노인은 춤이 서툴렀으므로 혹을 하나 더 붙이고 말았다.[8)]

[사례 5]는 세키 게고(関敬吾)가 편찬한 『일본석화대성(日本昔話大成)』에 수록되어 있는 〈혹부리 영감〉의 대표적인 유화(類話)의 요약이다. 세키 게고는 『일본석화대성』에서 민담을 크게 「동물석화(動物昔話)」, 「본격석화(本格昔話)」, 「소화(笑話)」라는 세 유형으로 분류하였다. 야나기타 구니오가 「소화(笑話)」를 「파생석화(派生昔話)」 중의 한 유형으로 분류한데 비해서 세키 게고는 독립된 유형으로 구분하였다. 〈혹부리 영감〉은 「본격석

7) 「동물의 원조(動物の援助)」에는 〈혹부리 영감〉 이외에도 〈기키미미(聽耳)〉를 비롯하여 모두 21종의 이야기가 수록되어 있다.

8) 関敬吾, 『日本昔話大成』(1978 : 258-263) 수록. 일본어 원문은 본서의 부록편에 수록하였다.

화」 중에서도 「이웃집 할아버지(隣の爺)」라는 하위 유형에 속해 있다.

『일본석화대성』에는 일본의 가고시마(鹿児島)현에서 아오모리(青森)현에 이르기까지, 각 현별로 수집된 〈혹부리 영감〉의 유화를 요약하여 수록하였다. 그리고 여기 소개된 각각의 〈혹부리 영감〉 유화에는 그 이야기가 수록된 자료집의 출전을 밝혀 놓았다.

사례6

이마에 혹이 난 노인이 큰 숲에 있는 관음상 앞에서 칠일 동안 소원을 빌었다. 마지막 날 밤에 오니(鬼)들이 장단에 맞추어 노래를 부르며 나타났다. 오니들은 춤출 사람이 부족하던 차에 노인을 발견하고서 끌어냈다. 노인은 두려운 마음에 오니에게 주먹밥을 주었다. 주먹밥이 맛있었으므로 오니가 답례로 쇠방망이로 혹을 떼어 주었다. 이웃집 할머니가 이 이야기를 듣고서 자기 집 노인에게 따라서 하도록 했다. 그런데 주먹밥 이야기는 듣지 못했으므로 메밀로 만든 경단 하나만을 주어 보냈다. 오니는 화를 내며 어젯밤 떼어 놓았던 혹을 붙였다.[9)]

[사례 6]은 이나다 고지(稲田浩二)와 오자와 도시오(小澤俊夫)가 함께 편찬한 『일본석화통관(日本昔話通觀)』에 수록되어 있는 〈혹부리 영감〉의 요약이다. 이 『일본석화통관』은 각 권마다 대표적인 유화(「전형적인 이야기(典型話)」라는 용어를 사용하고 있음)의 전문을 수록하고 그 밖의 유화를 요약하여 수록하는 방식으로 구성되었다. 이 민담자료집에서는 〈혹부리 영감〉의 하위유

9) 稲田浩二・小澤俊夫. 『日本昔話通觀』(1985 : 224) 수록. 일본어 원문은 본서의 부록편에 수록하였다.

형으로 「이웃집 할아버지 형(隣の爺型)」, 「오니의 낙토형(鬼の樂土型)」, 「이향방문형(異鄕訪問型)」 이라는 세 유형을 설정하였다.

일본에서 간행된 주요 민담자료집에 수록되어 있는 〈혹부리 영감〉이 어떤 방식으로 수록되었으며 어떻게 유형 분류되어 있는지를 고찰하였다. 우선 여기서 유의해야 할 점이 있다. 어느 민담자료집이나 〈혹부리 영감〉이라는 화형(話型)을 설정하여 분류하고 있지만, 이야기 전개과정에 보이는 구체적인 모티브 등에 있어서 상당히 다른 양상을 보이고 있다는 점이다. 이제부터 이 점에 관해서 대략 검토하기로 한다.

앞서 소개한 [사례 4], [사례 5], [사례 6]을 살펴보면, 어느 이야기나 전개과정이 주인공이 일상적 생활(현세) → 비일상적 생활(이계) → 일상적 생활(현세)로 돌아오는 구조로 이루어져 있다.[10)] 민담연구에서 흔히 거론하는 이른바 순환형 구조이다. 이야기의 전반부에 등장하는 인물은 불행한 상태(결핍) → 혹을 떼어 받음(결핍의 해소) → 행복한 일상(충족)으로 돌아온다. 반대로 이야기의 후반부에 등장하는 인물은 불행한 상태(결핍) → 혹을 하나 더 붙이게 됨(결핍의 강화) → 더욱 불행한 일상(결핍)을 맞이하게 된다. 말하자면 이야기의 전반부와 후반부가 구조적 관점에서 대립구조로 이루어져 있다는 점에서 일치하는 셈이다.

그렇지만 [사례 4], [사례 5], [사례 6]이 형태론적으로는 동일한 민담구조로 되어 있지만 구체적인 모티브에 있어서는 많은 차이가 인정된다. 즉 [사례 4]는 주인공이 산에 나무하러 갔다가 오니(鬼)[11)]라는 초자연적인 존재로부터 혹을 제거해 받는다.

10) 민담의 구조 및 화형에 관해서는 アラン・ダンダス(1980), プロップ(1983), 小松和彦(1979, 1985b), 川添裕希(1982) 등을 참조.

[사례 5]는 [사례 4]와 같은 유형의 〈혹부리 영감〉에, 일본 민담에 자주 등장하는 이른바 〈쥐의 정토(鼠淨土)〉[12]나 〈지장정토(地藏淨土)〉[13] 이야기의 모티브가 결합된 형태이다. 그리고 [사례 6]에는 혹이라는 신체적 결핍을 해소하기 위해서 주인공이 신에게 기원한다는 모티브가 추가되었다.

본서에서는 연구의 편의상, 앞으로 [사례 4]와 같은 유형의 이야기를 「나무꾼형」, [사례 5]와 같은 유형의 이야기를 「정토형」, 그리고 [사례 6]과 같은 유형의 이야기를 「기원형」이라 부르기로 한다.

[표 1]은 필자가 『일본석화통관』에 수록되어 있는 총 133편의 〈혹부리 영감〉을 대상으로 하여, 전승지역, 등장인물, 장소, 이계(異界)의 존재, 기원대상, 「잔치」 모티브, 「저당」 모티브에 따라 분석한 결과이다. 그 분석 결과를 바탕으로, 본서에서 필자가 시도한 「나무꾼형」, 「정토형」, 「기원형」으로 나누어 유형을 표시하였다.

그리고 [그림 1]은 「나무꾼형」, 「정토형」, 「기원형」이라는 세 유형의 〈혹부리 영감〉이 일본 전역에 어느 정도 전승되고 있는지, 그 지역적 분포 현황을 표시한 것이다.

---

11) 흔히 한국의 도깨비와 비교되는 일본의 대표적인 요괴이다. 머리에 뿔이 나고 호랑이 가죽처럼 생긴 것을 걸친 특징적인 모습으로 표현된다. 오니에 관해서는 馬場あき子(1976), 졸고(1996)를 참조.

12) 주인공 노인이 우연히 지하에 존재하는 낙원인 쥐들의 세계를 방문하여 보물을 얻게 되며, 이를 흉내낸 이웃집 노인은 실패하여 쥐에게 물리거나 죽게 된다는 이야기로 일본 전역에 전해지고 있다.

13) 주인공 노인이 지하에 존재하는 지장(地藏)세계에서 보물을 얻어 돌아오자, 이를 흉내낸 이웃집 노인은 실패하게 된다는 이야기이다.

[그림 1] 일본 〈혹부리 영감〉의 유형 및 지역별 분포

● 표시 : 「나무꾼형」을 나타낸다.

▲ 표시 : 「정토형」을 나타낸다.

■ 표시 : 「기원형」을 나타낸다.

[표 1] 및 [그림 1]을 통해서 다음과 같은 점을 확인할 수가 있다. 우선 세 유형 모두 공통적으로 등장인물의 대립관계가 「노인 : 이웃집노인」으로 설정된 경우가 압도적으로 많다는 점이다. 이야기 속에서 노인이 조우하는 「이계의 존재」로는 오니(鬼) 및 덴구(天狗)가 등장하는 경우가 대부분이다. 그리고 주인공 노인이 스스로 오니나 덴구의 술잔치에 가담하는 「잔치」 모티브가 거의 공통적으로 포함되어 있다. 이야기의 말미에 「부러워해서는 안 된다」고 하는 교훈적인 구절이 따르는 점도 대체적으로 공통적이다.

각각의 유형별로는 다음과 같은 특징이 있다. 첫째 「나무꾼형」에서는 노인이 산으로 나무하러 가는 모티브가 정형화되어 있다. 노인이 큰 비를 만나서 비를 피하는 장소로는 대부분의 경우에 「나무 구멍」으로 설정되어 있다. 그리고 이 유형의 〈혹부리 영감〉에서는 이계의 존재가 노인의 혹을 맡아두는 「저당」 모티브가 반드시 수반된다.

둘째 「정토형」은 「쥐의 정토(鼠の淨土)」 및 「지장정토(地藏淨土)」이야기와 결합된 경우가 많다. 지역적으로는 특히 시마네(島根)현, 오카야마(岡山)현, 돗토리(鳥取)현 등 주로 일본의 주고쿠(中國)지방에 집중적으로 전승되고 있다.

셋째 「기원형」에는 오니나 덴구가 노인의 혹을 맡아두는 이른바 「저당」 모티브를 찾아볼 수 없는 경우가 대부분이다. 이는 주인공이 신체적 결손인 혹을 없애기 위해서 신에게 기원하러 산으로 간다는 이야기의 구성상 당연한 귀결로 볼 수 있다. 기원의 대상으로는 [표 1]에서 확인할 수 있는 바와 같이, 관음보

살, 약사여래, 산신, 산왕(山王), 부동명왕(不動明王), 지장보살 등으로 다양하다. 이 유형의 이야기는 특히 일본의 이와테(岩手)현, 아키타(秋田)현, 미야기(宮城)현, 야마가타(山形)현 등, 도호쿠(東北)지방에 집중되어 있다는 특징이 있다.

지금까지 한국의 〈혹부리 영감〉과의 비교를 위한 전제로 일본에 전승되고 있는 〈혹부리 영감〉에 관해서 세 가지 하위 유형으로 나누어 고찰하였다. 그 결과, 일본에서 전승되는 세 유형의 〈혹부리 영감〉 사이에 나타난 유사점과 차이점을 분명하게 부각시킬 수 있었다. 또한 이들 세 유형이 지역에 따라 다르게 분포하고 있다는 특징도 확인할 수 있었다.

[표 1] 일본의 『일본석화통관(日本昔話通観)』에 수록된 〈혹부리 영감〉

전승지역	등장인물	장소	이계의 존 재	기원 대상	잔치	저당	비고
岩手県 : 10편							
*下閉伊郡 岩泉町	노인 : 이웃집 노인	큰 나무 구멍 앞	덴구 (天狗)	없음	있음	있음	나무꾼형
江刺市	노인 : 이웃집 노인	관음당	오니(鬼)	관음	없음	없음	기원형
北上市	두 노인	산 속의 신전	덴구	신	있음	없음	기원형
紫波郡 矢巾町	두 노인	산	말을 탄 사람	없음	없음	없음	나무꾼형
遠野市	노인 : 이웃집 노인	큰 나무 밑	덴구	없음	있음	없음	나무꾼형
西磐井郡 花泉町	노인 : 이웃집 노인	산신당	대귀소귀 (大鬼小鬼)	없음	있음	없음	나무꾼형

전승지역	등장인물	장소	이계의 존 재	기원 대상	잔치	저당	비고
二戸市	노인 : 이웃집 노인	산	덴구	없음	있음	없음	나무꾼형
花巻市	노인 : 이웃집 노인	산 속의 신당	덴구	없음	있음	없음	나무꾼형
東磐井郡 大東町	노인 : 이웃집 노인	산	오니 여덟 명	없음	없음	없음	나무꾼형
和賀郡 東和町	노인 : 이웃집 노인	약사당	여우	약사 여래	없음	없음	불분명
宮城県 : 5편							
***登米郡 中田町**	착한 노인 : 욕심많은 노인	산속	청귀적귀 (青鬼赤鬼)	없음	있음	있음	나무꾼형
栗原郡 金成町	노인 : 이웃집 노인	산속 동굴	오니	없음	있음	없음	나무꾼형
柴田郡 川崎町	노인 : 이웃집 노인	큰 나무 구멍	덴구	없음	있음	있음	나무꾼형
登米郡 南方町	이치타로 : 다른 젊은이	삼나무 구멍	오니	신	없음	없음	기원형
登米郡 迫町	이치타로 : 까불대는 젊은이	삼나무 구멍	오나	신	없음	없음	기원형
秋田県 : 2편							
***由利郡 鳥海町**	노인 : 이웃집 노인	산왕당	덴구	산왕	있음	있음	기원형
仙北郡 南外村	노인 : 노인	관음당	어니	관음	있음	없음	기원형
山形県 : 18편							
***米沢市**	부지런한 노인 : 게으른 노인	구멍 안쪽	적귀청귀 (赤青鬼鬼)	없음	있음	있음	나무꾼형

전승지역	등장인물	장소	이계의 존 재	기원 대상	잔치	저당	비고
上山市	노인 : 심술궂은 노인	큰 나무 멍	없음	없음	있음	없음	나무꾼형
新庄市	착한 노인 : 욕심많은 노인	시든 나무 구멍	쥐	없음	있음	있음	정토형
新庄市	어린 중 : 잘난척 하는 어린 중	관음당	너구리	관음	있음	없음	불분명
新庄市	노인 : 이웃집 노인	부동당(不動堂)	덴구	부동	있음	있음	기원형
西置賜郡 飯豊町	노인 : 이웃집 노인	산신당	여우	산신	있음	있음	기원형
西置賜郡 飯豊町	불분명	없음	없음	없음	없음	없음	불분명
西置賜郡 小国町	불분명	없음	덴구	없음	없음	없음	나무꾼형
西置賜郡 小国町	불분명	불분명	없음	없음	없음	없음	나무꾼형
西置賜郡 白鷹町	불분명	노인의 집	없음	없음	없음	없음	나무꾼형
西村山郡 大江町	불분명	불분명	오니	없음	없음	없음	정토형
西村山郡 大江町	불분명	산	없음	없음	없음	없음	나무꾼형
東置賜郡 高畠町	불분명	불분명	오니	없음	있음	없음	나무꾼형
東田川郡 余目町	착한 노인 : 심술궂은 노인	산토신(産土神) 의당	요괴	산토신	있음	없음	기원형

전승지역	등장인물	장소	이계의 존 재	기원 대상	잔치	저당	비고
最上郡 真室川町	정직한 노인 : 마음씨 나쁜 노인	큰 나무 구멍	요괴	없음	있음	있음	불분명
最上郡 真室川町	노인	지장당	오니	지장	있음	없음	나무꾼형
最上郡 最上町	부지런한 노인 : 이웃집 게으른 노인	산신당	덴구	없음	있음	있음	나무꾼형
米沢市 塩井町	불분명	소나무 구멍	원숭이	없음	있음	없음	나무꾼형
福島県 : 11편							
***耶麻郡 猪苗代町**	정직한 노인 : 이웃집 심술쟁이 노인	신사	덴구	신	있음	없음	기원형
石川郡 平田村	정직한 노인 : 욕심쟁이 노인	나무 구멍	오니	없음	있음	없음	나무꾼형
いわき市	노인 : 노인	삼나무 구멍	오니	없음	있음	있음	나무꾼형
大沼郡 金山町	착한 노인 : 심술쟁이 노인	산	오니	없음	없음	없음	나무꾼형
郡山市 湖南町	정직한 노인 : 이웃집 노인	나무 구멍	오니	없음	있음	있음	나무꾼형
郡山市 湖南町	노인 : 이웃집 노인	나무 구멍	오니	없음	있음	있음	나무꾼형
須賀川市	노인 : 다른 노인	나무 뿌리	오니	없음	있음	없음	나무꾼형
田村郡 船引町	노인 : 이웃집 노인	나무 구멍	오니	없음	있음	없음	나무꾼형

전승지역	등장인물	장소	이계의 존 재	기원 대상	잔치	저당	비고
東白川郡	노인 : 이웃집 노인	산속	오니	없음	있음	있음	나무꾼형
南会津郡 檜枝村	하치로사에몬 : 이웃집 조자에몬	신당	덴구	신	있음	없음	기원형
耶麻郡 山都町	노인 : 이웃집 노인	나무 그늘	오니	없음	있음	없음	나무꾼형
群馬県 : 7편							
***利根郡 新治村**	노인 : 노인	동혈	오니	없음	있음	있음	나무꾼형
吾妻郡 中之条町	불분명	불분명	불분명	없음	없음	없음	나무꾼형
利根郡 片品村	불분명	불분명	불분명	없음	없음	없음	나무꾼형
利根郡 新治村	불분명	불분명	불분명	없음	없음	없음	나무꾼형
利根郡 新治村	불분명	산속	덴구	없음	있음	없음	나무꾼형
利根郡 水上町	착한 노인 : 이웃집 나쁜 노인	불분명	오니	없음	있음	없음	정토형
利根郡 水上町	불분명	불분명	불분명	없음	없음	없음	나무꾼형
茨城県 : 1편							
***高萩市**	불분명	불분명	불분명	없음	없음	없음	나무꾼형
千葉県 : 6편							
***市川市**	정직한 노인 : 욕심쟁이 노인	나무 구멍	오니	없음	있음	있음	나무꾼형
安房郡 三芳村	불분명	불분명	오니	없음	없음	없음	나무꾼형

전승지역	등장인물	장소	이계의 존 재	기원 대상	잔치	저당	비고
安房郡 三芳村	불분명	불분명	불분명	없음	없음	없음	나무꾼형
安房郡 三芳村	불분명	불분명	불분명	없음	없음	없음	나무꾼형
市原市	불분명	불분명	불분명	없음	없음	없음	나무꾼형
成田市	착한 노인	산속	불분명	없음	없음	없음	불분명
埼玉県 : 4편							
***入間郡 越生町**	착한 노인 : 이웃집 나쁜 노인	다리 밑	도롱이, 우산	없음	있음	없음	불분명
川越市	엿가게 노인	불분명	불분명	없음	없음	없음	불분명
比企郡 小川町	노인	이나리 신사	덴구	없음	있음	없음	불분명
深谷市	불분명	불분명	불분명	없음	없음	없음	불분명
新潟県 : 5편							
***北蒲原郡 安田町**	노인 : 이웃집 노인	나무 구멍	적귀청귀 (赤青鬼鬼)	없음	있음	있음	나무꾼형
北蒲原郡 豊浦町	불분명	불분명	불분명	없음	없음	없음	나무꾼형
長岡市 麻生田町	불분명	불분명	불분명	없음	없음	없음	나무꾼형
長岡市 今井町	불분명	불분명	불분명	없음	없음	없음	나무꾼형
西蒲原郡 巻町	불분명	불분명	불분명	없음	없음	없음	나무꾼형
富山県 : 3편							
***小矢部市**	노인 : 이웃집 노인	산속	덴구	없음	있음	없음	나무꾼형

전승지역	등장인물	장소	이계의 존 재	기원 대상	잔치	저당	비고
射水郡 小杉町	부지런하 노인 : 거만한 노인	산	산사람	없음	없음	없음	불분명
射水郡 小杉町	착한 노인 : 나쁜 노인	나무 구멍	오니	없음	있음	있음	정토형
長野県 : 1편							
***下伊那郡 清内路村**	정직한 노인 : 욕심쟁이 노인	나무 구멍	덴구	없음	있음	없음	나무꾼형
山梨県 : 2편							
*北巨摩郡 白州町	착한 노인 : 나쁜 노인	오니의 처소	오니	없음	있음	없음	나무꾼형
西八代郡 市川大門町	노인 : 노인	나무 밑	오니	없음	있음	없음	나무꾼형
静岡県 : 2편							
***浜名郡 芳川村**	노인 : 이웃집 심술쟁이 노인	나무 구멍	오니	없음	있음	있음	나무꾼형
田方郡 中伊豆町	노인 : 이웃집 노인	구멍 속	오니	없음	있음	없음	정토형
岐阜県 : 1편							
***郡上郡**	쇼에몬	나무 구멍	덴구	없음	있음	있음	나무꾼형
京都府 : 1편							
***中郡 大宮町**	노인 : 욕심쟁이 노인	나무 뿌리	오니	없음	없음	없음	나무꾼형
和歌山県 : 1편							
***伊都郡 高野町**	노인 : 이웃집 노인	동혈 속	오니	없음	있음	있음	나무꾼형
兵庫県 : 4편							

전승지역	등장인물	장소	이계의 존 재	기원 대상	잔치	저당	비고
***美方郡 美方町**	노인 : 이웃집 노인	산속	오니	없음	있음	있음	나무꾼형
朝来郡 和田山町	착한 노인 : 이웃집 나쁜 노인	나무 구멍	오니	없음	있음	있음	나무꾼형
津名郡 五色町	착한 노인 : 이웃집 나쁜 노인	산속	오니	없음	있음	없음	나무꾼형
養父郡 大屋町	노인 : 이웃집 노인	산속	덴구	없음	있음	있음	나무꾼형
鳥取県 : 5편							
***東伯郡 関金町**	노인 : 이웃집 욕심쟁이 노인	나무 구멍	오니	없음	있음	없음	나무꾼형
岩美郡 岩美町	노인 : 이웃집 욕심쟁이 노인	큰 나무 구멍	오니	없음	있음	없음	나무꾼형
日野郡 日南町	노인 : 이웃집 노인	나무 구멍	덴구	없음	있음	있음	나무꾼형
東伯郡 赤碕町	노인 : 이웃집 노인	구멍 속	쥐	없음	없음	없음	정토형
東伯郡 東伯町	노인 : 이웃집 노인	큰 구멍	오니	없음	있음	있음	정토형
島根県 : 16편							
***仁多郡 横田町**	노인 : 이웃집 노인	산속	덴구	없음	있음	없음	나무꾼형
大田市 静間町	착한 노인 : 이웃집 나쁜 노인	산속	오니	없음	있음	없음	나무꾼형
大田市 高山町	노인 : 이웃집 노인	산속	오니	없음	있음	없음	나무꾼형
大田市 山口町	착한 노인 : 이웃집 노인	나무 구멍	오니	없음	있음	없음	나무꾼형

전승지역	등장인물	장소	이계의 존 재	기원 대상	잔치	저당	비고
邑智郡 大和村	노인 : 이웃집 혹이 없는 노인	나무 구멍	오니	없음	있음	있음	나무꾼형
邑智郡 大和村	노인 : 이웃집 노인	나무 구멍	오니	없음	있음	있음	나무꾼형
邑智郡 大和村	착한 노인 : 이웃집 노인	나무 구멍	오니	없음	있음	있음	나무꾼형
大原郡 木次町	노인 : 이웃집 노인	나무 구멍	오니	없음	있음	없음	나무꾼형
隠岐郡 布施村	노인 : 이웃집 노인	나무 그늘	오니	없음	있음	있음	나무꾼형
江津市	노인 : 이웃집 욕심쟁이 노인	나무 구멍	오니	없음	있음	있음	나무꾼형
仁多郡 横田町	노인 : 이웃집 노인	산속	덴구	없음	있음	있음	나무꾼형
美濃郡 匹見町	착한 노인 : 나쁜 노인	구멍	오니	없음	있음	없음	나무꾼형
美濃郡 匹見町	노인 : 이웃집 노인	나무 밑	나으리	없음	없음	없음	불분명
美濃郡 匹見町	노인 : 이웃집 노인	산속	신	없음	없음	없음	불분명
美濃郡 匹見町	정직한 노인 : 이웃 욕심쟁이 노인	구멍 속	오니	없음	있음	없음	정토형
美濃郡 匹見町	노인 : 이웃집 노인	구멍 속	오니	없음	있음	없음	정토형
岡山県 : 8편							
***阿哲郡 哲西町**	정직한 노인 : 이웃집 심술 쟁이 노인	큰 나무 밑	오니	없음	있음	없음	나무꾼형

전승지역	등장인물	장소	이계의 존 재	기원 대상	잔치	저당	비고
小田郡 矢掛町	노인 : 이웃집 노인	동혈	오니	없음	있음	없음	정토형
小田郡	착한 노인 : 이웃집 나쁜 노인	동혈	오니	없음	있음	있음	나무꾼형
川上郡 備中町	착한 노인 : 이웃집 나쁜 노인	석실	덴구	없음	있음	있음	나무꾼형
苫田郡 上齋原村	노인 : 이웃집 노인	나무 구멍	오니	없음	있음	없음	나무꾼형
備前市	노인 : 이웃집 노인	나무 구멍	소인	없음	있음	있음	나무꾼형
勝田郡 奈義町	노인 : 이웃집 노인	큰 구멍	오니	없음	없음	없음	정토형
苫田郡 阿波町	노인 : 근처 노인	구멍 속	오니	없음	있음	없음	정토형
広島県 : 5편							
***神石郡 神石町**	노인 : 이웃집 노인	산속 밭	덴구	없음	가구라 (神樂)	있음	불분명
佐伯郡 湯来町	착한 노인 : 이웃집 나쁜 노인	동혈	적귀청귀 (赤鬼青鬼)	없음	있음	있음	나무꾼형
東広島市 高屋町	착한 노인 : 나쁜 노인	큰 나무 구멍	오니	없음	있음	없음	나무꾼형
山県郡 大朝町	노인 : 다른 곳 노인	산속	청귀적귀 (青鬼赤鬼)	없음	스모 (相撲)	있음	불분명
山県郡 千代田町	착한 노인 : 이웃집 나쁜 노인	산속	적귀청귀 (赤鬼青鬼)	없음	있음	없음	불분명
愛媛県 : 2편							

전승지역	등장인물	장소	이계의 존 재	기원 대상	잔치	저당	비고
*八幡浜市 日土町	자상한 노인 : 이웃집 노인	나무 구멍	오니	없음	있음	있음	나무꾼형
北宇和郡 三間町	노인 : 이웃집 노인	나무 구멍	오니	없음	있음	없음	나무꾼형
佐賀県 : 5편							
*神埼郡	노인 : 이웃집 노인	나무 구멍	오니	없음	있음	있음	나무꾼형
佐賀県某地	노인 : 이웃집 노인	동혈	오니	없음	있음	있음	나무꾼형
神埼郡神埼町	주머니를 지닌 두 노인	나무 구멍	오니	없음	있음	있음	나무꾼형
神埼郡 千代田町	노인 : 이웃집 노인	불분명	오니	없음	있음	없음	나무꾼형
佐賀郡川副町	노인 : 나쁜 노인	산속 궁	오니	없음	없음	없음	불분명
大分県: 3편							
*臼杵市	노인 : 이웃집 노인	구멍 속	덴구	없음	있음	있음	정토형
宇佐市	노인 : 이웃집 노인	산속	오니	없음	있음	있음	나무꾼형
竹田市	착한 노인 : 이웃집 나쁜 노인	큰 나무 밑	적귀청귀(赤鬼青鬼)	없음	있음	없음	나무꾼형
熊本県: 3편							
*球磨地方	노인 : 이웃집 노인	큰 나무 구멍	덴구	없음	있음	없음	나무꾼형
天草郡苓北町	활달한 노인 : 침울한 노인	동혈	무서운 존재	없음	있음	있음	나무꾼형

전승지역	등장인물	장소	이계의 존 재	기원 대상	잔치	저당	비고
玉名郡菊水町	노인 : 이웃집 노인	산속 구멍	덴구	없음	있음	있음	나무꾼형
鹿児島県 : 2편							
***川邊郡大浦町**	노인 : 다른 한 명의 노인	산속 구멍	적귀청귀 (赤鬼青鬼)	없음	있음	없음	나무꾼형
大島郡	어부 : 다른 남자	해변	겐문 (요괴)	없음	없음	없음	불분명

*표시 : 전형적인 이야기를 나타낸다. 잔치 : 잔치 모티브를 가리킨다.
저당 : 저당 모티브를 가리킨다.

2. 한국의 <혹부리 영감>의 유형 및 양상

(1) 도깨비 이야기에 있어서 〈혹부리 영감〉의 위치

한국의 〈혹부리 영감〉에 관해서 고찰하기로 한다. 먼저 〈혹부리 영감〉의 고찰에 앞서 한국의 도깨비 이야기에 관해서 개략적으로 살펴보기로 한다. 한국의 〈혹부리 영감〉은 다양한 도깨비 이야기의 한 유형으로 인식되는 경향이 강하기 때문이다. 따라서 〈혹부리 영감〉에 관한 고찰에 앞서서 우선 도깨비 이야기 전체에서 차지하는 〈혹부리 영감〉의 위치를 확인해 볼 필요가 있다.

필자의 조사에 의하면, 한국정신문화연구원(현 한국학중앙연구원)에서 전국적 규모로 광범위하게 조사한 설화자료집인 『한국구비문학대계』(전 82권)[14]에는 총 213편에 이르는 도깨비 이야

14) 한국정신문화연구원 어문연구실이 중심이 되어 1979년부터 1984년에 걸쳐 전국 60개 군을 대상으로 조사를 행하였다. 민담 및 전설에만 한정하지

기가 수록되어 있다. 그리고 『한국구비문학대계』에 수록된 설화의 유형분류집인 『한국설화유형분류집』[15]에는 총 213편에 이르는 도깨비 이야기를 다음과 같이 유형별로 분류하였다. 이 『한국설화유형분류집』에 따르면 〈혹부리 영감〉은 다종다양한 도깨비 이야기의 하위 유형으로 분류되었다.

634 도깨비와 어울리다 정신 차리기 : 총 213편
- 634-1 도깨비 소동 : 62편
- 634-2 도깨비와 겨루기 : 23편
- 634-3 도깨비 때문에 잃은 물건 찾기 : 2편
- 634-4 크게 될 사람을 알아 본 도깨비 : 8편
- 634-5 도깨비감투 : 3편
- 634-6 도깨비와 한 약속 어기고 망하기 : 1편
- 634-7 도깨비가 해 놓은 토목공사 : 6편
- 634-8 도깨비와 사귀어 덕 보기 : 60편
- 634-9 도깨비 덕본 사람 본뜨다 망하기 : 48편

〈혹부리 영감〉은 위의 유형에서 634-9 「도깨비 덕본 사람 본뜨다 망하기」에 속해 있다. 634-9 유형에는 총 48편이 수록되어 있다. 〈혹부리 영감〉 이외에도 흔히 〈도깨비 방망이〉라 부르는 이야기가 속해 있는데, 〈혹부리 영감〉이 6편, 〈도깨비 방망이〉

않고 민요 및 무가 등이 폭넓게 채록되어 있다. 『한국구비문학대계』의 간행경과 및 구체적인 내용에 대해서는 한국정신문화연구원 어문연구실(1989)을 참조. 일본에서는 川森博司(1994)가 상세하게 소개하였다.

15) 이 유형분류집에는 이제까지 민담연구에서 국제적으로 통용되던 아르네 톰슨의 유형분류 방법의 한계를 극복하기 위해 독자적인 유형분류가 시도되었다.

가 26편을 차지하고 있다. 즉 『한국구비문학대계』에 수록된 총 213편에 이르는 도깨비 이야기 중에서 〈혹부리 영감〉은 6편 밖에 채록되지 않았다. 이에 비해서 〈도깨비 방망이〉쪽은 모두 26편이 채록되었다. 수록 빈도에서 상당한 차이가 인정되는데, 이는 한국에서 〈혹부리 영감〉보다 〈도깨비 방망이〉 쪽이 더욱 널리 알려진 이야기라는 사실을 의미한다고 해석할 수 있겠다. 주지하다시피 〈도깨비 방망이〉는 〈혹부리 영감〉과 매우 유사한 민담구조로 되어 있다. 즉 이야기 전반부의 주인공이 산에 가서 '도깨비 방망이'라는 주술적인 보물[16]을 손에 넣어 부자가 되자, 다른 사람이 이를 흉내 내다가 곤경에 처한다는 줄거리로 구성되었다. 두 이야기 사이의 결정적인 차이는 「혹」과 관련된 모티브의 유무뿐이라고 보아도 좋을 정도로 유사한 민담구조를 보이고 있다.

한국과 일본의 〈혹부리 영감〉 비교에 있어서, 〈혹부리 영감〉보다도 〈도깨비 방망이〉 쪽이 훨씬 널리 알려진 이야기라는 점은 중요한 의미를 지닌다. 왜냐하면 이 점은 한국의 〈혹부리 영감〉이 일제강점기를 거치면서 널리 알려지게 되는 과정을 규명하는데 있어서도 중요한 단서 중의 하나가 되기 때문이다. 이 점에 관해서는 후술하기로 한다.

(2) 〈혹부리 영감〉의 유형

사례7

옛날에 혹달린 사람이, [조사자: 진진담뱃대요.] 예, 옛날에 [조사자: 길게

16) 민담에는 신통력을 발휘하는 「주보(呪寶)」가 흔히 등장한다. 민담에 자주 등장하는 「주보」의 의미 및 기능에 관해서는 日本昔話學會編(1997)을 참조.

요.] 응, 옛날에 혹달린 사람들이 혹달린 사람이 인자 집으로, 인제 질(길)을 걸따가(걷다가) 날이 저물었어. [조사자: 어디를 갔다가요?] 응. 질을 걸따가 [조사자: 아. 질을 걸따가.] 날이 저물어 갖고 어느 빈 집에가 있응개여. 빈집에가 있었대여. 그래 들어가 갖고 있응깨(있으니까), 아, 도깨비들이 그냥 막 오더래여. 아 거 그(거기) 혼자 있음서 노래를 불렀어. 혼자 있으면서 [청중: 아. 혹뿌리 영감.] 응. 노래를 부른개 도깨비들이 나옴서, "아, 아저씨 그 노래가 어디서 나오냐?"고. "이 혹에서 나온다."고. "아, 그럼 이 혹을, 천금(千金)을 줄랑깨(줄테니) 줄라냐?" 허닝개는 안 헌다고, "아파서 어떻게 떼냐?"고 그런개는, "감쪽같이 떼갈 것잉개 도라(달라)." 고 그래 인제 돈을 줌서 도란개, 아, 감쪽같이 없애, 떼가 버렸어. 인제, [조사자: 아, 아프지도 않고] 암. 아프지도 않고, 아, 그래 자기 집에 와서 그렁깨 이웃집 혹뎅이가, "아 그 친구 그 혹을 어떻게 해서 뗐냐?" 그러닝개, "아, 이만저만 해서 거기를 들어갔더니 아, 도깨비떼들이 거기를 와갖고 감쪽같이 떼가고 돈을 줬다고." 아, 그런개 그 사람도 갔더래. 거기를 가갖고는 노래를 부릉개 아, 아니랑가 오더래. 그러더니 끌고는, 아, 소리가 어디서 나오냥개 혹에서 나온다고 그러거든. "어제밤에도 어떤 혹뎅이란 놈이 거짓꺼리를 하더니." [조사자: 거짓꺼리?] 응. 거짓꺼리. "거짓꺼리를 하더니 요놈도 마저 갖다 붙여 갖고 가거라." 하고 양짝(양쪽)에다가 탁 붙여버리드래. 혹이 그래 혹이 둘 돼 버렸어. [웃음]. [유쾌하게 구술] [일동: 웃음] [조사자: 아, 그래 그 사람은 어찌 됐어요?] 아, 그래 말이 있잖아? 옛날에 혹떼러 갔다가 혹 붙였다고. 지금도 그런 말이 있잖아? [웃음][17)]

[사례 7]은 『한국구비문학대계』에 수록되어 있는 〈혹부리 영감〉의 전문으로, 전라북도 부안군 부안읍에서 채록되었다. 전술한 바와 같이 『한국구비문학대계』에는 〈혹부리 영감〉이 총 6편 채록되어 있다. 이 점은 본서 제1장에서 지적했듯이, 〈혹부리 영감〉이 한국의 전래동화 중에서도 동화집에 자주 등장하는

17) 한국정신문화연구원어문연구실편(1983 : 209-210) 수록.

인기 있는 민담이라는 점을 감안할 때에 다소 의외라는 느낌이 든다.

[표 2]는 필자가 『한국구비문학대계』에 수록되어 있는 6편의 〈혹부리 영감〉 이야기를 전승지역(채록지역), 등장인물, 장소, 주요 모티브 등에 따라서 분석한 결과이다. 그리고 [그림 2]는 이들 6편의 〈혹부리 영감〉과 〈도깨비 방망이〉 이야기, 그리고 『한국구비문학대계』에 수록되어 있는 도깨비 이야기의 분포 현황을 지역별로 표시한 것이다.

우선 [그림 2]를 주목하면, 도깨비 이야기가 가장 적게 채록된 지역(충청북도, 전라북도)에서 〈혹부리 영감〉이 채록된 점이 눈에 띈다. 즉 도깨비 이야기가 가장 많이 채록된 전라남도(총 58편) 및 경상남도(총 33편)에서는 〈혹부리 영감〉을 찾아볼 수가 없는데 비해, 도깨비 이야기가 총 4편밖에 채록되지 않은 충청북도에서 2편, 7편밖에 채록되지 않은 전라북도에서도 1편이 채록되었다. 이 점은 무엇을 의미하는 것일까? 속단할 수는 없겠지만, 상대적으로 도깨비 이야기가 많이 채록된 지역에서 〈혹부리 영감〉이 별로 채록되지 않았다는 점, 바꾸어 말하면 도깨비 이야기가 그다지 전승되지 않은 지역에서 〈혹부리 영감〉이 채록되었다는 점으로 미루어볼 때에, 해당 지역에서 채록된 〈혹부리 영감〉은 특정한 시기에 어떤 계기에 의해서 외부에서 유입되었을 가능성이 짙다고 볼 수 있다. 즉 해당 지역의 〈혹부리 영감〉이 오랜 세월에 걸쳐 현지인들 사이에서 구전된 것이 아니라, 특정한 시기에 외부에서 유입되었을 가능성을 시사하고 있다고 해석할 수 있다.

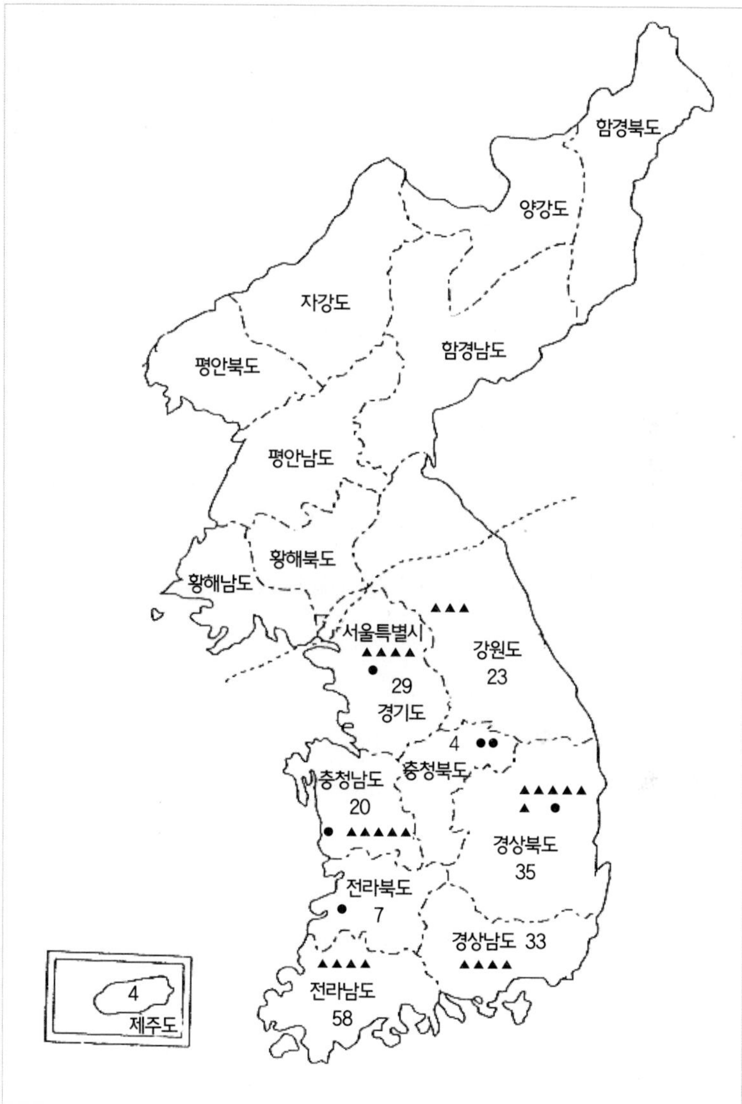

[그림 2] 『한국구비문학대계』에 수록된 〈혹부리 영감〉과 〈도깨비 방망이〉의 분포 현황

● 표시 : 〈혹부리 영감〉을 나타낸다. ▲ 표시 : 〈도깨비 방망이〉를 나타낸다. 아라비아 숫자는 해당지역에서 채록된 도깨비 이야기의 편수를 의미한다.

[표 2] 『한국구비문학대계』에 수록된 〈혹부리 영감〉

제 목	출전	전승(채록) 지역	등장인물	장소	노래·잔치	교환관계
혹떼러 갔다 혹붙인 사람	1-2	경기도 여주군 북내면 지내리	어떤 사람 : 이웃사람	빈집	주인공의 노래	도깨비에게 혹을 떼임
혹 붙인 이야기	3-1	충청북도 중원군 주덕면	가난한 김첨지 : 부자 최씨	산속	주인공의 노래	혹과 금은의 교환
혹떼러 갔다 혹붙인 이야기	3-2	청주시 탑동	시골 농군 : 이웃사람	바위 밑	주인공의 노래	혹과 도깨비 방망이의 교환
혹떼러 갔다 혹붙인 이야기	4-1	충청남도 당진군 송산면 부곡리	착한 사람 : 고약한 이웃사람	빈집	주인공의 노래	혹과 도깨비 방망이의 교환
혹떼러 갔다가 혹붙인 이야기	5-3	전라북도 부안군 부안읍	어떤 사람 : 이웃사람	빈집	주인공의 노래	혹과 금의 교환
도깨비와 혹부리 영감	7-16	경상북도 선산군 장천면	영감 : 이웃집 영감	고목 나무	도깨비 잔치에 가담	일방적으로 혹을 떼이고 혹을 붙이게 됨

*출전의 숫자는 『한국구비문학대계』의 권수를 나타낸다.

**노래 · 잔치는 해당 모티브를 나타낸다.

[표 2]의 분석 결과를 살펴보면 총 6편에 이르는 〈혹부리 영감〉 사이에 그다지 큰 차이가 인정되지는 않는다. 단지 제5화가 내용적으로 볼 때에 다소 이색적인 정도이다. 제5화에서는 주인공 노인이 스스로 도깨비들의 잔치에 가담한다는 「잔치」 모티브가 포함되어 있어서 다른 이야기들과 차이를 보이고 있다. 이 점을 제외하면 6편 모두 등장인물이 「주인공 : 이웃집사람」의 대립구조로 되어 있는 등, 큰 차이를 발견할 수가 없다. 그렇다면 한국에는 『한국구비문학대계』에 채록된 〈혹부리 영감〉과 다른 유형의 이야기는 존재하지 않는 것일까? 다른 사례를 찾아보기로 한다.

사례 8 혹 떼러 갔다가 혹 부친 이야기

옛날옛적 간날갓적에 투수바리 소년적에 한 사램이 질로 가다가 해가 저서 질가에 있는 장성 밑이 누버서 자는디 한심 자고 있어났더이 이짝 장성이 저짝 장성을 불러서 우리 집에 손임이 와있이 우리 형송 공부나 하자 캤다. 그라이 저짝 장성이 우리 그러자 캤다. 그러더이 이짝 장성캉 저짝 장성이 항께 형송형송캤다. 이 사람은 이 형송소리 하는 거로 듣고 있다가 재미가 나서 저도 같이 형송형송했다. 아칙이 되이께네 이짝 장성이 저짝 장성보고 우리 집이 오신 손임이 우리 형송공부를 항께 잘 따러했이이 손님을 거저 보낼 수가 엄다. 멋이던지 공을 해 딜이자 하더이 손임이 혹부리가 있어서 고생하고 있이이 그 혹부리로 띠어주자 캤다. 그러자 하더이 혹부리로 띠어주었다. 이 사람은 뜻밖이 귀찬헌 혹부리가 엄서지이 좋아서 집이로 갔다.

그 마실에 혹부리가 달린 영갬이 있었다. 이 사램이 혹부리가 엄서진 거로 보고 우찌서 혹부리가 엄서졌느냐꼬 물었다. 이러고 이러고 해서 엄서졌 카이 이 영감은 지 혹부리도 엄서지게 할라꼬 그 장성한

티 갔다. 찾어가서는 해가 지기로 지달러 가지고 그 장성 밑이서 잤다. 한숨 자고 일어낭께네 이짝 장성이 저짝 장성을 불렀다. 우리 집이 손임이 오셨이이 우리 헝송공부나 하자 캤다. 저짝 장성이 그러자 하고 둘이서 헝송헝송하고 헝송소리로 했다. 영감은 그 소리로 듣고 우스바서 웃이개 삼어 헝송헝송했다.

날이 새서 이튿날 아칙이 댔다. 이짝 장성이 저짝 장성을 부르디마는 "우리 집이 온 손임이 우리 헝송공부하는디 방해만 했다. 그라이 우리 손임한티 연검을 믹이자" 하이까이 저짝 장성도 거 좋다 캤다. 그리고 어지 띠어나 두었던 혹부리로 이 영감으 불티기에 붙어 주었다.[18]

[사례 8]은 임석재의 『한국구전설화』(전 12권)에 수록된 〈혹부리 영감〉의 전문이다. 제1장에서 소개한 [사례 3]과 동일한 사례이다. 필자의 확인에 의하면 『한국구전설화』에는 총 20편 정도의 도깨비 이야기가 수록되어 있다. 총 20편에 이르는 도깨비 이야기 중에서 〈혹부리 영감〉은 [사례 8]이 유일하게 채록되어 있다. [사례 8]을 읽어보면 『한국구비문학대계』에 수록된 6편의 〈혹부리 영감〉과는 민담구조, 등장인물 및 사건 등에서 상당한 차이가 있다. 예를 들면 [사례 7]과 비교해보면 내용적으로 상당한 거리가 있음을 알 수 있다. 오늘날 한국에서 널리 유포되는 〈혹부리 영감〉이 주로 [사례 7]과 같은 유형에 한정되어 있음을 감안할 때에 [사례 8]은 귀중한 자료라고 판단된다.

[사례 7]과 [사례 8]을 비교하기로 한다. [사례 7]과 [사례 8]은 형태론적으로 보면 일상생활(현세) → 비일상적 생활(이계) → 일상생활(현세)로 돌아오는 순환형 구조로 되어 있다. 또한 구

18) 임석재(1993 : 323-324) 수록.

조적으로 이야기의 전반부의 주인공이 불행한 상태(결손) → 혹을 떼어 받음(결손의 해소) → 행복한 일상(충족)으로 돌아오며, 후반부의 등장인물은 불행한 상태(결손) → 혹을 하나 더 붙이게 됨(결손의 강화) → 더욱 불행한 일상(결손)이라는 대립적 구조로 이루어져 있다. 이 점은 앞서 고찰한 일본의 〈혹부리 영감〉과도 유사한 구조라는 사실을 알 수 있다.

그런데 [사례 7]과 [사례 8]을 개별 모티브에 따라 세분해서 검토해 보면, 이야기의 전개과정에 있어서 두드러진 차이가 있다는 점을 확인할 수 있다. 예를 들면 두 사례 사이에는 크게 보아 다음과 같은 결정적인 차이가 있다.

[사례 7] : 주인공이 혼자서 노래를 부르고 있는 곳으로 도깨비가 나타난다. 주인공과 도깨비 사이에 혹과 보물(금은, 돈 등)을 주고받는 교환관계가 성립한다.

[사례 8] : 주인공이 장승에게서 포상으로 혹을 떼어 받는다. 즉 주인공이 노래를 부르는 모티브를 찾아볼 수 없다.

본서에서는 앞서 일본의 〈혹부리 영감〉을 「나무꾼형」, 「정토형」, 「기원형」으로 나누어 유형 분류를 시도한 적이 있다. 일본의 〈혹부리 영감〉과의 비교연구 편의상, 앞으로 [사례 7]과 같은 유형을 「도깨비형」, 그리고 [사례 8]과 같은 유형을 「장승형」이라 불러 구분하기로 한다.

3. 한국과 일본의 <혹부리 영감> 비교

한국과 일본에서 전승되는 〈혹부리 영감〉의 비교연구를 위한 전제로 양국의 〈혹부리 영감〉을 몇 가지 하위유형으로 나누어 분류를 시도하였다. 그럼 이제부터 양국의 〈혹부리 영감〉을 비교해가기로 한다. 특히 [사례 7]과 같은 한국의 「도깨비형」, 그리고 [사례 4]와 같은 일본의 「나무꾼형」을 중심으로 비교하기로 한다. 이 두 유형은 양국에서 각각 〈혹부리 영감〉의 「표준형」이라고 불러도 좋을 만큼, 오늘날 널리 알려진 대표적인 유형이기 때문이다. 또한 두 유형은 이야기의 구조, 주인공의 행위 등에 있어서 가장 근접해 있다. 두 유형 사이에 드러나는 유사점과 차이점 중에서도 특히 차이점 쪽을 주목하고자 한다. 본서의 목적과 관련해서 두 유형 사이에 드러나는 차이점을 확인하는 것이 중요한 의미가 있다. 즉 무엇보다도 차이점을 분명하게 확인함으로써 궁극적으로 양국의 〈혹부리 영감〉 사이에 보이는 영향관계를 구체적으로 밝힐 수 있기 때문이다.

먼저 이야기 속의 등장인물을 주목하기로 한다. 앞서 [사례 5]와 [사례 6]을 통해 확인한 바와 같이, 일본의 경우는 등장인물로 흔히 「노인 : 이웃집 노인」으로 설정되는 경우가 많다. 이는 비단 〈혹부리 영감〉에만 한정된 것은 아니다. 이 「노인 : 이웃집 노인」이라는 등장인물의 설정은 일본의 민담연구에서 중요한 의미를 지닌다. 일본에서 「이웃집 노인형(隣の爺型)」이라 부르는 「지장정토(地藏淨土)」, 「쥐의 정토(鼠の淨土)」, 「꽃 피우는 노인(花咲爺)」 등의 이야기에서 찾아 볼 수 있는 주요 특징이기도 하다.

예를 들면, 가와조에 히로키(川添裕希)는 이 점을 주목하여 「이웃집 노인형」 민담에 드러난 표층구조를 분석한 바 있다.[19] 오자와 도시오(小澤俊夫)는 이런 유형의 이야기를 전승해 온 일본인들에게 있어서 이웃집에 대한 관심이 얼마나 대단했으며 중요했는가를 알 수 있다고 그 사회적 의미를 강조하였다.[20] 그리고 가와모리 히로시(川森博司)는 오자와 도시오의 연구를 더욱 발전시켜 일본 국내에서 전승되는 민담 사이에 보이는 차이점뿐만이 아니라, 그 대상을 국제적으로 확장하여 한국과 일본의 민담 사이에 드러나는 차이점을 비교하기도 하였다. 가와모리 히로시는 최인학이 유형분류를 시도한 「한국 민담의 타이프 인덱스」[21] 자료를 이용하여 「이웃집 노인형」 민담에 관한 한일비교를 시도하였다. 그 결과 다음과 같은 주목할 만한 결론을 도출하였다.

일본과 한국의 유화(類話)를 비교하면 한국에서는 「형제 대립형」을 더욱 선호한다는 점을 확인할 수 있다. 그러나 한국에는 「이웃집사람 대립형」이야기도 많이 있다. 상세한 한일비교를 위해서는 한국자료를 더욱 상세하게 분류하고 정리할 필요가 있다.[22]

가와모리 히로시는 일본의 민담에서는 「이웃집사람 대립형」이 우세하고, 한국의 민담에는 「이웃집사람 대립형」보다도 「형제 대립형」이 우세하다는 점을 지적하였다. 그리고 그는 일본

19) 川添裕希(1982) 참조.
20) 小澤俊夫(1984 : 249) 참조.
21) 최인학(1976 : 85-93) 참조.
22) 川森博司(1996 : 91).

에서 「이웃집사람 대립형」이 많이 전승되고 있는 사회적 배경으로, "근린(近隣)관계에 대한 관심이 강한 이유는 일본 본토의 경우에 사회인류학적 의미에서 엄밀한 부계혈연 시스템이 존재하지 않는 점과 관련이 있을 지도 모른다"23)라는 가설을 제시하였다.

그럼 한국의 〈혹부리 영감〉에 나타난 「이웃집사람 대립형」은 어떻게 해석해야 할까? 여기서 다시 [표 2]에 정리된 『한국구비문학대계』에 수록된 총 6편의 〈혹부리 영감〉을 주목하기로 한다. [표 2]를 통해 확인한 바와 같이, 총 6편에 이르는 〈혹부리 영감〉이 모두 「주인공 : 이웃집사람」이라는 대립관계로 구성되어 있다. 앞서 인용한 가와모리 히로시의 표현에 따르자면 「이웃집사람 대립형」인 셈이다.

이 점은 본서의 연구과제와 관련하여 시사하는 바가 크다. 가와모리 히로시가 지적한대로 한국의 민담에서는 「이웃집사람 대립형」보다는 「형제 대립형」의 이야기가 훨씬 많이 전해지고 있기 때문이다. 그 대표적인 경우로 〈도깨비 방망이〉를 들 수 있다. 〈도깨비 방망이〉의 경우는 일반적으로 형제가 주인공으로 등장한다. 그럼에도 [표 2]를 보면 6편의 〈혹부리 영감〉 모두가 「이웃집사람 대립형」이라는 양상을 보이고 있다. 이 점을 어떻게 받아들여야 하는 것일까?

이 문제를 해결하기 위해서는 두 가지 방향으로 검토할 필요가 있을 것 같다. 첫째 앞의 인용문에서 가와모리 히로시가 언급한 바와 같이 더욱 많은 한국의 민담자료를 대상으로 분석하

---

23) 川森博司(1996 : 92).

여 가와모리의 결론을 검증할 필요가 있다. 둘째 한일 〈혹부리 영감〉 사이의 역사적 영향관계에 대한 검토이다. 본서에서는 후자 쪽 방법을 선택하였다. 이는 한일 〈혹부리 영감〉의 영향관계를 밝히고자 하는 본서의 목적에 부합되기 때문이다.

여기서 결론을 먼저 밝히자면, 『한국구비문학대계』에 수록된 〈혹부리 영감〉 6편 모두가 「이웃집사람 대립형」이라는 양상을 보이고 있는 것은 일본의 〈혹부리 영감〉으로부터 영향을 받은 결과이다. 예를 들면 앞서 소개한 [사례 7]과 같이, 해방 전에 간행된 한국의 민담자료집에 수록된 〈혹부리 영감〉을 살펴보면 「이웃집사람 대립형」을 찾아볼 수가 없다. 본서 제3장에서 상세하게 다루겠지만, 이들 민담자료집에는 전반부의 주인공과 대립적 위치에 있는 후반부 인물로 「이웃집 노인」이 아닌 「읍내 사는 노인」(高橋亨, 『朝鮮の物語集附俚諺』), 「어느 곳에 사는 노인」(朝鮮總督府, 『朝鮮童話集』), 「같은 마을의 노인」(中村亮平, 『朝鮮童話集』) 등이 등장한다. 즉 일본 〈혹부리 영감〉의 영향을 받기 이전에는 등장인물이 「노인 : 이웃집 노인」이라는 정형화된 형식가 아니었던 것이다.

양국의 〈혹부리 영감〉 사이에 확인되는 또 다른 중요한 차이점은 주인공이 이계(異界)에서 조우하는 요괴의 형상이다. [사례 7]을 비롯하여 한국의 〈혹부리 영감〉에는 도깨비의 형상에 관해서는 거의 언급되어 있지 않다. 이야기의 주인공(정확하게 표현하자면 이야기를 구술한 화자)은 자신의 눈앞에 나타난 도깨비의 형상에 관해서는 무엇 하나 구체적으로 언급하지 않는다. 즉 도깨비의 이미지가 매우 비시각적이다. 이 점은 〈혹부리 영감〉에만 한정된 현상이 아니다. 한국의 모든 도깨비 이야기에서 전반적으로 찾아볼 수 있는 현상이기도 하다.[24)]

이에 비해서 일본의 〈혹부리 영감〉에 등장하는 이계의 존재(요괴)는 그 이미지가 매우 시각적이다. 일본의 대표적인 요괴라는 오니(鬼)의 경우를 예로 들기로 한다. 오니가 등장하는 이야기를 검토하면, "파란 오니가 우르르, 빨간 오니가 우르르(青鬼がドサドサ、赤鬼がドサドサ)"[25)], 또는 "빨간 오니에다 파란 오니에, 뿔이 하나 달린 오니, 뿔이 둘 달린 오니(赤おに、青おに、一本つののおに、二本つののおにたち)"」[26)]하는 식으로, 이야기에 등장하는 오니의 이미지가 시각적으로 매우 정형화된 모습으로 표현된다.

일본의 오니가 시각적인 이미지로 정형화되어 있다는 점에 대해서는 『우지슈이 모노가타리(宇治拾遺物語)』(제3화)에 수록되어 있는 〈혹부리 영감〉(정식 이름은 「오니에게 혹 떼인 이야기(鬼に瘤を取らるる事)」이다.)에서도 확인할 수 있다. 즉 『우지슈이 모노가타리』의 〈혹부리 영감〉에는 노인 앞에 나타난 오니의 무리를 가리켜 "빨간 몸뚱어리에 파란 옷을 걸친 자, 검은 몸뚱어리에 빨간 훈도시(褌)를 걸친 자, 눈이 하나만 달린 자, 입이 없는

24) 이 점은 오늘날 한국에서 그림동화집 및 동화집의 삽화를 중심으로 유포되는 도깨비의 형상이 일본의 오니와 비슷하게 표현되는 현상과도 밀접하게 관련이 있다. 즉 한국에서는 전통적으로 도깨비의 형상이 구체적으로 묘사되지 않았다. 반면에 일본에서는 근대 이전에 정형화된 오니의 형상이 정착하였다. 이로 인해 근대 이후에 교과서 및 동화집의 삽화로 도깨비를 그려 넣는 과정에서 일본의 오니 형상을 참고로 하였던 것이다. 이 문제에 관해서는 졸고(1996 : 252-256)를 참조.

25) 稲田浩二・小澤俊夫(1982 : 161).

26) 稲田浩二・小澤俊夫(1982 : 161).

자"하는 식으로, 오니의 형상이 시각적인 면에서 매우 구체적으로 언급되어 있다. 이는 『우지슈이 모노가타리』에서만 찾아볼 수 있는 현상이 아니다. 그 밖에도, 일본의 설화에 등장하는 오니의 형상은 대체적으로 그 이미지가 시각적으로 정형화되어 있다. 여기서는 양국의 〈혹부리 영감〉에 등장하는 한국의 도깨비와 일본의 오니가 그 이미지에 있어서 「비시각적 : 시각적」이라는 결정적인 차이가 있다는 점만을 지적해 둔다.

그 밖에도 양국의 〈혹부리 영감〉 사이에는 몇 가지 모티브 면에서 큰 차이점이 인정된다. 그 차이점 중의 하나는 주인공 노인과 이계의 존재(도깨비 혹은 오니)가 맞닥뜨리는 계기가 된 것이 노인의 「노래」에 있었는지 아니면 노인의 「춤」(오니들의 잔치)에 있었는지 하는 점이다. 즉 한국의 〈혹부리 영감〉에서는 밤에 주인공이 산 속에서 혼자서 노래를 부르고 있는 곳에 도깨비가 나타나는 경우가 일반적이다. 도깨비가 나타난 이유는 노인의 멋진 노래에 끌렸기 때문이다. 한편, [사례 4]에서 고찰한 바와 같이 일본의 〈혹부리 영감〉의 주인공 노인은 오니 무리가 나타나서 잔치를 벌이고 춤을 추는 모습을 보고서, 자신도 잔치에 끼어들고 싶어 견딜 수 없어 한다. 마침내 스스로 오니들의 잔치에 가담하여 춤을 추었다. 이 모습을 보고 오니들이 매우 기뻐한다. 이 점에 관해서, 마키 사치코(槙佐知子)는 오니가 기뻐한 이유는 노인이 오니를 두려워하지 않고 적극적으로 잔치에 가담하여 멋지게 춤을 추었기 때문이라고 지적한다.[27] 주인공 노인의 「노래」 혹은 「춤」이라는 모티브는 한국형 〈혹부

27) 槙佐知子(1989 : 109).

리 영감〉과 일본형 〈혹부리 영감〉을 구별하기 위한 커다란 차이점이다.

양국의 〈혹부리 영감〉 사이에는 「혹을 떼인」이유에 있어서도 결정적인 차이가 있다. 즉 한국의 〈혹부리 영감〉은 주인공 노인과 도깨비 사이에 일종의 교환관계가 성립한다. 주인공은 도깨비와의 교환에 의해서 혹을 떼어 받고 보물을 손에 넣었다. 이 때 주목할 점은 도깨비가 노인에게 아름다운 목소리가 어디서 나오느냐고 묻자, 주인공 노인이 스스로 얼굴에 달려 있는 혹에서 나온다고 대답한다는 점이다. 이는 우리들이 민담에서 흔히 볼 수 있는 「기만(欺瞞)」이라는 모티브에 해당된다.[28] 주인공 노인은 도깨비를 기만하여 혹을 떼어 받았을 뿐만 아니라 보물까지 얻었다. 이야기 후반부의 등장인물도 의도적으로 도깨비를 기만하고자 하였으나 실패하여 그 결과 혹을 하나 더 붙이게 되었던 것이다.

이에 비해서 일본의 〈혹부리 영감〉에서는 노인이 스스로 오니의 잔치에 끼어들어 멋지게 춤을 춘다. 오니가 이 모습을 보고서 또 오도록 하기 위해서 노인의 혹을 「저당물」로 떼어간다. 즉 일본의 〈혹부리 영감〉에서는 「저당」이라 부를만한 모티브가 결정적으로 작용한다. 이 점에 대해서는 고미네 가즈아키(小峯和明)가 지적한 바와 같이, 「이류(異類)에 의한 가치전도」[29] 로도 해석할 수 있겠다. 즉 인간세계에서는 쓸모없는 혹이 이계의 이류에게는 값진 것으로 간주되었던 셈이다. 그런데 고미네

---

28) 민담에서 흔히 볼 수 있는 「기만(欺瞞)」 모티브의 의미 및 기능에 관해서는 アラン・ダンダス, 池上嘉彦譯(1980 : 118-124)를 참조.

29) 小峯和明(1987 : 13).

가즈아키의 「이류(異類)에 의한 가치전도」라는 해석은 일면적인 해석에 불과하다고 할 수 있다. 왜냐하면 〈혹부리 영감〉 이야기의 전반부에는 들어맞지만 후반부에는 들어맞지 않기 때문이다. 즉 이류 입장에서 볼 때에 혹이 그토록 소중한 물건이라면, 후반부에 등장하는 노인의 춤이 서툴다고 해서 혹을 하나 더 붙여준다는 것은 모순되기 때문이다. 말하자면 전반부 주인공을 흉내 낸 이웃집 노인은 춤이 서툴렀기 때문에 명백하게 「벌」이라는 의미로 혹을 하나 더 붙이고 말았던 것이다.

지금까지 논의해 온 내용을 여기서 간략하게 정리하기로 한다. 한일 양국의 〈혹부리 영감〉은 비록 형태론적으로 비슷한 구조로 되어 있지만, 이야기를 구성하는 구체적인 모티브 및 등장인물에 있어서는 명확하게 구별되는 몇 가지 차이점이 존재한다는 사실을 확인할 수 있었다. 다음의 [표 3]은 이 차이점에 관해서 보기 쉽게 정리한 것이다. [표 3]에서 한국의 〈도깨비 방망이〉를 함께 정리한 것은 〈혹부리 영감〉의 한일비교에 있어서 〈도깨비 방망이〉가 중요한 의미를 지니고 있기 때문이다. 이 점에 관해서는 제3장에서 후술하기로 한다.

[표 3] 한국과 일본의 〈혹부리 영감〉 및 〈도깨비 방망이〉의 차이점

	일 본	한 국	
화명	〈혹부리 영감〉	〈혹부리 영감〉	〈도깨비 방망이〉
등장인물	노인 : 이웃집 노인(정형화)	같은 마을 사람(비정형화)	형제(정형화)
발단부분	산으로 나무하러 가다(정형화)	길을 걷다(비정형화)	산으로 나무하러 가다

	일 본	한 국	
장 소	나무 구멍	빈 집	빈 집
이계의 존재(요괴)	오니 · 덴구(天狗) 등	도깨비	도깨비
*요괴(도깨비)의 형상	시각적(구체적)	비시각적(추상적)	비시각적(추상적)
*잔치 · 노래	주인공이 스스로 잔치에 가담	노래를 부르고 있으면 도깨비가 출현	대들보 위에서 잔치 모습을 지켜보다
*혹	「저당」의 의미로 요괴가 혹을 떼어감	혹과 보물을 교환	혹에 관한 모티브가 결여

*표시 : 주요 차이점을 의미한다.

일본인 연구자에 의한 조선의 〈혹부리 영감〉의 「발견」과 확산

제3장

1. 조선의 <혹부리 영감>의 「발견」과 확산

본서의 서두에서 문제제기의 일환으로, 현재 한국에서 어린이용 동화책을 중심으로 유통되고 있는 〈혹부리 영감〉이 일본에 전해지는 일본형 〈혹부리 영감〉과 매우 유사하다는 점을 지적하였다. 이는 일제강점기 조선총독부의 교육방침으로 식민지 교육현장에서 「내선일체」라고 하는 정치적 이데올로기를 주입시키기 위한 교재로 조선의 〈혹부리 영감〉을 동원한데 따른 결과이다. 그리고 그 출발은 일제강점기 일본인 연구자들이 조선의 〈혹부리 영감〉을 「발견」하여 확산시킨 데서 비롯된다. 이제부터 이 점에 관해 본격적으로 논하기로 한다.

조선의 〈혹부리 영감〉은 일제강점기에 조선으로 건너와 활동한 일본인 설화연구자들에 의해 「발견」되어 당시 설화자료집에 수록된 것을 계기로 널리 알려지게 된다. 우선 이 점부터 주목할 필요가 있다.

[표 4]는 일제강점기에 발행된 설화자료집을 발행 연대순으로 정리한 것이다. [표 4]를 보면, 다카하시 도오루(高橋亨)의 『조선의 이야기집 부이언(朝鮮の物語集 附俚諺)』, 야마사키 히시로(山崎日城)의 『조선의 기담과 전설(朝鮮の奇談と伝説)』, 조선총독부의 『조선동화집(朝鮮童話集)』 나카무라 료헤(中村亮平)의 『조선동화집(朝鮮童話集)』 등에 〈혹부리 영감〉이 수록되어 있다. 주로 조선의 신화 및 전설을 모아서 수록한 나카무라 료헤의 『조선의 신화전설(朝鮮の神話伝説)』을 제외하면, 일본인이 간행한 설화자료집에 〈혹부리 영감〉이 빠짐없이 수록되어 있는 셈이다. 이 점은 제임스 게일(James S.Gale)이 발행한 『Korean Folk Tales』, 정인섭의 『온돌야화』, 그리고 손진태의 『조선민담집』에 〈혹부리 영감〉이 수록되지 않은 점과 대조적이다.[1] 뿐만 아니라 일본인이 간행한 설화자료집에는 〈혹부리 영감〉과 함께 〈도깨비 방망이〉가 일관되게 수록되었다는 점도 눈여겨 볼 대목이다.

특히 다카하시 도오루의 『조선의 이야기집 부이언』에는 〈혹부리 영감〉이 자료집의 맨 처음에 수록되어 있어, 그가 이 이야기를 매우 중요하게 여겼음을 추측할 수 있다. 일제강점기 다카하시

1) 박영만의 『朝語傳來童話集』(1940 : 99-103)에 〈혹부리 영감〉이 있지만, 필자의 조사에 의하면 여기 수록된 〈혹부리 영감〉은 일제강점기에 발행된 『보통학교 조선어독본』권사(1933)에 수록되었던 〈혹부리 영감〉을 전재한 것이다.

도오루를 비롯한 일본인 연구자들은 당시 조선에서 전승되던 〈혹부리 영감〉의 어떤 점을 중요하게 여겼을까? 먼저 일본인들이 발행한 설화자료집에 수록된 〈혹부리 영감〉의 사례를 고찰하기로 한다.

[표 4] 일제강점기에 발행된 「조선동화집」 현황

서 명	출판 년도	편저자	비 고
『朝鮮の物語集附俚諺』	1910	高橋亨	〈혹부리 영감〉, 〈도깨비 방망이〉 수록
『Korean Folk Tales』	1913	James S.Gale	미수록
『朝鮮奇談と伝説』	1920	山崎日城	〈혹부리 영감〉, 〈도깨비 방망이〉 수록
『朝鮮童話集』	1924	朝鮮總督府	〈혹부리 영감〉, 〈도깨비 방망이〉 수록
『朝鮮童話集』	1926	中村亮平	〈혹부리 영감〉, 〈도깨비 방망이〉 수록
『朝鮮童話大集』	1926	沈宜麟	〈혹부리 영감〉 수록
『溫突夜話』	1927	鄭寅燮	미수록
『朝鮮の神話伝説』	1929	中村亮平	미수록
『朝鮮民譚集』	1940	孫晋泰	미수록
『朝鮮傳來童話集』	1940	朴英晩	〈혹부리 영감〉 수록

사례9

옛날에 어느 시골에 뺨에 커다란 혹이 달린 노인이 살았다. 어느 날 노인은 산에 나무를 하러 갔다. 날이 저물자 산 속 오두막집에서 자게 되었다. 노인은 쓸쓸해서 잠을 이루지 못하고 일어나서 자신의 장기인

노래를 부르기 시작했다. 그 노랫소리를 듣고서 요괴(도깨비)들이 모여들었다. 요괴들은 조용히 노인의 노래를 듣고 있었다. 돌아갈 무렵이 되자, 두목으로 보이는 요괴가 "그 아름다운 노래는 어디서 나오는가? 하고 물었다. 노인은 "이 혹속에 노래가 들어있다"고 대답했다. 요괴는 "그 혹을 나한테 팔아라! 하고서 여러 가지 보물을 건네주고 혹을 떼어갔다. 노인은 장작도 내던지고 기뻐하며 집으로 돌아갔다.

그 마을에 마찬가지로 뺨에 혹이 달린 노인이 살고 있었다. 그 노인은 혹을 떼인 이야기를 듣고서 자신도 흉내를 냈다. 이 노인도 노래가 서툴지는 않았지만 거짓말이 탄로가 나서 전날의 혹까지 붙이고 말았다.[2)]

[사례 9]는 다카하시 도오루(高橋亨)의 『조선의 이야기집 부이언』에 「혹떼기(瘤取)」라는 제목으로 수록되어 있는 〈혹부리 영감〉의 요약이다. [사례 9]는 제2장에서 필자가 분류한 유형으로 보자면 「도깨비형」에 속한다. 우선 다카하시 도오루의 『조선의 이야기집 부이언』은 일제강점기 일본인 연구자에 의해 최초로 간행된 조선의 설화집이라는 점에서 주목할 필요가 있다. 왜냐하면 다카하시 도오루의 『조선의 이야기집 부이언』에 소개된 〈혹부리 영감〉은 그 후, 세키 게고(関敬吾), 다카기 도시오(高木敏雄) 등에 의해서 일본 〈혹부리 영감〉의 기원을 추구하는 자료로 활용되었기 때문이다.[3)]

일본인 연구자들 사이에서 조선에도 〈혹부리 영감〉이 전해

2) 高橋亨(1910 : 40) 수록. 일본어 원문은 본서 부록편에 수록하였다.

3) 예를 들면, 関敬吾는 일본의 『小學國語讀本綜合』卷二(1937)의 「參考」 부분에서 "조선(高橋亨著, 『朝鮮の物語集 附俚諺』 參照)에 전해지고 있는 이야기는 일본의 혹부리 영감과 거의 동일하다."라고 언급하며 高橋亨의 『조선의 이야기집 부이언』에 관해서 소개하고 있다.

지고 있다는 사실은 「놀라움」 그 자체였던 듯하다. 예를 들면 다카기 도시오는 「한일 공통의 민간설화(日韓共通の民間説話)」에서 다음과 같이 언급하였다.

혹부리 영감 이야기는 일본과 한국의 설화이다. 그 직접적인 본원지는 조선반도이다. 자신은 오랫동안 가설만 세운 채로 만족할 수 없었다. 그런데 노일 전쟁 덕분에 일본 제국의 세력이 팽창하여 동아시아 대륙에 관한 문헌학적 연구에 있어 크게 편의를 얻게 된 결과, 조선의 민간설화 중에서 혹부리 영감에 관한 두 가지 이야기를 발견할 수 있었다. 그 한 가지는 완전하게 갖추어진 이야기는 아니다. 오니들의 술잔치와 노인의 춤 부분이 결락되어있다. 단지 평소에 정직한 노인이 산 속에서 밤중에 요괴에게 혹을 떼이고, 이웃에 사는 노인이 그 혹을 붙이게 된다는 줄거리에 불과하다. 그렇지만 두 번째 사례는 미세한 점까지도 완전히 **『우지슈이 모노가타리(宇治拾遺物語)』와 일치한다. 조선의 이야기집(朝鮮物語集)에 수록된 이야기가 바로 그것이다.**[4] (**강조**, 필자)

인용문에서 다카기 도시오가 언급한 두 종류의 〈혹부리 영감〉 중에서 전자가 어떤 이야기를 가리키는지 그 출전을 확인할 수 없으나, "두 번째 사례"라고 지칭한 〈혹부리 영감〉은 다카하시 도오루가 간행한 『조선의 이야기집 부이언』에 수록된 〈혹부리 영감〉을 가리키고 있다. 다카기 도시오는 조선에 "미세한 점까지도 완전히 『우지슈이 모노가타리(宇治拾遺物語)』와 일치" 하는 〈혹부리 영감〉이 전해지고 있다는 사실을 발견하고, 자신의 가설을 입증할 좋은 재료를 발견하여 기뻐하는 한편 놀라움을 표현하고 있다. 그리고 다카기 도시오의 「기쁨」과

4) 高木敏雄 (1943 : 417~418).

「놀라움」의 중심에는 일본의 중세설화집 『우지슈이 모노가타리』에 수록된 〈혹부리 영감〉(제3화 鬼に瘤取らるる事)이 자리하고 있다. 다시 말하자면 일본의 중세설화집에 수록된 〈혹부리 영감〉과 유사한 이야기가 조선에도 전해지고 있다는 사실이 그의 관심을 끌었던 것이다. 이 점에 관해서는 필자가 제1장에서 일본의 〈혹부리 영감〉 연구를 개관하면서, 일본에서는 『우지슈이 모노가타리』에 수록된 〈혹부리 영감〉을 중심으로 연구가 진행되었다고 지적한 점과도 밀접하게 연관된다. 이 점이야말로 앞서 지적한, 다카하시 도오루가 『조선의 이야기집 부이언』의 맨 처음에 〈혹부리 영감〉을 수록하여 매우 비중 있게 다룬 이유이다. 물론 다카하시 도오루가 이 점에 관해서 직접적으로 언급하고 있지는 않다. 다카기 도시오의 「기쁨」과 「놀라움」을 통해, 일제강점기 조선의 민담을 연구하던 일본인 연구자들이 얼마나 〈혹부리 영감〉을 중요하게 다루고 있었는지를 추론할 수 있다. 여기서는 다만 다카하시 도오루를 비롯한 일본인 연구자들이 한국의 〈혹부리 영감〉을 『우지슈이 모노가타리(宇治拾遺物語)』와의 관련성에서 매우 의미 있게 보고 있었다는 사실만을 확인해두기로 한다.

사례10

옛날 옛날 어느 시골구석에 얼굴에 큰 혹이 붙은 노인이 살고 있었다. 산으로 나무를 하러 갔다가 날이 저물어 오두막집에 머물게 되었다. 노인은 쓸쓸한 느낌이 들어서 평소 자랑으로 여기던 노래를 불렀다. 그런데 요괴가 출현한다는 우시미쓰(丑滿つ) 시각이 되자 수많은 요괴들이 몰려왔다. 요괴들이 노래를 좋아하므로 노인은 요괴들의 청

을 들어주어 밤이 새도록 노래를 불렀다. 두목처럼 보이는 요괴가 “도대체 어떻게 하면 그 처럼 아름다운 목소리가 나오는가?” 하고 물었다. 노인은 적당히 “내 얼굴에 붙은 커다란 혹에서 아름다운 소리가 나온다.”라고 둘러댔다. 요괴는 “그렇다면 제발 그 혹을 팔아 주었으면 좋겠다.”라고 말하고 많은 보물을 꺼내주고 노인의 얼굴에서 억지로 혹을 떼어갔다.

그런데 이웃에 사는 욕심 많은 노인이 흉내를 냈다가 혹이 두 개가 되고 말았다.5)

[사례 10]은 야마사키 히시로(山崎日城)의 『조선의 기담과 전설(朝鮮の奇談と伝説)』에 「혹부리 이야기(瘤取物語)」라는 제목으로 수록되어 있다. 사례의 전반부 부분은 원문 전체이고 후반부는 필자가 내용을 요약하였다. 이 [사례 10]의 경우도 [사례 9]와 마찬가지로, 필자가 분류한 〈혹부리 영감〉 유형으로 보자면 「도깨비형」에 속한다. 야마사키 히시로는 조선의 〈혹부리 영감〉을 어떤 관점에서 보고 있었을까? 다음 인용문에서 확인할 수 있는 바와 같이, 그는 『조선의 기담과 전설』에 수록된 「혹부리 이야기(瘤取物語)」라는 제목 바로 다음에 “모국과 혹사(母國と酷似)”라고 적어 놓았는데, 이 표현에 그의 관점이 집약되어 있다고 볼 수 있겠다. 그는 『조선의 기담과 전설』에 수록된 「혹부리 이야기(瘤取物語)」 서두에서 다음과 같이 언급하고 있다.

> 혹떼인 이야기(瘤取物語)＝모국과 혹사(母國と酷似)＝……모국의 혹떼인 이야기……아름다운 소리가 나오는 혹……오니에게는 필요없음…… 우리 모국(일본, 필자)에 혹부리 영감 이야기가 전해지고 있다. 우지슈이 모노가

---

5) 山崎日城(1920 : 210-212) 수록. 일본어 원문은 본서 부록편에 수록하였다.

타리(宇治拾遺物語)에 "이제는 옛날 일이 되었지만, 얼굴 오른쪽에 커다란 혹이 달린 노인이 살았다…(중략)…혹이 두 개가 되었다고 하는 것이 우리나라에 전해지는 혹부리 영감 이야기의 줄거리이다" 그런데 조선에도 혹부리 영감 이야기가 전해지고 있다. 세상에서는 일본 이야기와 조선이야기의 원조는 하나사카지(花咲爺) 이야기와 마찬가지로 어쩌면 중국 쪽에서 전해졌을 것으로 생각하지만, 조선의 혹부리 영감 이야기는 이러하다.[6]

야마사키 히시로는 일본의 『우지슈이 모노가타리』에 수록되어 있는 〈혹부리 영감〉을 요약하여 소개한 후에 이와 유사한 〈혹부리 영감〉이 조선에도 전승되고 있다고 지적한다. 말하자면 그가 조선의 〈혹부리 영감〉에 갖는 관심은 앞서 소개한 다카하시 도오루 및 다카기 도시오의 관심과도 일치한다. 즉 이 시기에 일본인 연구자들이 조선의 〈혹부리 영감〉을 주목하고 비중 있게 다룬 배경에, 일본의 중세설화집 『우지슈이 모노가타리』에 수록된 〈혹부리 영감〉과 유사한 이야기가 조선에 전해지고 있다는 점이 결정적으로 작용하였다는 사실을 알 수 있다. 이 점은 매우 중요한 의미를 지니고 있다. 다음 제4장에서 다루겠지만, 이 점으로 인해 조선의 〈혹부리 영감〉이 일제강점기 조선에서 발행된 보통학교(혹은 소학교)의 「조선어독본」에 수록되는 결과로 이어졌기 때문이다. 이 시기 일본인 연구자들이 주목한 한국의 〈혹부리 영감〉 사례를 하나 더 소개하기로 한다.

사례11

오니한테 혹을 떼인 남자와 혹을 붙인 남자 이야기라고 하면 여러

---

6) 山崎日城(1920 : 210).

분들은 바로 '아 그 이야기'하고 줄거리를 떠올릴 겁니다. 따라서 여기서는 오니가 아닌 다른 존재로부터 혹을 떼어 받은 이야기를 하지요.

옛날 옛날 어느 곳에 뺨에 커다란 혹이 달린 남자 한 명이 살고 있었다. 남자는 사람들 앞에 나서는 것을 부끄럽게 여겼다. 어느 날 남자는 여행을 떠났다. 시골 산길에서 날이 저물어 길가에 서 있는 장승 밑에서 하룻밤을 보내게 되었다. 남자는 쓸쓸하고 무서운 생각이 들어 좀처럼 잠을 이루지 못한 채 눈을 꼭 감고 아무것도 보지 않기로 했다. 그런데 어둠 속에서 우우하는 소리가 들렸다. 눈을 뜨고 자세히 보았더니 장승이 뛰어다니고 있었다. 몇 번이고 뛰어다닌 후, 다시 묘한 소리를 내며 뛰어 가려고 했다. 남자는 딱한 생각이 들어서 장승 대신에 몇 번이고 뛰어다닌 후에 잠이 들었다. 그러자 꿈속에 장승이 나타나서 "답례로 혹을 없애주겠다"고 했다. 다음날 아침에 일어나 보니 정말로 혹이 없어졌다. 남자는 기뻐하며 날듯이 마을로 돌아갔다.

그 마을에는 혹이 달린 욕심쟁이가 살고 있었다. 앞의 남자가 혹이 떨어진 이야기를 듣고서 자신도 흉내를 냈다. 그렇지만 장승을 화나게 해서 혹이 두 개가 되고 말았다.[7)]

[사례 11]은 일제강점기 조선총독부에서 발행한 『조선동화집(朝鮮童話集)』에 「혹 떼이고 혹 붙이기(瘤取られ・瘤もらひ)」라는 제목으로 수록된 이야기의 요약이다. 이 『조선동화집』의 편자는 구체적으로 알려지지 않았다. 여기 수록된 「혹 떼이고 혹 붙이기(瘤取られ・瘤もらひ)」를 누가 채록하고 누가 구술하였는지 제시되지 않았지만, 앞의 [사례 9]와 [사례 10]과는 다른 유형의 〈혹부리 영감〉이라는 것을 알 수 있다. [사례 11]은 본서 제2장에서 소개한 [사례 3](즉 제2장의 [사례 8])과 같은 유형이다.

7) 조선총독부(1924 : 13-18) 수록. 일본어 원문은 본서 부록편에 수록하였다.

필자가 분류한 유형으로 말하자면 「장승형」에 속하는 〈혹부리 영감〉이다.

[사례 11]의 첫머리는 "오니한테 혹을 떼인 남자와 혹을 붙인 남자 이야기라고 하면 여러분들은 바로 '아 그 이야기'하고 줄거리를 떠올릴 겁니다. 따라서 여기서는 오니(鬼)가 아닌 다른 존재로부터 혹을 떼어 받은 이야기를 하지요"로 시작된다. 인용문의 「오니(鬼)」가 일본의 오니를 의미하는지 혹은 한국의 도깨비를 의미하는지 분명치 않지만,[8] 이 대목을 읽어보면, 『조선동화집』의 편자가 [사례 11]을 종래 널리 알려진 〈혹부리 영감〉, 즉 「도깨비형」과는 전혀 다른 유형의 이야기로 인식하고 있었음을 확인할 수 있다.

[사례 11]을 통해 확인한 바와 같이, 일제강점기 한국의 민담을 연구한 일본인 연구자들은 한국에 「도깨비형」과 「장승형」이라는 전혀 다른 유형의 〈혹부리 영감〉이 전승되고 있다는 사실을 인지하고 있었다. 그런데 이 시기 일본인 연구자들의 관심은 오로지 「도깨비형」의 〈혹부리 영감〉에 집중되었다. 그들의 관심이 「장승형」 보다도 「도깨비형」 쪽으로 집중된 이유는 명확하다. 즉 그들은 「도깨비형」 쪽이 일본의 〈혹부리 영감〉(구체적으로는 『우지슈이 모노가타리』에 수록된 〈혹부리 영감〉)에 근접해있다고 인식하였기 때문이다.

이 같은 일본인 연구자들의 인식은 이후 조선(해방후의 한국을

8) 예를 들면 본서의 본문에서 지적하는 바와 같이, 中村亮平의 『朝鮮童話集』에 수록된 〈혹부리 영감〉에서는 도깨비를 가리켜 일본어로 「오니(鬼)」라고 표현하였다. 이 점으로 미루어볼 때에도, 이 부분의 「오니(鬼)」가 일본의 오니를 의미하는지 혹은 한국의 도깨비를 의미하는지 불분명하다.

포함하여)의 〈혹부리 영감〉의 확산에 중요하게 작용하였다. 왜냐하면 이 시기부터 현재에 이르기까지 〈혹부리 영감〉 = 「도깨비형」이라는 등식이 성립되어, 오로지 「도깨비형」 이야기만이 주목받고 전해지게 되었기 때문이다. 그 결과 「장승형」이야기는 한국인들 사이에서 거의 잊혀지는 결과를 초래하였다. 혹은 사장되고 말았다는 표현이 더욱 적절할 지도 모르겠다. 다시 말하자면 일본인 연구자들의 관심이 어느 쪽에 쏠려있었느냐에 따라서 한국에서 「장승형」에 속하는 〈혹부리 영감〉이 거의 잊혀지고 「도깨비형」만이 널리 알려지게 되었던 것이다.

여기서 본서 제1장의 서두에서 필자가 제기했던 의문 중의 하나, 즉 오늘날 한국사회에서는 어째서 「장승형」에 속하는 〈혹부리 영감〉이 알려져 있지 않은지에 대한 의문이 해결되었다.

다음으로 이 시기 일본인 연구자들이 조선의 〈혹부리 영감〉을 일본어로 번역하여 소개하는 과정에서 발생한 이야기 내용의 개작에 관한 문제를 몇 가지 지적하고 넘어가기로 한다.

[사례 9]를 보면, 이야기 서두가 「지금은 옛날 일이 되었지만(今は昔)」이라는 표현으로 시작되고 있다. 이 서두 표현은 다카하시 도오루가 발행한 『조선의 이야기집 부이언』에 수록되어 있는 모든 이야기에 공통적으로 적용되었다. 그렇지만 한국의 이야기는 「옛날에」 혹은 「옛날 옛날에」 등으로 시작되는 경우가 일반적이다. [사례 9]와 같이 「지금은 옛날 일이 되었지만(今は昔)」이라는 표현으로 시작하는 경우는 찾아볼 수가 없다. [사례 9]의 서두에 보이는 이 같은 표현은, 일찍이 최인학이 지적

한 바와 같이 일본의 설화집인 『곤자쿠모노가타리슈(今昔物語集)』를 의식한 결과이다.[9] 즉 『곤자쿠모노가타리슈』에 수록된 모든 설화는 「지금은 옛날 일이 되었지만(今は昔)」이라는 표현으로 시작되는데, 다카하시 도오루는 이 표현을 차용하여 조선의 설화집에 적용하였던 것이다.

이어서 도깨비가 출현한 시각에 대한 개작이다. [사례 10]을 읽어보면, 산속에서 노래를 부르고 있는 노인의 눈앞에 "요괴가 출현한다는 우시미쓰(丑満つ) 시각이 되자 수많은 요괴들이 몰려왔다."라고 서술되어 있다. 여기서 「우시미쓰(丑満つ) 시각」이란 지금 시각으로 환산하자면 대략 오전 2시부터 2시 반 사이를 가리킨다. 이 시각은 일반적으로 일본에서 유령이 즐겨 출현한다고 알려진 시각이다. 한국에서도 도깨비가 활동하는 시간대는 주로 밤으로 알려져 있다. 이 때문에 「낮도깨비」라는 말이 생겼을 정도이다. 그렇지만 「우시미쓰(丑満つ) 시각」 하는 식으로 어느 특정한 밤 시각에 한정되지는 않는다. 이는 [사례 10]을 일본의 설화 서술방식에 맞추어 개작하는 과정에서 발생한 결과이다.

한 가지만 더 지적하고자 한다. 나카무라 료헤의 『조선동화집』에 「혹부리 영감님(瘤取爺さん)」이라는 제목으로 수록된 〈혹부리 영감〉을 보면, 도깨비를 '오니(鬼)'로 표현하였다.[10] 물론 한국의 도깨비는 부분적으로 일본의 오니와 비슷한 속성을 지니고 있다. 하지만 오니 그 자체로는 볼 수 없다.[11] 이 점에

---

9) 최인학(1976 : 13-14).

10) 일본어 원문은 본서 부록편에 수록하였다.

11) 한국의 도깨비와 오니의 비교연구에 관한 논고로는 졸고(1996)를 참조.

있어서는 다카하시 도오루가 『조선의 이야기집 부이언』에서 도깨비를 일본어로 '요괴(妖怪)'로 번역하고 역주를 달아 한국에서는 '요괴'를 도깨비로 부른다고 설명한 점과 비교된다.[12)]

지금까지 검토한 바와 같이, 조선의 〈혹부리 영감〉은 일제강점기 일본인 연구자들에 의해 「발견」된 이래 대대적으로 주목받았다. 그리고 일본어로 소개되는 과정에서 적지 않은 개작이 이루어졌다. 필자는 일본인 연구자들이 특별한 의도를 가지고 일부러 조선의 〈혹부리 영감〉을 개작했다고는 보지 않는다. 이는 오늘날에도 「번역」이라는 작업에서 흔히 지적되는 이른바 「문화의 번역」에 속하는 문제일 것이다. 예를 들면 일부 연구자가 '도깨비'를 가리켜 '오니'로 번역하여 소개한 점이 그러하다.[13)] 그렇지만 이 시기 그들이 조선의 〈혹부리 영감〉에 가한 개작의 결과는 중요한 의미를 지닌다. 왜냐하면 이후 한일 〈혹부리 영감〉의 비교연구에 있어서 그들이 소개한 한국의 〈혹부리 영감〉이 텍스트화되어, 한일 양국의 〈혹부리 영감〉이 매우 유사하다는(실제 유사성보다도) 인상을 깊이 각인시

---

12) 高橋亨(1910 : 2). 高橋亨가 도깨비를 설명하기 위해 고심한 흔적을 엿볼 수 있다. 그는 도깨비에 관해서 〈혹부리 영감〉 이야기 말미에 다음과 같이 주석을 달았다. "조선에서는 요괴를 도깨비라 부르고 귀신과 요마(妖魔)를 모두 이 안에 포함시킨다. 도깨비는 어느 곳이고 어느 사물이고 존재하지 않는 경우가 없다. 예를 들면 노목(老木)에는 노목 도깨비가 있고 주방에는 주방신이 있다. 그리고 질병에는 질병신이 존재한다. 그 밖에도 산악 및 강천에 도깨비가 존재하지 않는 화복의 권능이자 고매(蠱魅)의 술법을 부린다. 어리석은 남녀들의 존경이 대단하다."

13) 이 점에 있어서는 지금 상황도 크게 다르지 않을 것이다. 예를 들어 「도깨비」를 일본어로 번역한다면 어떤 표현이 적절할지, 반대로 일본어 「오니(おに)」를 한국어로 번역한다면 어떤 표현이 적절할지 고민되지 않을 수 없다.

켰기 때문이다. 그리고 그 유사성으로 인해 조선의 〈혹부리 영감〉은 보통학교 및 소학교 교과서를 통해 「내선일체」라는 정치적 이데올로기를 강화하는 수단으로 동원된다. 교과서에 수록되는 과정에서는 단순한 개작이 아닌 철저하게 의도된 개작이 가해진다.

2. <혹부리 영감>과 <도깨비 방망이>

한국의 〈혹부리 영감〉과 유사한 민담구조를 지닌 이야기로 〈도깨비 방망이〉란 화명으로 알려진 이야기가 있다. 여기서는 〈혹부리 영감〉과 〈도깨비 방망이〉를 비교 고찰하기로 한다. 본서에서 두 이야기의 비교가 필요한 까닭은, 조선의 〈혹부리 영감〉 못지않게 일본인 연구자들 사이에서 〈도깨비 방망이〉가 주목받았기 때문이다. 즉 그들은 일본의 〈혹부리 영감〉의 연장선상에서 조선의 〈혹부리 영감〉을 주목했을 뿐만 아니라 〈도깨비 방망이〉에도 크게 관심을 가졌다. 이 점에 관해서는 앞서 제시한 [표 4]를 보면, 일제강점기 일본인 연구자들이 발행한 「조선동화집」에 〈혹부리 영감〉 뿐만 아니라 〈도깨비 방망이〉가 일관되게 수록되어 있는 사실에서도 확인할 수 있다.

본서 제2장에서 이미 언급한대로, 〈혹부리 영감〉과 〈도깨비 방망이〉는 두 이야기 모두 『한국구비문학대계』의 『한국설화유형분류집』에 「도깨비 덕본 사람 본뜨다 망하기」 유형에 속해 있다. 먼저 〈도깨비 방망이〉의 사례를 검토하기로 한다. 다소 길지만 내용 분석을 위해서 전문을 그대로 인용하기로 한다.

사례12

처음에 낭구(나무)를 갔는데, 〔조사자 : 낭구를 갔는데.〕 낭구를 긁으니까 개암이 떨어졌어, 개암이. 〔조사자 : 개암이.〕 그러니까는 집어서, "이건 우리 아부지 드리갔다." 또 긁으니까 또 떨어지드니, "이건 우리 어머이 드리갔다." 〔조사자 : 아.〕 또 긁으니깐, 또 떨어지니까, "이건 우리 새악시 주갔다." 그리니깐 모조리 내리 생기지 않았냐 말이야. 〔조사자 : 예.〕 응, 웃어른부텀 그리니깐. 생겨서 인제 가지구 있는데, 아 그리자 날이, 어뜨케 됐는지 졈글어서(저물어서) 도깨비 집에서 자게 됐거든, 자게 되니까는 그 도마루 위에 있게 됐어. 도마루 위에 올라갔어. 〔조사자 : 돗마루요?〕 응. 도깨비한테 부틀낄까 봐, 돗마루, 저거 아냐, 이거 〔대들보를 가리키며〕, 〔청중 : 대들보.〕 〔조사자 : 이거요? 이게 돗마루에요?〕 그 위가 인제 웅크리고 앉았지. 앉았는데 야중에 도깨비들이 어두우니까 들어온단 말야. 들어오드니 은방맹이 금방맹이를 가지고 들왔어. "은 나오너라 뚝딱, 금 나오너라 뚝딱." 그리거든, 그리는 낌에 이 사람이 깨암을 하나 딱 깨뜨렸거든, 깨암을 하나 이빨로 깨뜨리니까는 '딱' 하구 소리가 나지 않아? 그리니깐, "아쿠, 이거 큰일 났구나." 그린단 말야. 도깨비들이. 그러는데다 또 하날 깨물었거든. 그리니깐 또 '딱'하거든. "아쿠, 애 대들보 부러진다. 이거 큰 일 났구나." 그리거든. 대들보 밑, 대들보가 부러진다구. 큰일 났다구. 그런데다 또 '딱'깨물었거든. "얘 큰일났다. 이 대들보 부러지면 우린 죽는다. 어서 나가자." 그리구 은방맹이 금방맹이를 다 내버리구 그냥 죄 도망갔단 말이야. 그리니까는 이 사람이 내려와선 은방맹이 금방맹이를 다 주어 가지구 즈희 집으루 가지 않았냐 말이야? 즈희 집으루 가설라므니 있는데 그저 그걸 팔아 인제 부자가 됐단 말이지. 그리구 저두 가서, "은 나오너라, 뚝딱. 금 나오너라, 뚝딱." 하믄은, 금이 나온단 말이야. 그러니깐 부자가 되지 않았냐 말이야? 그러니깐느 인제 그 때 부자루 잘 사니까 그 성(형)이, "야, 너는 어뜨케

돼서 별안간에 그렇게 부자가 됐냐?" [조사자: 배가 아파서.] 응, 그리니깐 그런 이야기를 죄다 했거든. 그러니깐 즈희 성(형)도 낭굴(나무를)하러 가는 거야. 낭굴 하러 가서 인제 긁으니 깐 개암이 하나 '툭' 떨어지거든. '툭' 떨어지니까 하는 말이, "옳다, 이건 나 묵갔다(먹겠다)." 이랬거든. 그리구 또 인제 그 밑에 '툭'떨어지니까, "옳다, 이건 우리 새악시 주갔다."

이랬거든. 그리구 인제 또 '툭'떨어지니까, "옳다. 이건 우리 아부지 주갔다." 그리구 또 있는데 '툭' 떨어져, "이건 우리 어머이 주갔다." 즈이 먼첨 생기구 아범 나중 생기지 않았어, 부모는 〔조사자 : 예, 거꾸로.〕 거꾸루. 그렇게 인제 해서 근데 참, 날이 졈글기를 바라구 있다가 도깨비 집을 들어갔어. 도깨비 집을 들어가서 인제 즈이 동생 말대루 저 돗마루 위에 앉았거든. 앉았는데 도깨비들이 한참 있다 들어오드니, "은 나오너라 뚝딱. 금 나오너라 뚝딱." 하고 두들기거든, 들. 즈이 도깨비들이 이를(이럴)적에 이 깨암을 끄내서 인제 깨물었어. 깨무니깐 '딱'하들 않구 '피익'하거든 "아그, 이게 무슨 소리야? 무슨, 무슨 소리가 '피익'하구나?" 아주 그리거든, 도깨비들이. 그리자 또 하날 깨물었거든. 또 하날, 또 하날 끄내 깨물으니깐 여즌히(여전히) 또 '피익'하거든 "자, 이게 무슨 '피익'소리가 어디서 나냐?"

아주 그리구선, 자 이눔의 사람이 또 하날 깨무니깐 여즌히 또 '피익'하거든. 〔조사자 : 예.〕 "이게 암만해두 이상하다. 어디서 '피익'소리가 나냐?" 그리구 두리번 두리번 하드니 돗마룰 쳐다보드니, 사람이 앉았거든. "아, 이눔이 그냥, 응 여기 앉아서 접때두 우리 은방맹이 금방맹이 다 훔쳐갔다." 군, 끌어내린단 말이야. 끌어내려 가지구 그냥 지탕(실컷) 내리 때리거든 때리면서, 때리군. "너 이눔, 접때두 응, 와설라무네 우리 은방맹이 금방맹이 다 훔쳐가드니 재미가 나서 또 왔냐?" 구. 그리구 디리 패구선 그 사람의 신을 잡아댕겼단 말이야. 신 뭔지알아? 〔청중 : 신이오? 정신 아니예요? 뭔대요?〕 몰르는구먼. 가지구선두 몰라. 〔청중 : 신이요, 네.〕 그 신을 잡아댕긴단 말이야. 신,

신을. "이눔의 새끼, 죽이갔다."

그리군 그 신, 자지, 신을 잡아댕겨. 자꾸 잡아댕겨. '한발 늘어라, 두 발 늘어라' 그냥 그리구 잡아댕기거든. 그리군 '열 세 팔 늘어라, 두 발 늘어라' 이리구 잡아댕겨. 그 사람이 그걸 보드니 죽잖아. 〔조사자 : 네. 너무 길어서.〕 그럼 자꾸 잡아댕기니까. 그래서 그 사람은 그냥 거기서 그래서 죽어 버리고, 동생은 잘 살았단 말이야 〔조사자 : 그러니까 욕심을 부리지 말아라.〕 거 욕심을 세상에 욕심을 부리지 말아야 해. 욕심을 부리지 말구, 동기간에 우애 있어야 하구, 〔조사자 : 네.〕 형제간에두 우애가 있어야 해. 일가 간에두 화목해야 하구, 부모 공경, 첫따리(첫째로)부모 공경해야 하구, 나라를 충성해야 하구, 여러 가지 점이란 말이야, 그것두, 응 남과 남이, 남과 같이 숨어 욕하지말구. 아 그거 초마(치마) 끝에 회파람 소리가 내게 댕기면 남의 숭 허지 못해. 남의 말 허지 못해. 그메는 사람이 좀 많은가.[14)]

[사례 12]는 『한국구비문학대계』에 수록되어 있는 〈도깨비 방망이〉의 전문이다. 『한국구비문학대계』에는 총 26편에 이르는 〈도깨비 방망이〉가 수록되어 있다. [표 5]는 필자가 총 26편에 이르는 〈도깨비 방망이〉를 출전, 등장인물, 발단부분, 장소 등으로 나누어 정리한 것이다. [표 5]를 보면 우선 형제가 주인공으로 등장하는 이야기가 많은 것이 눈에 띈다. 즉 〈도깨비 방망이〉는 앞서 소개한 가와모리 히로시(川森博司)의 유형 표현에 따르자면 전형적인 「형제대립형」에 속하는 이야기이다.

14) 『한국구비문학대계』 1-7권(1982 : 323-326) 수록.

[표 5] 『한국구비문학대계』에 수록된 〈도깨비 방망이〉 이야기

제 목	출전	등장인물	발단부분	장 소	비 고
도깨비 방망이	1-4	어떤 시골사람 : 근처 사람	산에 나무하러 가다	산속 빈집	
도깨비 방망이	1-7	동생 : 형	산에 나무하러 가다	도깨비집	
도깨비의 은방망이 금방망이	1-7	어떤 사람 : 마을 사람	산에 나무하러 가다	산속 빈집	
도깨비 방망이	1-9	형 : 동생	산에 나무하러 가다	산속 빈집	
흥부 놀부와 도깨비 방망이	2-1	가난한 흥부 : 심술쟁이 놀부	집에 돌아가는 도중	빈집	
도깨비 방망이	2-6	동생 : 심술쟁이 형	산에 나무하러 가다	산속 빈집	
도깨비 방망이로 늘어난 성기	2-8	어떤 사람 : 이웃 사는 친구	장에 갔다 오는 길	산속	
도깨비 방망이	4-2	어떤 사람 : 이웃 사람	산에 나무하러 가다	산속 빈집	
도깨비 방망이	4-2	동생 : 형	산에 나무하러 가다	산속 빈집	
도깨비 방망이	4-4	노인 : 이웃마을 노인	산에 나무하러 가다	산속	〈혹부리 영감〉과 중복
도깨비 방망이	4-6	가난한 형 : 동생	산에 나무하러 가다	어떤 집	
두 형제	4-6	가난한 동생 : 부자 형	산에 개암을 주우러 가다	산속 집	후반부 변형
도깨비와 뚝떡 방망이	6-1	가난한 형 : 부자 동생	산에 나무하러 가다	산속 절	
뚝덕 방망이	6- 2	아들	산에 나무하러 가다	산속 절	후반부 결락

제 목	출전	등장인물	발단부분	장 소	비 고
거암과 도깨비 방망이	6-10	아이	산에 나무하러 가다	산속 빈집	후반부 결락
도깨비 방망이와 개암	6-11	어떤 사람 : 이웃 사람	산에 나무하러 가다	산속 빈집	
거지 형제와 도깨비 방망이	7-4	동생 : 욕심쟁이 형	산에 나무하러 가다	산속 집	
도깨비와 욕심 많은 형	7-6	동생 : 욕심쟁이 형	걸식하던 도중	어떤 집	
소금장수 형제와 도깨비	7-6	가난한 동생 : 욕심쟁이 형	소금을 팔던 도중	빈집	
도깨비 방망이	7-6	착한 흥부 : 심술쟁이 놀부	놀부의 심술	절	
소금 장수와 도깨비	7-8	가난한 동생 : 부자 형	소금을 팔던 도중	산속 집	
또두랑 방망이와 도깨비 방망이	7-10	어떤 사람 : 이웃 사람	길을 가던 도중	어떤 집	
도깨비 방망이	8-3	어떤 사람 : 이웃 사는 친구	산에 나무하러 가다	산속 집	
도깨비 방망이	8-6	어떤 사람 : 이웃 마을 사람	산에 나무하러 가다	산속 집	
도깨비 방망이	8-8	동생 : 형	산에 개암을 주우러 가다	산속 절	
부자 방망이	8-9	동생 : 형	산에 가다	산속 빈집	도깨비 대신에 호랑이 등장

* 출전의 숫자는 권수를 가리킨다.

〈도깨비 방망이〉의 민담구조를 분석하면, 〈혹부리 영감〉과 마찬가지로 주인공이 일상생활(현세) → 비일상적 생활(이계) → 일상생활(현세)로 돌아오는 순환형 구조이다. 그리고 이야기 전반부의 주인공이 불행한 상태(결손) → 보물 획득에 성공(결손의 해소) → 행복한 일상(충족)을 맞이한다. 후반부의 등장인물은 불행한 상태(결손) → 보물 획득에 실패(결손의 지속) → 더욱 불행한 일상(결손의 강화)을 맞이한다. 즉 이야기의 전반부와 후반부가 철저하게 대립적 구조로 이루어졌다.

이 점에 있어서 〈도깨비 방망이〉는 한일 양국의 〈혹부리 영감〉과 유사한 구조를 보여준다. 이에 관해서는 이미 [표 3]에 두 이야기를 모티브에 따라 비교하여 정리하였다. 여기서 다시 [표 3]을 주목하기로 한다. 우선 〈도깨비 방망이〉에 한국의 〈혹부리 영감〉에서는 발견할 수 없었던 이른바 「잔치」 모티브가 포함되어 있다는 점이 주목된다. 이 점은 매우 흥미롭다. 왜냐하면 이 「잔치」 모티브는 특히 일본의 〈혹부리 영감〉에 현저하게 나타나는 특징이기 때문이다. 만약 이 점만을 고려하여 한일 민담 사이에 보이는 친연성을 주목한다면, 한일 〈혹부리 영감〉에서 확인되는 친연성보다도, 〈도깨비 방망이〉와 일본의 〈혹부리 영감〉의 친연성이 더욱 밀접하다고 간주해도 좋을 정도이다.

여기서 주목할 점은 일제강점기 조선의 〈혹부리 영감〉을 「발견」한 일본인 연구자들이 〈도깨비 방망이〉의 존재에 관해서는 어떻게 보고 있었는가 하는 점이다. 결론을 먼저 말하자면 일본인 연구자들도 조선에 일본의 〈혹부리 영감〉과 유사한 〈도깨비 방망이〉라는 이야기가 전승되고 있다는 사실을 충분히 인지하고 있었다. 뿐만 아니라 민담구조 면에서는 한국과 일본의 〈혹부리 영감〉에서 인정되는 유사성보다도, 일본의 〈혹부리 영감〉과 한국의 〈도깨비 방망이〉가 더욱 유사하다는 점을 인지하고 있었다. 구체적인 사례를 들기로 한다.

사례13

지금은 옛날 일이 되어 버렸지만 어느 산촌에 가난하지만 정직한 노인이 살고 있었다. 어느 날 산으로 나무를 하러 갔더니 개암이 떨어졌다. "어머니 드려야지" "동생 주어야지" "아내한테 주어야지" "애들 주어야지" "내가 먹어야지" 라고 말하면서 노인은 개암을 줍기 시작했다. 집으로 돌아가는 도중에 날이 저물었다. 산 속에 있는 빈집을 발견하고서 빈집의 천장으로 올라가 자려고 했다. 그런데 오니(鬼)들이 모여들었다. 오니들은 "금나와라" "은나와라" 하면서 방망이로 바닥을 두들겼다. 노인은 무서운 생각이 들어서 개암을 깨물었다. 그러자 오니들은 "천장이 무너진다. 하면서 금방망이 은방망이를 놔 둔 채로 도망했다. 노인은 금방망이 은방망이를 주워서 집으로 돌아가 부자가 되었다.

이웃집에 사는 욕심 많은 노인이 그 이야기를 듣고서 흉내를 냈다. 그러자 실패로 끝나고 심한 봉변을 당했다.[15)]

[사례 13]는 다카하시 도오루의『조선의 이야기집 부이언(朝鮮の物語集 附俚諺)』에「오니가 금방망이 은방망이를 잃어버리다(鬼失金銀棒)」라는 제목으로 수록되어 있는 〈도깨비 방망이〉의 요약이다. 앞서 지적한 〈혹부리 영감〉의 경우처럼, [사례 13]도 일본의 설화집『곤자쿠모노가타리슈(今昔物語集)』를 의식한

15) 高橋亨(1910 : 45-49) 수록. 일본어 원문은 본서 부록편에 수록하였다.

나머지 「지금은 옛날 일이 되었지만(今は昔)」이라는 표현으로 시작된다. 뿐만 아니라 일본어로 소개하는 과정에서 도깨비를 가리켜 「오니(鬼)」로 번역하는 등, 몇 가지 점에서 개작이 가해졌다. 이 점은 조선의 〈혹부리 영감〉을 일본어로 번역하여 소개하는 과정에서 발생한 개작과 내용적으로 비슷하다.

[사례 13]이 다카하시 도오루의 『조선의 이야기집 부이언』에 수록되어 있다는 사실은, 당시 일본인 연구자들이 〈도깨비 방망이〉의 존재를 충분히 인식하고 있었음을 의미한다. 즉 일본인 연구자들이 한국의 〈혹부리 영감〉을 「발견」하여 설화자료집을 통해 널리 소개하던 시기에 〈도깨비 방망이〉의 존재도 동시에 인식되고 있었던 것이다. 그 방증으로 〈도깨비 방망이〉는 앞서 소개한 일본인 연구자들의 설화자료집에 대부분 수록되어 있다. 이 점에 관해서는 [표 4]를 함께 참조하기 바란다. [표 4]를 보면 일본인 연구자들이 발행한 설화자료집에 〈혹부리 영감〉과 함께 거의 〈도깨비 방망이〉가 수록되어 있다.

다시 말하지만 여기서 중요한 것은 일본인 연구자들이 〈도깨비 방망이〉가 〈혹부리 영감〉과 매우 유사한 구조와 내용으로 짜인 이야기라는 사실을 인식하고 있었다는 점이다. 예를 들면 야마사키 히시로(山崎日城)의 경우는 『조선의 기담과 전설(朝鮮の奇談と伝説)』에서 〈도깨비 방망이〉를 가리켜, "이 이야기도 혹부리 영감과 매우 닮은 이야기이다(これも瘤取物語に能く似た話である)"[16]라고 지적하였다. 즉 〈도깨비 방망이〉와 〈혹부리 영감〉의 관련성을 주목하고 있었던 셈이다. 또한 다카기 도

---

16) 山崎日城(1920 : 213). 이 이야기의 일본어 원문은 본서 부록편에 수록하였다.

시오(高木敏雄)는 [사례 13]을 가리켜 다음과 같이 언급하였다.

> 같은 「조선동화집」에 「鬼失金銀棒」이라는 제목의 동화가 들어 있다. 역시 복부식(福富式)의 세계적 동화이다. 비슷한 이야기가 일본이나 서양에도 많이 있지만 여의보(如意寶)가 등장하는 점과 욕심쟁이 노인이 신체적 벌을 받는다는 점, 두 가지 점에서 혹부리 영감 이야기와 유사할 뿐만 아니라 『유양잡조(酉陽雜俎)』에 나오는 금추(金錐) 이야기가 변형된 것으로 보아도 좋을 정도이다. 그 이야기의 줄거리를 기술하자면 다음과 같다.[17)]

앞의 인용문에서 다카기 도시오가 언급한 "금추(金錐) 이야기"란, 중국의 단성식(段成式, ~863)이 편찬한 『유양잡조(酉陽雜俎)』「지낙고상(支諾皐上)」에 들어있는 형제담을 가리킨다. 이 형제담은 다카기 도시오의 지적처럼, 〈도깨비 방망이〉와도 매우 유사한 내용의 이야기이다. 이야기 줄거리는 대략 다음과 같다.

사례14

> 방이(旁㐌)라는 이름이 형과 그 동생이 살고 있었다. 동생 쪽이 부자였으므로, 분가한 형은 동생한테서 옷이나 식량을 얻었다. 어느 날 동생한테 누에와 곡식의 씨앗을 달라고 했더니, 동생은 찐 씨앗을 주었다. 한 그루에만 곡식이 열려서 이삭 길이가 한 척 정도 되었다. 방이가 망을 보고 있는데 새가 나타나서 이삭을 입에 물고 갔다. 방이가 그 새를 따라서 산 속으로 들어갔다가 날이 저물었다. 바위 옆에서 노숙을 하고 있는데 붉은 옷을 걸친 아이들이 몰려 와서 놀았다. 아이 한 명이 쇠방망이를 꺼내 들고 바위를 칠 때 마다 술이나 떡이나 고기가 나왔다. 아이들은 마시고 먹고 하다가 쇠방망이를 놔 둔 채로 돌

17) 高木敏雄(1943 : 419).

아갔다. 방이는 크게 기뻐하며 그 쇠방망이를 가지고 돌아와서 부자가 되었다.

동생이 형의 흉내를 냈지만 오니들을 화나게 하여 코가 코끼리처럼 길어졌다.[18]

[사례 14]는 전형적인 「형제대립형」의 민담구조로 되어 있다. 이 점은 〈도깨비 방망이〉가 전형적인 「형제대립형」이란 점과 일치한다. [사례 14]에 등장하는 방이(旁㐌)라는 이름의 주인공은 신라국의 김가(金哥)라는 귀족의 먼 조상이라고 한다. 일반적으로 〈흥부와 놀부〉 이야기처럼, 〈도깨비 방망이〉에서는 착한 동생이 성공하고 못된 형이 실패하는 경우가 대부분인데, [사례 14]에서는 형이 성공하고 그 형을 흉내낸 동생이 실패하는 점이 약간 다르다.

『유양잡조』에 수록된 [사례 14]에 관해서는 일찍이 일본에서 많은 연구자들이 주목하였다. 예를 들면 민족학 연구자인 미나카타 구마구스(南方熊楠)는 「새를 잡아먹고 왕이 된 이야기(鳥を食うて王になった語)」 중에서 "코가 길어진 이야기가 중국에도 있다. 『유양잡조』에 있는데, 일본의 『우지슈이 모노가타리』에 들어있는 혹부리 영감의 근원인 것 같다고 고인(古人)이 논하였다."[19]라고, 『유양잡조』에 수록된 이 이야기와 일본의 〈혹부리 영감〉과의 관련성에 관하여 언급한 적이 있다.

또한 다카기 도시오도 "이 설화 (『유양잡조』에 수록된 설화, 필자 주)는 복부식(福富式) 설화에 속하는 순수한 민간 동화이다. 『우

18) 今村與志雄譯注(1981 : 32-35) 수록. 한국어역 및 내용 요약은 필자에 의함.
19) 南方熊楠(1973 : 345).

지슈이 모노가타리』의 혹부리 영감 이야기와 매우 유사하다."[20] 라고, 『유양잡조』에 수록된 [사례 14]와 일본의 〈혹부리 영감〉과의 친연성에 관하여 주목하였다.

미나가타 구마구스와 다카기 도시오의 언급에서 확인되는 바와 같이, 일본인 연구자들 사이에는 조선의 〈도깨비 방망이〉, 중국의 〈금추(金錐) 이야기〉, 그리고 일본의 〈혹부리 영감〉 등이 역사적으로 같은 계열에 속하는 이야기로 인식되고 있었다. 즉 조선의 〈도깨비 방망이〉와 일본의 〈혹부리 영감〉 사이에 확인되는 친연성에 관해서 충분히 인식하고 있었다고 보아야만 한다.

지금까지 논한 내용을 여기서 간략하게 정리하기로 한다. 한일 양국의 〈혹부리 영감〉과 〈도깨비 방망이〉의 친연성에 관해서 고찰하였는데 그 결과, 첫째 한국에서는 〈혹부리 영감〉보다도 〈도깨비 방망이〉쪽이 훨씬 널리 알려진 이야기라는 사실을 다시 확인하였다. 둘째 일제강점기 설화를 연구하던 일본인 연구자들 사이에서 한일 〈혹부리 영감〉사이의 친연성뿐만 아니라 〈도깨비 방망이〉와의 친연성도 크게 주목 받았다는 사실을 확인하였다. 그럼에도 불구하고 일제강점기 이후, 한일 〈혹부리 영감〉의 비교연구에 있어서 〈도깨비 방망이〉는 그다지 주목받지 않게 된다. 왜냐하면 〈도깨비 방망이〉에는 결정적으로 「혹떼기」라는 모티브가 포함되어 있지 않기 때문이다. 비록 〈도깨비 방망이〉가 〈혹부리 영감〉과 매우 유사한 민담구조로 되어 있다고 할지라도, 「혹떼기」라는 모티브가 결여되어 있는 점으로 인해서 〈혹부리 영감〉이라는 화명 혹은 화형(話型)으로

---

20) 高木敏雄(1943 : 417).

분류할 수가 없었던 것이다.[21)]

이 점은 일제강점기 〈혹부리 영감〉과 〈도깨비 방망이〉 중에서 어느 쪽이 교과서 교재로 채택되어 수록되었는가 하는 점과 직결된다. 말하자면 이 점이야말로 일제강점기에 편찬된 보통학교 교과서에 〈도깨비 방망이〉가 아닌 〈혹부리 영감〉이 수록된 결정적인 이유가 되었기 때문이다. 만약 〈도깨비 방망이〉 이야기에도 「혹떼기」라는 모티브가 포함되어 있었다면, 일본인 연구자들 사이에서 〈도깨비 방망이〉 쪽이 대대적으로 주목을 받아 교과서에 빈번하게 수록되었을 가능성이 높다.

지금까지 본서 제3장에서 논한 내용을 도식화하면 [그림 3]과 같다.

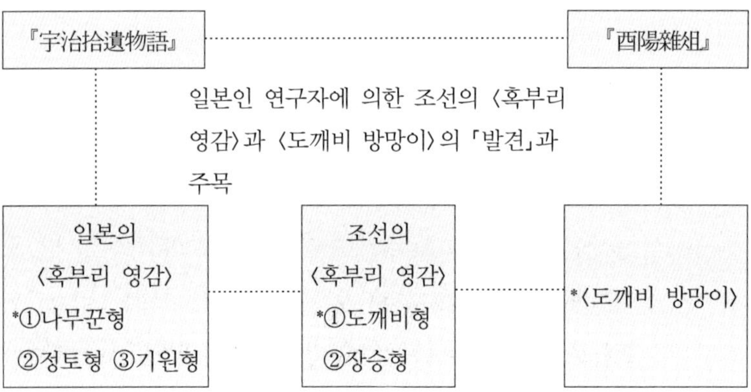

……선 : 친연관계를 나타낸다. *표시 : 유사성을 의미한다.

[그림 3] 일제강점기 일본인 연구자에 의한 한국의 〈혹부리 영감〉과 〈도깨비 방망이〉의 발견

21) 이 점과 관련하여 『한국구비문학대계』의 『유형분류집』에 〈혹부리 영감〉과 〈도깨비 방망이〉 모두 「도깨비 덕본 사람 본뜨다 망하기」 유형에 속해 있는 점이 주목된다.

일제강점기 보통학교 및 소학교 교과서에 수록된 〈혹부리 영감〉

제4장

1. 서언

한국에서 도깨비 이야기에 관한 연구가 진행되는 과정에서 오늘날 한국에 널리 알려진 〈혹부리 영감〉은 일본의 〈혹부리 영감〉의 영향을 받았다는 주목할 만한 문제가 제기 되었다. 그 중에서도 특히 문제가 되는 것은 아동용 동화집을 중심으로 확산된 〈혹부리 영감〉이다. 이들 〈혹부리 영감〉은 이른바 「전래동화」라는 이름으로 동화의 세계에 널리 유포되어 있다.[1] 예를 들어 김종대는 일제강점기에 간행된 보통학교용 「조선어독본」에 수록된 〈혹부리 영감〉의 영향에 관해서 거론하였다.[2]

---

1) 이 점에 관해서는 본서 제1장을 참조.

2) 김종대(1994 : 149-151).

김종대의 지적은 제국 일본의 식민지 통치에 따른 민담의 전파 및 확산이라는 관점에서 매우 중요한 의미를 지니고 있다고 할 수 있다. 그런데 김종대를 비롯한 선행연구에서는 그 개연성에 대한 피상적인 문제제기에 그치고 있다. 즉 한국의 〈혹부리 영감〉이 일본의 〈혹부리 영감〉의 영향을 받았다고 한다면, 양국 〈혹부리 영감〉의 면밀한 비교분석에 근거하여 어떤 경로를 통해, 어떤 부분이, 어떤 형태로 영향을 받았는지 구체적으로 논증되어야 함에도 그 구체적인 양상이 밝혀지지 않았다. 본서에서 이 점에 관해서 밝히고자 한다.

식민지를 보유했던 제국의 설화가 해당 식민지에 유입되는 현상은 세계적으로 보편적이라고 할 수 있다. 예를 들면, 프랑스의 설화학자 폴 드라류(Paul Alfred Delarue)는 식민지를 보유했던 유럽 제국의 민담이 제국의 식민자(植民者)와 병사 그리고 선교사를 통해 해당 식민지로 전파되는 현상에 관해서 언급하였다.[3] 일본의 경우를 보면, 홋카이도(北海道) 원주민인 아이누족 사이에 전승되던 이야기로 알려진 「오무타로(オムタロ)」가 실은 일본 본토에서 유명한 「모모타로(桃太郎)」 이야기의 이식에 불과했다는 지적이 있다.[4]

제국 일본에 의한 식민지 통치를 당한 경험을 지닌 한국의

3) 新倉朗子 편역(1993 : 315~316) 참조. 여기에 수록된 「프랑스의 민화에 대해서」는 폴 드라류의 『프랑스의 민화』 제1권의 서론 부분이다.

4) 瀬田貞二(1973 : 385)는 『日本お伽集2』(森林太郎 외편, 1920년에 발행된 『日本童話 上巻』의 복각본)에 수록된 「모모타로」에 관한 해설을 지적하였다. 이 해설 부분에서 「모모타로」와 유사한 이야기로 「오무타로」를 소개하고 있는 점을 들어, 오늘날의 입장에서 보자면 크게 비판받아야 한다고 지적하였다.

경우도 예외라고 할 수 없다. 일제강점기에 여러 경로를 통해서 일본의 설화가 한국으로 유입되었으며, 그 결과를 오늘날에도 드물지 않게 확인할 수 있다. 이 점에 대해서 손동인은 한국에서 민담을 채록하다보면 일본에서 유명한 「모모타로(桃太郎)」 민담이 화자의 입에서 구술된다는 점을 지적한 바 있다.[5] 제국의 식민지 통치를 계기로 제국의 설화가 해당 식민지로 전파·확산된다는 사실은 분명해 보인다. 그렇지만 그 반대의 경우도 고려할 수 있다. 즉 제국의 설화가 식민지로 전파·확산되는 일방통행만이 아니라, 역으로 해당 식민지의 설화가 제국으로 소개되는 계기가 될 수도 있는 것이다. 이 경우 일반적으로 제국 연구자들의 관심은 제국에 전해지는 설화와 유사한 설화가 해당 식민지에도 전해지고 있다는 점에 쏠리기 마련이다. 즉 제국의 설화를 중심에 놓고 그 연장선상에서 식민지의 설화를 이해하고자 하는 것이 일반적인 경향이다. 이 점에 관해서는 이미 본서 제3장에서 일본인 연구자들에 의한 조선의 〈혹부리 영감〉의 「발견」이라는 주제로 검토한 바 있다.

제4장에서는 일제강점기 일본인 연구자들에 의한 조선의 〈혹부리 영감〉의 「발견」이 어떤 과정을 거쳐 교과서 수록으로 이어졌는지, 그 구체적인 양상에 관해서 밝히고자 한다. 먼저 일본의 「소학독본(小學讀本)」의 교재로 활용된 「동화(童話)」[6]

---

5) 손동인(1973 : 92).

6) 이 시기 일본에서는 「석화(昔話)」와 거의 같은 의미로 「동화(童話)」라는 용어가 빈번하게 사용되었다. 본서에서 자주 인용하는 자료에도 「동화(童話)」라는 용어가 사용되었다. 본서에서는 인용 자료의 문맥을 존중한다는 의미에서, 그 의미에 있어서 큰 차이가 없는 한 적당히 「동화(童話)」라는 용어를 같이 사용하기로 한다.

(민담)에 대한 검토부터 시작하기로 한다.

2. 일본의 「소학독본」과 오대동화

일본의 메이지(明治)시대에 들어서 편찬되기 시작한 소학교용 「소학독본」에는 이른바 「국민동화(國民童話)」라 부르는 민담이 교과서의 교재로 다수 채택되었다. 여기서 「국민동화」란 구체적으로 무엇을 지칭하는 것일까? 예를 들어 동화연구자 시마즈 히사모토(島津久基)에 따르면 「국민동화」는 다음과 같이 정의된다.

> 이론(異論)도 있겠지만 나는 일찍이 한 지방에 한정된 특수한 구전설화가 아니라 일반 국민들에게 알려지고 구술되고 친숙해진 동화로, 동시에 일찍이 문학화되어(문자에 의해 동화의 형태가 된) 더욱 국민적인 이야기가 된 것을 대강의 기준으로 삼아, 그 같은 동화를 「국민동화」라는 이름을 붙여 다루고 있다. …(중략)… 어쨌든 앞에서 서술한 이른바 국민동화에는 국민성이나 국민정신 그리고 시대정신이 가장 잘 나타나있다는 점에 관해서는 언급할 필요도 없다.[7)]

시마즈 히사모토의 정의에 따르면 어느 특정한 지역에 한정되지 않고 문자화 과정을 통해서 국민들 사이에서 널리 알려진 동화가 「국민동화」인 셈이다. 여기서 시마즈 히사미쓰가 말하는 「문자화」 과정의 대표적인 경우가 바로 학교교과서라는 근대적 매체일 것이다. 즉 구전설화 중에서 교과서 수록이라는 「문자화」 과정을 거친 동화가 국민동화인 셈이다.

---

7) 島津久基(1944 : 9).

이 시기 일본의 문부성(文部省)에서 발행하는 국정교과서 편찬에 관여한 적이 있는 아동 문학자 이와야 사자나미(巖谷小波)는 「국정교과서와 동화(國定教科書と童話)」라는 글에서 교과서에 수록된 「동화」에 관해서 다음과 같이 언급한 적이 있다.

> 교과서에 등장한 동화에 대해서 약간 기술하고자 한다. 오늘날의 독본에 이전의 독본과 달리 한꺼번에 많은 동화가 도입된 점은 근본적으로 기뻐할 만한 일이다. 그렇지만 이 동화가 교과서체라고 부를 만한 특수한 동화이며, 교과서라는 것은 이렇게 만들지 않으면 안 된다는 일정한 개념하에 저술되었기 때문에 동화가나 문예가들이 만족할만한 취급을 하지 않았다는 점에 어려움이 있는 듯하다.[8]

인용문에서 이와야 사자나미는 우선 독본에 동화가 다수 수록된 점에 대해서 반기는 태도를 보인다. 그렇지만 교과서에 수록된 동화가 "교과서체라고 부를 만한 특수한 동화"라는 점을 강조하고 있다. 그리고 그 "특수한 동화"란 "이렇게 만들지 않으면 안 된다는 일정한 개념"에 따라서 저술되었다. 그가 말하는 "일정한 개념"이 구체적으로 무엇을 가리키고 있는지는 명확하지 않다. 이 점을 확인하기 위해서 이와야 사자나미의 주장을 좀 더 들어보기로 한다.

> 교과서라는 것은 언어를 될 수 있는 한 표준어로 만들어서 진짜 언어를 가르치는 것을 사명으로 한다. 흥미도 필요하겠지만 정확함 쪽을 존중해야 하는 것은 어쩔 수 없다. 단지 동화가가 동화를 쓸 때처럼 자유분방하게, 때로는 문법까지 무시하고 아이들이 쓰는 말을 그대로 표현하는 것은 문부성의 방침과 모순된다. 문부성의 주문대로 문장을 쓰면 활달함이 없어지고

8) 巖谷小波(1989 : 1).

재미가 없어지지만 교과서라는 성격을 고려할 때에 어쩔 수 없다. 그 때문에 교과서 외에 읽을거리가 필요한 것이다. 내용에 관해서도 마찬가지이다. 옛날의 이야기 그대로는 오늘날의 수신(修身)원리에 위배되는 경우에 이를 바꾸는 것이 당연하다. 예를 들면 가치가치야마(カチカチ山)와 같은 이야기가 그 경우이다. 문학 작품으로 또는 골동품으로는 그대로 놔두어도 좋겠지만, 교과서에 수록할 경우에는 바꿀 필요가 있을 것이다. 고고학적으로 민속학적으로 가치가 있는 경우에도 교육적으로 유해한 경우에는 철퇴를 가하지 않으면 안 될 경우가 많다. 교과서에는 교과서로서의 독자적인 사명이 있기 때문에 이를 단지 흥미본위로만 생각해서 맞대놓고 재미없다거나 시시하다고 비난해서는 안 된다.[9]

앞의 인용문에서 주목할 부분은 "교과서로서의 독자적인 사명"에 대해서 언급하고 있는 대목이다. 그에 의하면 "교과서로서의 독자적인 사명"은 교과서의 형식과 내용이라는 두 가지 측면으로 집약된다. 먼저 형식에 있어서는 "언어를 될 수 있는 한 표준어로 만들어서 진짜 언어를 가르치는 것"을 의미한다. 이 점은 당시 일본의 표준어정책과도 밀접한 관련이 있다. 본서에서 주목할 점은 후자 쪽이다. 즉 동화의 내용상 "교육적으로 유해한 경우에는 철퇴를 가하지 않으면 안 될" 경우이다. 이는 동화의 교과서 수록과정에서 가해진 개작의 문제이다. 그는 "교과서로서의 독자적인 사명"을 완수하기 위해서는 동화의 원래 내용을 바꾸어 개작하는 것도 어쩔 수 없다고 강조하였다. 구체적인 사례를 검토하기로 한다.

이와야 사자나미의 문장에 등장하는 〈가치가치야마(カチカチ山)〉[10]란 일본에서 널리 알려진 민담 중의 하나이다. 본서에

9) 巖谷小波(1989 : 4-5).

서 자주 언급하고 있으므로 사례를 하나 소개하기로 한다.

사례15

할아버지가 밭에서 일을 하고 있는데 너구리가 바위 위에 앉아서 욕을 한다. 할아버지는 바위 위에 떡을 놔두어 너구리를 끌어들여서 생포한다. 너구리를 밧줄로 묶어서 집 뒤에 매달려놓았다. 너구리는 너구리국을 끓일 준비를 하던 할머니를 돕겠다고 하여 밧줄을 풀어주도록 만든다. 너구리는 할머니를 죽이고 할머니로 둔갑한다. 너구리는 밭에서 돌아온 할아버지에게 너구리국이라고 속이고 할머니국을 먹도록 한 후에 정체를 밝히고 도망친다. 할아버지가 슬피 울고 있자, 토끼가 나타나서 복수해주겠다고 맹세한다. 토끼는 너구리와 나무를 하러가서 나뭇짐을 짊어진 너구리 등에 불을 붙인다. 이어서 화상을 치료하는 약이라고 너구리를 속이고 등에 고추를 발라준다. 마지막에, 토끼는 나무로 만든 배에 타고 너구리는 흙으로 만든 배에 탄다. 결국 배가 가라앉아서 너구리가 죽고 만다.[11)]

---

10) 여러 유형이 전해지고 있는데 가장 널리 알려진 일반적인 유형의 줄거리는 다음과 같다. 할아버지가 밭에서 일을 하고 있는데 너구리가 바위 위에 앉아서 욕을 한다. 할아버지는 바위 위에 떡을 놔두어 너구리를 끌어들여서 생포한다. 너구리를 밧줄로 묶어서 집 뒤에 매달아 놓았다. 너구리는 너구리국을 끓일 준비를 하던 할머니를 돕겠다고 하여 밧줄을 풀어주도록 만든다. 너구리는 할머니를 죽이고 할머니로 둔갑한다. 너구리는 밭에서 돌아온 할아버지에게 너구리국이라고 속이고 할머니국을 먹도록 한 후에 정체를 밝히고 도망친다. 할아버지가 슬피 울고 있자, 토끼가 나타나서 복수해주겠다고 맹세한다. 토끼는 너구리와 나무를 하러가서 나뭇짐을 짊어진 너구리 등에 불을 붙인다. 이어서 화상을 치료하는 약이라고 너구리를 속이고 등에 고추를 발라준다. 마지막에, 토끼는 나무로 만든 배에 타고 너구리는 흙으로 만든 배에 탄다. 결국 배가 가라앉아서 너구리가 죽고 만다.

11) 쉽게 접할 수 있는 〈가치가치야마〉의 텍스트로 關敬吾編(1956)이 있다.

[사례 15]는 일본에서 일반적으로 널리 알려진 〈가차가차야마〉 이야기를 필자가 요약한 것이다. [사례 15]를 보면, 너구리가 할머니를 죽인 후에 할머니국을 끓여 할아버지에게 먹이는 등, 내용상 군데군데 잔혹한 장면이 등장한다. 이 점에 대해서 이와야 사자나미는 〈가치가치야마(カチカチ山)〉와 같은 「잔혹한」 이야기는 "문학작품으로 또는 골동품으로는 그대로 놔두어도" 상관이 없지만 교과서에 수록할 경우에는 그 내용을 대대적으로 손질할 필요가 있다고 역설하였다. 이 같은 이와야 사자나미의 견해는 당시 일반적인 풍조였다고 볼 수 있다. 예를 들면 동화연구자인 사다무라 세효(定村青萍)도 「국어과와 동화(國語科と童話)」라는 글에서 같은 요지의 주장을 하였다.[12]

이들의 주장을 한 마디로 요약한다면 「교과서로서의 독자적인 사명」에 다름 아니다. 그 독자적인 사명을 아시야 시게쓰네(蘆谷重常)의 표현에 따르자면 「국민정신의 함양」이라는 표현으로 집약된다. 즉 아시야 시게쓰네는 "국민설화가 특히 중시되는 이유는 국민설화가 국민정신의 함양에 적당하기 때문"[13]이라고 하여, 「국민정신의 함양」에 있어 교과서의 교재로 채택된 동화가 중요하다는 점을 강조하였다.

근대 이전부터 일본의 민간에서 전해지던 민담은 학교교과서라는 근대적 매체에 수록되는 과정에서 「교과서로서의 독자적인 사명」, 「국민정신의 함양」이라는 명분하에 새로운 시대적 의미가 추구되었으며, 이 점으로 인해 민담의 형식 및 내용면에서 대대적인 윤색 혹은 개작이 가해졌다. 이 문제에 관해서 일

12) 定村青萍(1989 : 6-17).

13) 蘆谷重常(1936 : 3).

본의 이른바 「오대동화」[14]를 중심으로 구체적으로 검토하기로 한다.

일반적으로 일본에서 「오대동화」라고 하면 〈모모타로(桃太郎)〉, 〈원숭이와 게의 싸움(猿蟹合戰)〉, 〈혀 짤린 참새(舌切雀)〉, 〈꽃 피우는 노인(花咲爺)〉, 〈가치가치야마(カチカチ山)〉를 꼽는다. 물론 이들 민담이 「오대동화」라는 이름으로 널리 알려지게 된 데에는 특별한 근거가 있어서가 아니다. 예를 들면 야나기타 구니오(柳田国男)는 "오대석화(五大昔話)라는 명칭은 명백하게 잘못 되었다. 이 점은 그저 수많은 민담 중에서 우연히 붓을 잡은 사람의 귀에 들어가서 생긴 조그마한 변화의 한 사례"[15]에 불과하다고 지적하였다. 야나기타 구니오의 지적은 타당한 듯하다. 앞서 나열한 5편의 민담이 「오대동화」라는 이름으로 알려지게 된 것은 특별한 근거가 있어서가 아니라, 일본에 전해지는 수많은 민담 중에서, 어느 특정한 시기에 특정한 매체를 통해 널리 확산된 것을 계기로 「오대동화」가 탄생하였다고 보아야 하기 때문이다.

[표 6]은 필자가 일본의 메이지시대 초기부터 쇼와(昭和) 20년(1945)대까지 일본에서 발행된 「소학독본」에 수록된 주요 민담의 수록빈도를 정리한 것이다.[16] [표 6]을 보면 똑같이 「오대동화」로 지칭되면서도 「소학독본」 수록빈도에 있어서는 적지 않은 차이가 있음을 알 수 있다. 예를 들면 〈모모타로〉가 9회,

14) 「오대동화」는 「오대 오토기바나시(五大お伽話)」 혹은 「오대석화(五大昔話)」라 부르기도 한다.

15) 柳田国男(1962 : 16).

16) [표 6] 작성을 위해서 海後宗臣編(1964)에 수록되어 있는 일본근대기 소학교 국어교과서를 모두 조사하였다.

〈가치가치야마〉가 2회로 수록빈도에 현저한 차이가 인정된다. 이는 결코 우연한 결과가 아니다. 「소학독본」 수록과정에서 교과서 편찬에 관여한 연구자들이 교재를 선별한데 따른 필연적 결과이다. 그리고 그 선정 기준은 이미 명백하다. 앞서 지적한 대로 「교과서로서의 독자적인 사명」, 「국민정신의 함양」에 적합하다고 판단한 민담을 우선적으로 교재로 선별하여 수록한 결과인 것이다. 가장 수록빈도가 많은 〈모모타로〉의 경우를 예로 들기로 한다.

[표 6] 일본에서 발행된 「소학독본」에 수록된 주요 민담

화 명	출 전			수록빈도
	서 명	출판연도	출판사	
* 모모타로 (桃太郎)	『尋常小学読本』巻之一	明治20年	文部省	9회
	『帝国読本』巻之四	明治25年	学海指針社	
	『尋常小学読書教本』巻四	明治27年	普及舎	
	『尋常国語読本』巻四	明治33年	金港堂	
	『国語読本尋常小学校用』巻二	明治33年	富山房	
	『尋常小学国語読本』巻一	大正 7年	第三期國定教科書	
	『小学国語読本』巻一	昭和 8年	第四期國定教科書	
	『ヨミカタ』一	昭和16年	第五期國定教科書	
	『コトバノオケイコ』一	昭和16年	第五期國定教科書	
* 원숭이와 게의 싸움 (猿蟹合戦)	『尋常小学読本』巻之二	明治20年	文部省	6회
	『帝国読本』巻之四	明治25年	集英堂	
	『尋常小学読書教本』巻三	明治27年	普及舎	
	『尋常小学国語読本』巻一	大正 7年	第三期國定教科書	
	『小学国語読本』巻二	昭和 8年	第四期國定教科書	
	『ヨミカタ』二	昭和16年	第五期國定教科書	

화 명	출 전			수록 빈도
	서 명	출판연도	출판사	
* 혀 짤린 참새 (舌切り雀)	『帝国読本』巻之三	明治25年	集英堂	6회
	『尋常小学読書教本』巻二	明治27年	普及舎	
	『国語読本尋常小学校用』巻四	明治33年	富山堂	
	『小学国語読本』巻一	昭和 8年	第四期國定教科書	
	『コトバノオケイコ』一	昭和16年	第五期國定教科書	
	『ヨミカタ』一	昭和16年	第五期國定教科書	
* 꽃 피우는 노인 (花咲爺)	『尋常小学読本』巻二	明治43年	文部省	5회
	『尋常小学国語読本』巻二	大正 7年	第三期國定教科書	
	『小学国語読本』巻二	昭和 8年	第四期國定教科書	
	『コトバノオケイコ』二	昭和16年	第五期國定教科書	
	『ヨミカタ』二	昭和16年	第五期國定教科書	
* 가치가치야마 (かちかち山)	『尋常国語読本』巻三	明治33年	金港堂	2회
	『小学国語読本』巻三	昭和 9年	第四期國定教科書	
혹부리 영감 (瘤取り爺)	『尋常小学読本』巻之四	明治20年	文部省	3회
	『尋常小学読本』巻一	明治42年	文部省	
	『小学国語読本』巻二	昭和 8年	第四期國定教科書	
우라시마타로 (浦島太郎)	『尋常国語読本』巻三	明治33年	金港堂	7회
	『尋常小学読本』巻三	明治42年	文部省	
	『尋常小学国語読本』巻三	大正 7年	第三期國定教科書	
	『小学国語読本』巻三	昭和 9年	第四期國定教科書	
	『ことばのおけいこ』三	昭和16年	第五期國定教科書	
	『よみかた』三	昭和16年	第五期國定教科書	
	『こくご』四	昭和22年	第六期國定教科書	
일촌법사 (一寸法師)	『ことばのおけいこ』三	昭和16年	第五期國定教科書	2회
	『よみかた』三	昭和16年	第五期國定教科書	

*표시는 「오대동화」를 나타낸다.

[표 6]을 보면 〈모모타로〉가 수록빈도에 있어서 1위를 차지하였다. 이 〈모모타로〉는 할머니가 하천에서 주어온 복숭아에서 태어난 모모타로라는 사내아이가 개, 원숭이, 꿩을 데리고 오니가시마(鬼ケ島)에 사는 오니를 퇴치하고 금은보화를 획득하여 돌아온다는 내용의 민담이다.[17] 일본의 「오대동화」 중에서 아마도 〈모모타로〉만큼 특별한 취급을 받은 이야기도 없을 것이다. 이 시기에 모모타로를 본받자는 「모모타로주의 교육(桃太郎主義)」[18]이라는 용어가 유행했을 정도로 대대적으로 조명되었다. 여기서 말하는 「모모타로주의 교육」이란, 단적으로 말하자면 오니가시마(鬼ケ島)에 사는 오니를 퇴치하고 금은보화를 획득하고 돌아오는 모모타로의 진취적인 기상을 본받도록 교육하자는 의미이다. 예를 들기로 한다.

> 국민적 재료로 이 과를 다루었으면 싶다. 따라서 이 이야기의 주인공인 모모타로(桃太郎)에 관해서는 충분한 존경심과 자신도 모모타로처럼 되고자 하는 진취적 기상을 지니도록 했으면 한다.[19]

앞의 인용문은 일본 도쿄에 위치한 시바 구(芝区)의 국어과훈도협의회(國語科訓導協議会)에서 저술한 「국어독본에 수록된 동화연구1(國語読本に現われた童話の研究 一)」의 부분이다. 「국어독본」이라는 교과서에 수록된 〈모모타로〉를 학생들에게 어떻게 가르칠 것인가를 강조한 글이다. 또 다른 예를 참고하기로 한다.

---

17) 상세한 내용에 관해서는 關敬吾編(1956) 『모모타로, 혀짤린 참새, 꽃피우는 노인(桃太郎 舌きり雀 花さか爺)』(日本の昔ばなしⅡ)를 참조.

18) 예를 들면 巖谷小波(1984)를 참조.

19) 芝区国語科訓導協議会(1988 : 38～39).

모모타로(桃太郎) 이야기가 거의 일본 동화의 대표 격으로 여겨질 만큼 보급된 원인을 고려하지 않으면 안 된다 …(중략)… 그 가장 큰 원인은 일본인의 상무적(尙武的) 기풍에 어울리기 때문일 것이다.[20]

앞의 인용문은 아시야 시게쓰네(蘆谷重常)의 『국정교과서에 수록된 국민설화 연구(國定教科書に現れたる國民說話の研究)』의 부분이다. 아시야 시게쓰네는 〈모모타로〉가 일본에서 가장 널리 알려진 대표적인 민담이란 점을 거론하며 그 원인으로 일본인의 "상무적 기풍"에 어울리기 때문으로 보고 있다. 여기서 말하는 "상무적 기풍"이란 앞서 소개한 「모모타로주의 교육」과 같은 문맥이다. 즉 모모타로가 오니가시마(鬼ケ島)를 정벌한 것을 지칭한다. 일본제국주의와 상무적 기풍이 만나는 접점에 〈모모타로〉가 존재했던 셈이다.

이와 같이 당시 〈모모타로〉는 "진취적 기상을 지니도록" 한다든가 "일본인의 상무적 기풍"에 어울린다는 등의 이유에서 「소학독본」에 대대적으로 채택되었다. 이 점으로 인해 〈모모타로〉는 아동문학자 도리고에 신(鳥越信)이 지적한 바와 같이, 당시의 천황주의·침략주의를 정당화하는 도구로 동원되기도 하였다.[21]

당시 「국민정신의 함양」이 교과서의 주된 목적이었던 점을 고려한다면, 「소학독본」의 교재로 〈모모타로〉가 빈번하게 채택된 것은 일본에서 천황주의 및 제국주의가 만연하던 당시의 시대적 맥락으로 볼 때에 어쩌면 당연했다고도 볼 수 있다. 이

20) 蘆谷重常(1936 : 446~447).

21) 이 문제에 대해서는 鳥越信(1983)의 제1장 및 제4장을 참조.

같은 시대적 흐름을 배경으로 〈모모타로〉는 「소학독본」에 빈번히 수록되었으며 그 결과 「국민동화」로서의 위치를 더욱 공고히 할 수가 있었던 것이다.

흥미로운 것은 같은 〈모모타로〉와 같이 「오대동화」에 포함되면서도 〈가치가치야마〉가 「소학독본」에 모두 2회밖에 수록되지 않았다는 점이다. 그 이유는 이미 명백하다. 앞서 인용한 이와야 사자나미의 글에서 그 이유를 찾아볼 수 있다. 말하자면 〈가치가치야마〉는 「국민정신의 함양」과는 거리가 먼, 게다가 「잔혹」한 장면이 자주 나오는 「교육적으로 유해한 것」으로 간주되었기 때문이다. 즉 당시 교과서 편찬에 관여했던 사람들이 볼 때에 〈가치가치야마〉의 내용이 너무 잔혹하고 교육적으로 유해하다고 판단한데 따른 결과이다. 물론 오늘날의 관점에서 보자면 잔혹한 장면이 자주 나온다고 해서 반드시 교육적으로 유해하다고만 볼 수 없다. 예를 들면 노무라 히로시(野村泫)는 잔혹한 이야기일지라도 아버지 혹은 어머니의 입을 통해서 듣는다면 어린이에게 유해하다고 볼 수 없다고 지적한 바 있다.[22]

이처럼 근대 이전부터 일본에 전해지던 민담이 「소학독본」에 수록되는 과정에서 어떤 민담을 포함시키고 배제할 것인가 하는 취사선택이 가해졌다. 그리고 그 과정에서 일정한 기준에 따라 원래 전해지던 민담에 대한 개작이 행해졌다. 그 결정적 기준으로 정치적·교육적 이데올로기가 크게 작용하였다. 민담의 교과

---

22) 野村泫(1988 : 40). 민담에 나타난 등장인물의 「잔혹성」은 흥미로운 연구주제로 볼 수 있을 것이다. 野村泫는 민담에 나타나는 「잔혹성」 문제에 대해서 독일의 『그림 동화』를 예로 들어 논하였다. 일본 민담에 드러나는 잔혹성에 대한 논고로는 小澤俊夫(1985)를 참조.

서 수록은 이후 각 해당 민담의 확산에 커다란 영향을 주었다. 즉 이 시기 「소학독본」에 자주 수록된 민담은 일본에서 더욱 널리 알려지게 되었으며, 반대로 교과서에서 배제되었던 민담은 일본인들 사이에서 점점 잊혀져가는 결과를 초래하였던 것이다. 본서에서 주목하는 〈혹부리 영감〉의 경우를 고찰하기로 한다.

3. 일본의 「소학독본」에 수록된 <혹부리 영감>

[표 6]에서 확인할 수 있는 바와 같이, 〈혹부리 영감〉은 일본의 「소학독본」에 총 3회 수록되었다. 앞서 지적한 바와 같이, 〈혹부리 영감〉은 일본의 「오대동화」에 포함되지 않는다. 그 때문인지 〈모모타로〉나 〈우라시마타로(浦島太郎)〉에 비해서 수록빈도가 현저하게 떨어진다. 이 점만을 고려한다면 당시 「국민동화」로서 크게 주목받지 못했다고 해석해도 무방할 듯하다. 다시 말하자면 〈혹부리 영감〉은 내용면에서 볼 때에 「국민정신의 함양」에 크게 도움이 되는 민담으로는 취급되지 않았다고 이해할 수 있다. 따라서 여기서는 〈혹부리 영감〉과 관련된 정치적·교육적 이데올로기를 주목하기보다는 「소학독본」에 수록되는 과정에서 행해진 체재상의 개작에 관한 문제를 집중적으로 분석하기로 한다. 이 시기 〈혹부리 영감〉이 수록된 일본의 「소학독본」은 다음과 같다.

① 『심상소학독본(尋常小學讀本)』卷之四 메이지20(1887)년
 : 제7과 혹떼기 일(こぶ取 一), 제8과 혹떼기 이(こぶ取 二)

② 『심상소학독본(尋常小學讀本)』卷一 메이지42(1909)년
 : 과의 구분이 없음

③『소학국어독본(小學國語讀本)』卷二 쇼와8(1933)년

: 12과 혹떼기(コブトリ)

①『심상소학독본』은 입문편 1권을 포함하여 모두 8권으로 구성되었다. 이 교과서는 "검정제도의 실시에 따라 문부성에서 표준이 되는 독본을 지시할 목적으로 간행"[23] 되었다. 일본 교과서에서 설화를 "폭넓게 채택한 것은 이 책이 효시"[24]라고 평가된다. 〈혹부리 영감〉이 제4권 제7과에 「혹떼기 일(こぶ取 一)」, 그리고 제8과에 「혹떼기 이(こぶ取 二)」라는 제목으로 수록되었다.

②『심상소학독본』은 모두 12권으로 구성되었다. 이 교과서는 "국민적 정서의 함양, 취미, 심성계발이라는 관점"[25]에서, 널리 국민적 동화·전설을 수집했다는 특색이 있다. 〈혹부리 영감〉은 제1권에 수록되었다. 제1권에 수록된 때문인지, 가타카나로 "착한 노인은 혹을 떼이고 기뻐하였습니다. 나쁜 노인은 혹이 붙어서 곤란해 했습니다."[26]라는 간략한 본문과 그 본문 내용을 반영한 두 장의 삽화로 구성되어 있다.

③『소학국어독본』은 모두 12권으로 구성되었다. "본서의 교재 중에서 가장 체계적으로 구성된 것은 설화 관련 교재이

23) 海後宗臣編(1964 : 787). 이 시기에 일본에서 편찬된 「소학독본」의 개별적 특성 및 시대적 배경에 관해서는 海後宗臣編(第九巻)의 「國語教科書總解說」 및 秋田喜三郎(1977)를 참조.

24) 秋田喜三郎(1977 : 179).

25) 秋田喜三郎(1977 : 373).

26) 일본어 원문은 다음과 같다. ヨイオヂイサンハコブヲトラレテヨロコビマシタ。ワルイオヂイサンハコブヲツケラレテコマリマシタ。

다"[27]라고 평가될 정도로, 설화를 학년별로 체계적으로 배치한 점이 특징이다.

그럼 ①과 ③에 수록된 〈혹부리 영감〉의 전문을 예로 들어 「소학독본」 수록과정에서 가해진 형식 및 내용상의 개작 양상을 검토하기로 한다. ②의 경우는 본문 문장이 지나치게 짧은 관계로 검토를 생략하기로 한다.

● 사례16-a

옛날에 오른쪽 뺨에 커다란 혹이 달린 나무꾼 한명이 살고 있었다. 어느 날 산속에서 비바람을 만나서 삼나무 공동(空洞)으로 들어가 날이 개이기를 기다렸다. 어쩌다보니 날도 저물었고 돌아가기가 힘들어서 거기서 하룻밤을 새기로 했다.

나무꾼은 쓸쓸하고 무서운 생각이 들어서 잠을 들지 못하고 웅크리고 있었다. 밤이 깊을 무렵이 되자 누군가 오는 소리가 들렸다. 나무꾼은 슬쩍 밖을 내다보았다. 그랬더니 괴상한 얼굴 모양을 한 무리가 모여 들었다. 나무 앞에 앉아서는 술잔치를 벌이고 춤을 추기 시작했다. 처음에는 나무꾼도 무서웠지만 원래 춤을 좋아하는 사람이었으므로, 저절로 춤추는 모습에 이끌려서 자신도 나가서 춤을 추고 싶어졌다. 마침내 술좌석으로 춤을 추며 나갔다. 모두들 잠시 놀란 듯 했다. 그런데 나무꾼이 춤을 잘 추자 감명을 받아서 여러 번 칭찬해 주었다.

그러다가 밤이 샐 무렵이 되자 모두들 서둘러서 돌아가야 할 때가 되었다. 술잔치를 끝내고서 나무꾼을 향하여 "너의 춤은 정말 재미있구나. 다음에도 꼭 오도록 해라. 그 약속의 증표로 혹을 맡아 두겠다. 하고서, 손쉽게 혹을 떼내어 어딘가로 사라졌다.

나무꾼은 꿈에서 깨어난 듯 했다. 저쪽으로 가서 얼굴을 더듬어 보

27) 秋田喜三郎(1977 : 373).

았다. 혹이 씻은 듯이 없어졌으며 아무런 통증도 없었다. 날이 새자 서둘러서 집으로 돌아왔다. 있었던 일을 아내한테도 말해주고, 정말 운이 좋았다고 둘이서 기뻐했다.[28]

● 사례16-b

저 나무꾼이 이웃집에 왼쪽 빰에 혹이 달린 노인이 또 살고 있었다. 다른 노인의 혹이 갑자기 없어진 것을 보고 매우 부러워했다. "어떤 의사한테 치료를 받았는지 나한테도 가르쳐 달라" 고 졸랐다. 혹이 없어진 노인은 전날 밤 이야기를 남김없이 해 주었다. 그러자 이웃 집 노인은 매우 기뻐하며 "그렇다면 나도 거기 가서 혹을 떼 달라고 해야지" 하고서 바로 집을 떠나 출발했다. 이윽고 산에 도착했다. 나무꾼한테 들은 대로 삼나무 공동(空洞)이 있었다. 그곳으로 들어가서 기다렸다.

이윽고 밤중이 되자 말한 대로 괴상하게 생긴 무리들이 모여들었다. 술잔치를 벌이고 "어젯밤 춤꾼은 아직 오지 않았는가. 하고서 기다리는 눈치였다. 노인은 이때다 생각하고서 공동(空洞)에서 나와 모두 앉아있는 가운데로 춤을 추며 다가갔다. 모두들 "춤꾼이 왔다" 면서 매우 기뻐 날뛰었다.

그런데 원래 이 노인은 춤이 서툴렀다. 아무런 재미도 없자 모두가 "이번 춤은 재미가 없구나. 전에 맡아둔 혹을 돌려주어라" 하고서 전에 떼어 놓은 혹을 꺼내서 내던지자 노인의 오른쪽 빰에 철석 달라붙었다. 이 때문에 오른쪽과 왼쪽 빰에 혹이 달린 사람이 되었다.

이는 실제로 있었던 이야기는 아니지만, 다른 사람을 부러워하는 사람을 경계하기 위해서 옛 사람들이 전해준 것이다.[29]

---

28) 『尋常小學讀本』卷之四(1887) 수록. 일본어 원문은 본서 부록편에 수록하였다.

29) 『尋常小学讀本』卷之四(1887) 수록. 일본어 원문은 본서 부록편에 수록하였다.

[사례 16-a] 및 [사례 16-b] 그리고 뒤에 소개하는 [사례 17]은 본서 제2장에서 언급한 『우지슈이 모노가타리』(제3화)에 수록된 「오니에게 혹떼인 이야기(鬼に瘤を取らるる事)」를 출전으로 하였다.[30] 이 점에 관해서는 당시 문부성에서 펴낸, 『소학국어독본(小學國語讀本)』卷二의 연구서인 『소학국어독본 종합연구 권이(小學國語讀本綜合研究 卷二)』(1937)에서 출전을 밝히고 있다.[31]

본서 제2장에서 필자가 분류한 바와 같이, 일본에는 주로 「나무꾼형」, 「정토형」, 「기원형」이라는 세 유형의 〈혹부리 영감〉이 전해지고 있었다. 여기 소개하는 [사례 16-a] 및 [사례 16-b]는 필자의 유형 분류를 하자면 「나무꾼형」에 속한다.

[사례 16-a] 및 [사례 16-b]는 본문에 회화가 적으며 일본어 표기가 이른바 「역사적 가나표기(歷史的仮名づかい)」[32]라는 문어체로 된 문장이다. 〈혹부리 영감〉을 각각 전반부(사례 16-a)와 후반부(사례 16-b)로 나누어 두 과에 수록하였다. 전반부는 혹부리 영감이 혹을 떼는 성공담이며 후반부는 전반부 주인공을 흉내 낸 노인의 실패담이다. 이처럼 전반부와 후반부를 나누어 수록하는 형식은 일찍이 일본의 에도(江戸)시대 안라쿠안 사쿠텐(安楽庵策傳)의 『세스이쇼(醒睡笑)』에 들어있는 〈혹부리 영감〉에서도 찾아볼 수 있다.[33] 그렇지만 이 경우처럼 이야기를 각

---

30) 일본어 원문 및 한국어 번역문을 본서 부록편에 수록하였다.

31) 文部省編 『小學國語讀本 綜合研究 卷二』(1937 : 125).

32) 「旧仮名遣い」라고도 부른다. 일본어 가나 표기의 한 가지 방식으로 그 전거를 과거 문헌에 의거하는 가나 표기법이다. 메이지(明治)시대 이후부터 「현대 가나표기(現代仮名遣い)」(1946년, 내각고시)가 공포되기까지 공적 표기법으로 사용되었다.

각 전반부와 후반부로 나누어 두 과에 수록한 것은 교과서 전체 구성에 있어서 분량을 고려한 결과로 여겨진다.

등장인물을 보면 전반부에 "나무꾼 한명"으로 되어 있는데, 후반부의 등장인물이 이웃집 노인이란 점을 감안하면, 전반부의 주인공도 노인으로 보아도 무방하다. 즉 등장인물이 「노인 : 이웃집 노인」으로 설정된 이른바 「이웃집 노인형」에 속하는 유형이다. 그리고 두 노인은 「오른쪽 뺨에 혹/춤의 명수 : 왼쪽 뺨에 혹/ 춤이 서툼」으로 명확한 대립상을 보이고 있다.

이야기를 구성하는 주요 모티브를 살펴보면 노인이 스스로 오니의 술잔치에 가담하는 「잔치」 모티브, 오니가 노인의 혹은 담보로 잡아두는 「저당」 모티브가 확인된다. 본서에서 이미 지적한대로, 이 두 가지 모티브는 일본형 〈혹부리 영감〉에서 찾아볼 수 있는 두드러진 특징이다.[34] 후반부 말미에 "다른 사람을 부러워하는 사람을 경계하려고 옛날 사람이 이야기를 전했다."라는 구절로 끝을 맺고 있는 점도, 일본형 〈혹부리 영감〉에서 찾아볼 수 있는 전형적인 사례이다.

이상 『심상소학독본』권사(1887)에 수록된 〈혹부리 영감〉의 구성 및 내용에 대해서 대략 살펴보았다. 이 [사례 16]을 『우지슈이 모노가타리』에 수록된 〈혹부리 영감〉과 대조해 보면, [사례 16]이 이야기의 구성 및 줄거리를 전반부(사례 16-a)와 후반부(사례 16-b)로 나누어 두 과에 수록하고 있다는 점을 제외하면,

---

33) 전반부는 『醒睡笑』에 「謂へば謂はるる物の由来」(巻之一), 후반부는 「推はちがうた」(巻之六)이라는 제목으로 수록되었다.

34) 이 「이웃집 노인형」에 속하는 민담의 특징에 관해서는 본서 제2장에서 분석하였다.

교과서 수록과정에서 가해진 두드러진 개작은 거의 찾아볼 수 없다. 체재에 있어서 두드러진 개작이 가해진 것은 다음의 [사례 17]의 경우이다.

사례17

오른쪽 뺨에 커다란 혹이 달린 할아버지가 있었습니다. 어느 날 산에서 나무를 자르고 있는데 비가 주룩주룩 내렸습니다. 할아버지는 나무 구멍 속으로 들어가 비가 그치는 것을 기다렸습니다. 할아버지는 어느 틈엔가 잠이 들었습니다. 눈을 떴을 때는 이미 밤으로 비는 완전히 개어 있었습니다. 할아버지가 들어가 있는 나무 앞을 보았더니 많은 오니가 모여 있었습니다. 파란 오니와 빨간 오니가 장작불 주위에서 춤을 추고 있었습니다. 모든 오니들이 대장 오니에게 인사를 하고서는 교대로 일어서서 춤을 추었습니다. 할아버지는 춤추는 것을 매우 좋아했습니다. 보고 있자니 자신도 춤을 추고 싶어서 견딜 수가 없었습니다. 무서운 것도 잊은 채 나무 구멍 속에서 뛰쳐나왔습니다. 오니들은 깜짝 놀랐습니다. "저건 뭐야" "저건 뭐야" 하면서 떠들어 댔습니다. 할아버지는 개의치 않고 노래를 부르면서 열심히 춤을 추었습니다. 오니는 "이거 재미있는데" "이거 재미있는데" 하면서 손뼉을 치며 칭찬했습니다. 대장 오니는 할아버지에게 "앞으로도 가끔 와서 춤을 추시오" 하고 말했습니다. 할아버지는 "알겠소. 다음번에는 더 멋진 춤을 보여주겠소. 하고 말했습니다. 대장 오니는 매우 기뻐했습니다. 그런데 할아버지가 정말로 또 올지 어쩔지 알 수 없다고 생각 했습니다. 모두가 의논 끝에 "다음번에 올 때까지 할아버지 오른쪽 뺨에 달린 혹을 맡아 두겠소. 하고 말했습니다. 할아버지는 "이것은 매우 소중한 혹이오. 맡길 수가 없소" 하면서 아까운 척 했습니다. 대장 오니는 "할아버지가 아까워하는 것을 보면 무척 소중한 것임에 틀림없다" 고 생각했습니다. 그래서 혹을 떼내고 말았습니다. 날이 샜습니다. 오니는 어디에도 없었습니다. 할아버지는 꿈을 꾼 것이 아닌가 하고 생각했습니다. 오른쪽 뺨을 만져보았습니다. 왼쪽 뺨을 만져보았습니다. 오른쪽 뺨에도 혹이 없었습니다. 왼쪽 뺨에도 혹이 없었습니다.[35]

[사례 17]은 전문이 일본어 가타카나로 되어있다. [사례 16]과 비교하면 노인과 오니가 주고받는 회화가 늘어났다는 점이 눈에 띈다. 이 때문인지 본문을 읽다보면 노인과 오니가 대화를 주고받는 모습을 구체적으로 떠올릴 수 있다.

[사례 17]을 읽어보면, 〈혹부리 영감〉의 후반부가 생략되어 있다는 점을 알 수 있다. 즉 이웃집 노인이 전반부에 등장하는 노인을 흉내 내다가 실패하는 부분이 생략되어 있다. 후반부가 생략되어 있지만, 이야기의 줄거리는 [사례 16]에 비해 결코 짧지 않다. 이야기의 후반부를 생략한 이유에 대해 『소학국어독본 종합연구 권이(小學國語讀本綜合硏究 卷二)』(1937)의 「요설(要說)」 부분에 다음과 같이 설명되어 있다.

원문의 후반부인 「이웃집 사는 할아버지」 이야기를 생략한 이유는 너무 장편이어서 오히려 아동들의 흥미를 잃게 할 우려가 있었기 때문이다. 일찍이 본과와 취지가 같은 권1의 모모타로(桃太郎)…(중략)…어느 것이나 원래 이야기를 생략하지 않은 형태로 제출되어 있는 관계로 그것과 비교해서 서술 형식에 변화를 주고자 했기 때문이기도 하다. 혹은 「이웃집 사는 할아버지」 이야기를 생략해도 본과의 독립성이 확보되기 때문이다. 덧붙이자면 이 과는 우화적인 취급을 예정하고 있지 않다. 따라서 「오니에게 혹 떼인 이야기」와 「이웃집 사는 할아버지」 이야기를 대조시킬 필요가 없기 때문이다.[36]

---

35) 『小学国語讀本』卷二(1933 : 72～73)에 수록. 일본어 원문은 본서 부록편에 수록하였다.

36) 各務虎雄(1937 : 125).

인용문에 언급된 「오니에게 혹 떼인 이야기」란 〈혹부리 영감〉의 전반부를 가리키며, 「이웃집 사는 할아버지」는 후반부를 가리킨다. 인용문에서 확인할 수 있는 바와 같이, "장편이어서 오히려 아동들의 흥미를 잃게 할 우려가 있었기 때문이다." 혹은 "우화적인 취급을 예정하고 있지 않다."라는 이유에서, 〈혹부리 영감〉의 후반부를 생략하여 수록하는 체재상의 변화를 시도하였다. 그 밖의 개작에 대해서는 『소학국어독본 종합연구 권2』에 다음과 같이 기술되어 있다.

본 과는 설화 구성에 있어서 우지슈이 이야기 원문에 되도록 충실하려고 했다. 그러나 아동들의 이해 정도를 고려하여 적당히 변경한 부분도 적지 않다. 동시에 교육적 입장으로 볼 때 문제가 될 만한 부분은 설화의 큰 줄거리를 바꾸지 않는 범위내에서 수시로 개정(改訂)을 가했다.[37]

이 점으로 미루어볼 때에 〈혹부리 영감〉의 교과서 수록에 즈음하여 적지 않은 개작이 가해졌음을 알 수 있다. 여기서 문제가 되는 것은 이른바 「교육적 입장」이다. 인용문에 서술된 「교육적 입장」이란 구체적으로 무엇을 의미하는 것일까? 먼저 『우지슈이 모노가타리』의 본문과 [사례 17]을 대조하면서 구체적인 개작 요소를 검토하기로 한다.

① 『우지슈이 모노가타리』 : 노인은 "눈이나 코를 떼어가더라도 이 혹만큼은 면제해 주십시오. 오래 동안 지니고 있던 것을 아무 이유 없이 떼어 가는 것은 억울합니다."라고 대답했다.

[사례 17] : 할아버지는 "이것은 매우 소중한 혹이오. 맡길 수가 없소" 하면서 아까운 척 했습니다.

37) 各務虎雄(1937 : 125).

이 부분은 오니들의 춤판에 스스로 끼어든 노인의 춤이 끝난 후에, 오니들이 노인이 또 오도록 하기 위해서 노인의 혹을 「저당물」로 떼어 내려는 장면이다. [사례 17]에 등장하는 노인은 "이것은 매우 소중한 혹이오. 맡길 수가 없소."라고 거부한다. 그리고 아까운 척을 한다. 특히 이 부분을 『우지슈이 모노가타리』와는 달리 개작한 이유에 대해서는 "원작에 있는 '저 노인의 얼굴에 붙은 혹을 맡아둬야 한다. 혹에는 복이 있으니까 아깝게 생각할 것이다.'라는 상석에 앉은 오니의 심중을 반영한 것이다."[38] 라고 설명되어 있다.

② 『우지슈이 모노가타리』 : 노인은 얼굴을 만져보았다. 오래 동안 달려있던 혹이 흔적도 없이 사라졌다. 노인은 나무하는 것도 잊은 채 집으로 돌아왔다.

[사례 17] : 오른쪽 뺨을 만져보았습니다. 왼쪽 뺨을 만져보았습니다. 오른쪽 뺨에도 혹이 없었습니다. 왼쪽 뺨에도 혹이 없었습니다.

②는 〈혹부리 영감〉의 말미 부분이다. 얼핏 보아서는 『우지슈이 모노가타리』 원문과 [사례 17] 사이에 그다지 큰 차이가 없어 보지지만, 두 텍스트 사이에는 결정적인 차이가 있다. 다름 아닌 오니에게 혹을 떼인 노인이 기뻐하는 모습을 묘사한 부분이다. 즉 『우지슈이 모노가타리』에는 노인이 나무를 하는 것도 잊은 채로 집으로 돌아갈 만큼, 혹이 없어진 사실을 기뻐하는 모습이 여과없이 그대로 묘사되었다. 그런데 [사례 17]에서는 단지 노인이 양쪽 뺨 어디에도 혹이 달려있지 않다는 것

38) 各務虎雄(1937 : 126).

을 확인하는 묘사에 그치고 있다. 즉 [사례 17]의 집필자가 노인이 혹이 없어져서 기뻐하는 모습을 되도록 표면에 드러내지 않으려고 생략하고 있는 점이 눈에 띈다. 이 대목은 예를 들어 [사례 16]에서 "저쪽으로 가서 얼굴을 더듬어 보았다. 혹이 씻은 듯이 없어졌으며 아무런 통증도 없었다. 날이 새자 서둘러서 집으로 돌아왔다. 있었던 일을 아내한테도 말해주고, 정말 운이 좋았다고 둘이서 기뻐했다."라고 서술하고 있는 점과도 대조적이다. 다시 말하자면 [사례 17]에서는 의도적으로 노인이 기뻐하는 모습을 표면에 드러내지 않으려고 궁리한 흔적이 역력하다. 이 점에 관해서 당시 문부성의 교과서 감수관을 역임한 가가미 도라오(各務虎雄)는 다음과 같이 설명하고 있다.

> 본 과는 용모의 미추(美醜)와 관련이 많기 때문에 흥미위주로 한다고는 하지만 경박스럽게 흥미에 빠지지 않도록 세심한 주의를 기울이지 않으면 안 된다. 본 과의 결말을 "할아버지는 꿈을 꾼 것이 아닌가 하고 생각했습니다. 운운"으로 끝을 맺어, 혹을 때인 기쁨을 표면에 들어내지 않고 겨우 좌우 어느 쪽 뺨에도 혹이 달려있지 않다는 것을 반복해 서술하여, 어슴푸레하게 그 기쁨을 상상토록 하는 정도로 그친 취지도 또한 이점에 있는 것이다.[39]

앞의 설명에 따르자면, 〈혹부리 영감〉은 얼굴에 달린 혹이라는 「용모의 미추」와 관련된 이야기이기 때문에, 이 이야기를 「소학독본」에 수록하는 과정에서 "경박스럽게 흥미에 빠지지 않도록 세심한 주의"를 기울인 결과, 내용상의 개작이 가해진 셈이다.

---

39) 各務虎雄(1937 : 126).

일찍이 설화연구자인 이나다 고지(稲田浩二)는 민간에서 전승되던 민담과 그 민담을 재구성한 이른바 「재화(再話)」와의 관계를 가리켜, 각각 「들꽃」과 「조화」에 비유한 적이 있다.[40] 이나다 고지의 표현을 빌자면, 「들꽃」 상태의 〈혹부리 영감〉이 「소학독본」 수록을 계기로 「교육적 견지」가 덧칠해진 「조화」로 탈바꿈한 셈이다.

여기서 우리가 주목할 것은 [사례 17]에 가해진 개작과 같은 이유에서, 일제강점기 조선총독부에서 발행한 보통학교의 「조선어독본」에 수록된 한국의 〈혹부리 영감〉에도 동일한 개작이 그대로 적용되었다는 점이다. 그 개작은 주로 두 가지 측면에서 동시에 행해졌다. 한편으론 「교육적 견지」에 의해 일본의 「소학독본」에 수록된 〈혹부리 영감〉에서 직접적으로 영향을 받았으며, 또 한편으로는 식민지 통치이념에 따라 가해진 새로운 개작이다. 물론 이 두 가지 개작은 결국 같은 성질을 띠고 있다. 이 점에 관해서는 제4장 제4절에서 분석하기로 한다.

4. 일제강점기 보통학교 및 소학교 교과서의 <혹부리 영감>

(1) 「조선어독본」에 수록된 〈혹부리 영감〉

일제강점기 조선총독부에서는 모두 5종의 보통학교용 「조선어독본」을 발행하였다. 「조선어독본」이란 서명 그대로 보통학교에서 조선어를 가르칠 때 사용된 조선어 교과서이다. [표 7]은 이 시기에 발행된 5종의 「조선어독본」을 열거한 것이다. [표 7]을 보면 다음과 같이 3종의 「조선어독본」에 〈혹부리 영감〉이 수록되었다.

40) 稲田浩二(1996 : 10).

① 『보통학교 조선어급한문독본(普通學校朝鮮語及漢文讀本)』 卷二(1915)

: 제24과 및 제25과에 각각 「혹잇는 老人(一)」, 「혹잇는 老人(二)」라는 제목으로 수록

② 『보통학교 조선어독본(普通學校 朝鮮語讀本)』卷二(1923)

: 제16과 및 제17과에 각각 「혹 쎈 이약이(一)」, 「혹 쎈 이약이(二)」라는 제목으로 수록

③ 『보통학교 조선어독본(普通學校 朝鮮語讀本)』卷四(1933)

: 8과에 「혹 뗀 이야기」라는 제목으로 수록

[표 7] 일제강점기 조선총독부에서 발행한 보통학교의 「조선어독본」

서　　명	총 권수	발행연도	〈혹부리 영감〉의 수록
『普通學校學徒用朝鮮語讀本』	8권	1911～12	
『普通學校朝鮮語及漢文讀本』	6권	1915～21	卷二 24・25과
『普通學校朝鮮語讀本』	6권	1923～24	卷二 16・17과
『普通學校朝鮮語讀本』	6권	1930～35	卷四 8과
『初等朝鮮語讀本』	2권	1939～40	

① 『보통학교 조선어급한문독본(普通學校學徒用朝鮮語讀本)』은 조선총독부에서 「제1차 조선교육령」(1911)[41]을 공포한 후, 「조선어」와 「한문」과목을 통합하여 편찬한 교과서이다. 조선어 학자인 고쿠라 신페(小倉進平)[42]가 편수관, 그리고 역사학자인

41) 1911년 8월 23일 칙령 제229호로 공포되었다. 제1장 전문을 본서 제5장 본문에 인용하였다. 「제1차 조선교육령」 전문에 관해서는 朝鮮總督府 『朝鮮彙報』(施政五年共進會記念號, 1915 : 67). 森田芳夫(1987 : 279)를 참조.

오다 쇼고(小田省吾)가 편수과장을 맡아 편찬하였다. 모두 6권으로 구성되었으며, 〈혹부리 영감〉은 권이(1915)의 제24과 및 제25과에 각각 「혹잇는 老人(一)」, 「혹잇는 老人(二)」이라는 제목으로 수록되었다.

② 『보통학교 조선어독본(普通學校朝鮮語讀本)』은 조선총독부에서 「제2차 조선교육령」(1922)을 공포한 후, 다시 「조선어」와 「한문」 과목을 분리하여 편찬한 교과서이다. 모두 6권으로 구성되었다. 이 시기는 3·1운동(1919)을 계기로 조선총독부의 통치 방침이 이른바 「무단정치」에서 「문화정치」로 바뀌던 시기에 해당한다. 〈혹부리 영감〉은 권이(1923)의 제16과 및 제17과에 각각 「혹 뗀 이약이(一)」, 「혹 뗀 이약이(二)」라는 제목으로 수록되었다.

③ 『보통학교 조선어독본(普通學校朝鮮語讀本)』은 모두 6권으로 구성되었다. 1930년부터 1935년까지, 이전에 사용하던 『보통학교 조선어독본』을 1년에 한 권씩 개편한 교과서이다. 이 시기는 만주건국(1932)으로 인한 사회정세의 급격한 변화에 따라, 식민지 조선에서 「내선융합」이나 「내선일체」[43]를 이념으로 하는 제국 일본의 식민지통치가 갈수록 강화되던 시기이다. 〈혹부리 영감〉은 권사(1933)의 제8과에 「혹 뗀 이야기」

---

42) 최근에 이진호·飯田綾織 공편(『小倉進平과 國語音韻論』, 2009, 제이앤씨)으로 그의 한국어 연구관련 대표적인 논고가 소개되었다.

43) 津田剛(1936 : 6)는 한일병합(1910)부터 만주사변에 이르기까지의 동화정책 이념을 「내선융합」, 이후에 전개된 동화정책을 「내선일체」로 구분한다. 어느 용어가 되었든지, 식민지동화정책을 위한 정치적 슬로건이었다는 점에서는 변함이 없다. 본서에서는 주로 「내선일체」라는 용어를 사용한다.

라는 제목으로 수록되었다.

이상, 〈혹부리 영감〉이 수록된 「조선어독본」이 발행된 때의 시대적 배경 및 그 교과서 구성에 대하여 간략하게 서술하였다. 그런데 여기서 주목할 점을 한 가지 발견하게 된다. 즉 모두 5종에 이르는 「조선어독본」 중에서 3종의 「조선어독본」에 〈혹부리 영감〉이 수록되었는데, 이는 조선의 민담으로는 〈혹부리 영감〉이 거의 유일하다는 점이다.[44] 그리고 [표 7]에 들어 있는 『보통학교 학도용 조선어독본(普通學校學徒用朝鮮語 讀本)』은 이전의 『보통학교 학도용 국어독본(普通學校學徒用國語讀本)』(한국어)을 개작한 교과서라는 점, 『초등조선어독본(初等朝鮮語讀本)』은 사실상 교육현장에서 거의 사용되지 않았다는 점 등을 고려한다면,[45] 〈혹부리 영감〉은 일관되게 「조선어독본」에 수록되었다는 사실을 확인할 수 있다. 이 점은 본서의 주제와 관련해서 매우 중요한 의미를 지니고 있다. 〈혹부리 영감〉이 일관되게 「조선어독본」에 수록된 데에는 무언가 특별한 이유가 있었을 것이기 때문이다. 예를 들면 일본의 〈혹부리 영감〉의 경우는, 〈모모타로〉 등과 비교할 때에 일본의 「소학독본」의 교재로 크게 주목받지 못했다는 사실과 대조적이다.

---

44) 『보통학교 조선어급한문독본』 권삼의 제48과와 제49과에 〈흥부전〉이 수록된 것을 제외하면 〈혹부리 영감〉이 유일한 경우이다. 그 〈흥부전〉의 경우도 민간에서 구전되던 민담을 바탕으로 채택했다고는 보기 어렵다.

45) 『초등조선어독본』(1939-1940)은 「제3차 조선교육령」(1938)에 의해 편찬되었다. 이 시기 조선총독부령 제24호(1938) 제13조 규정에 의해 「조선어」는 수의과목으로 전락하였다. 따라서 『초등조선어독본』은 실질적으로 교육현장에서 거의 사용되지 않았다. 이 점에 관해서는 박붕배(1987 : 377)을 참조. 그리고 조선총독부령 제24호에 관해서는 森田芳夫(1987 : 287-288)을 참조.

그 이유를 밝히기 위해서 ①과 ② 그리고 ③에 수록된 〈혹부리 영감〉 내용을 검토하기로 한다. 먼저 ① 『보통학교 조선어급한문독본』에 수록된 사례를 검토한다.

사례18-a

第 二十四課 혹잇는 老人(一)

옛날 어느 山村에 한 老人이 잇섯는대, 그 목에 큰 혹이 달녓섯소. 하로는, 그 老人이 나무를 하러 山에 갓다가, 저물어서 집에 돌아오지 못하고, 길가에 잇는 뷘 집으로 들어가서 자랴고 하얏소. 밤은 점점 깁허지고 사방이 寂寞하야 잠이 오지 아니하는고로 다시 일어안저서 淸淸한 목소리로 ᄌᆞ미잇는 노래를 불으고잇섯소. 그 近處에 잇는 독갑이들이 이 소리를 듯고 모여왓소. 노인은 여러독갑이가 몰녀오는 것을 보고 조곰도 무서워하는 氣色이 업시 노래를 불넛소. 독갑이는 그 노래에 大端히 感動되여 極히 고요하게 듯고 잇섯소. 독갑이들이 한참듯더니, 그 中 괴슈되는 독갑이가 老人을 對 하야뭇되, 「老人은 어듸서 그런 조흔 音聲이 나옵닛가.」 老人의 對答이 「이 목에 달녀잇는 혹속에서 나온다.」하얏소. 괴슈 독갑이는 이말을 듯고 「그러면 그 혹을 나를 주시오.」하면서 여러 가지 寶貝를 내여주고 그 혹을 떼여 갓소.[46]

사례18-b

第 二十五課 혹잇는 老人(二)

노인은 恒常貴치안케 역이던 혹이 ᄯᅥ러지고, ᄯᅩ 貴重한 寶貝가 만히

46) 이 과의 말미에 「練習」으로 다음과 같은 질문이 추가되어 있다. 一. 老人은 웨 山中 뷘집에 들어갓느냐.
二. 老人은 웨 홀로 노래를 불으고 잇섯느냐. 三. 독갑이들은 엇더케 하고 老人의 노래를 듯고 잇섯느냐. 四. 괴슈독갑이와 老人은 무슨 問答을 하얏느냐. 五. 「독갑이들」의 「들」을 너어서 두 마듸의 짤은 글을 지어라.

생긴것을 깃붜하면서 그 잇흔날 아침에 얼즉 집으로 돌아왓소. 그 노인사는 洞里에 목에 큰 혹달닌 老人하나이 쏘 잇는대 그 혹이 업서진 緣由를 듯고 일부러 前老人이 자던 집으로 가서 밤이 들기를 기다려, 노래를 불으고 잇섯소. 밤즁이 되매 果然 독갑이들이 몰녀와서 노래를 ᄌᆞ미잇게 듯고 잇다가, 괴슈독갑이가 그 老人에게 조흔 音聲이 어듸서 나오느냐고 물은즉 老人이 역시 혹에서 나온다고 對答하얏소. 독갑이들이 그 말을 듯고, 日前에도 엇던 老人에게 속엇다하면서, 쎄여두엇던 혹을 그 老人의 한편 목에 붓쳐주고 우스면서 몰녀가버렷소. 이러함으로 俗談에 혹쎄러 갓다가 혹붓첫다하는 말이 생긴것이오.

[사례 18-a]와 [사례 18-b]는『보통학교 조선어급한문독본』에 수록된 〈혹부리 영감〉의 전문이다. [사례 18-a]는 일반적으로 많이 알려진 〈혹부리 영감〉의 전반부이고 [사례 18-b]는 후반부에 해당한다. 이들 사례는 당시 조선의 민간에서 전승되던 〈혹부리 영감〉을 원천으로 하여 그 내용을 적당히 개작하여 수록한 이른바「재화(再話)」이다. 뒤에 소개하는 [사례 19-a]와 [사례 19-b] 그리고 [사례20]의 경우도 이 점에 있어서는 마찬가지이다. 일제강점기「조선어독본」에 수록된 〈혹부리 영감〉의 연구에 있어서는 우선 이 점을 분명히 해둘 필요가 있다. 왜냐하면 종래의 선행연구에서는「조선어독본」에 〈혹부리 영감〉이 수록되기 이전까지, 마치 한국에는 이 이야기가 전승되지 않았던 것처럼 언급되었기 때문이다.[47] 일제강점기에「조선어독본」에 수록된 〈혹부리 영감〉의 원천자료를 당시 조선의 민간에서 전해지던 〈혹부리 영감〉에서 가져왔다는 점에 대해서는, 뒤에 소개

47) 예를 들면 김종대(1994 : 144-147)를 들 수 있다.

하는 『보통학교 조선어독본 권사 편찬취의서(普通學校朝鮮語讀本卷四編纂趣意書)』(1933)에 분명하게 제시되어 있다.

본서 제2장에서 검토한 바와 같이, 한국에는 주로 「도깨비형」과 「장승형」이라는 두 유형의 〈혹부리 영감〉이 전해지고 있었다. 두 유형 중에서 「조선어독본」에는 「도깨비형」의 〈혹부리 영감〉이 채택되어 수록되었다. 그 이유에 관해서는 이미 밝힌 바 있다. 즉 「도깨비형」 쪽의 이야기가 「장승형」보다 일본의 〈혹부리 영감〉과 훨씬 유사하다는 점이 결정적으로 작용하였기 때문이다. 수많은 한국 민담 중에서도 〈혹부리 영감〉, 그 중에서도 「도깨비형」에 속하는 〈혹부리 영감〉이 일본의 〈혹부리 영감〉에 더욱 근접해있다는 이유로 채택되었던 것이다. 다음은 『보통학교 조선어독본』권이에 수록된 〈혹부리 영감〉의 전문을 소개한다.

● 사례19-a

十六 혹 쎈 이약이(一)

넷날 어느 곳에 左便 목에 혹이 달닌 老人이 잇섯는대 하로는 먼 山 으로 나무를 하러 갓다가 날이 저물어서 길 가의 뷘집으로 들어가 쉬고잇섯소. 밤은 깁허 적막하고 잠은 오지 안는 고로 목청 조케 노래를 불넛소. 그 째 독갑이들이 몰녀와서 ᄌᆞ미 잇게 듯드니, 괴슈 독갑이가 그 老人에게 그런 조흔 소리가 어듸서 나오느냐고 물엇소. 老人은 텬연스럽게 내 목에 달닌 혹에서 나온다고 (시)답하얏소. 독갑이가 그러면 그 혹을 내게 팔으시오 하며, 보패을 만이 주고, 그 혹은 그만 감쩍갓치 쩨여갓소.

사례19-b

十七 혹 쎈 이약이(二)

그 老人은 그 귀치안튼 혹이 쩔어지고, 보패어든 것을 깃붜하야, 일즉이 집으로 돌아와서 자랑하얏소. 그 老人사는 洞里에 右便목에 혹 달닌 老人하나이 쏘 잇는대, 그 혹 쎈 말을 듯고 부러워하야 그 뷘 집을 차저가서, 밤 들기를 기다려, 노래를 하얏소. 果然 독갑이들이 몰녀와서, 老人에게 당신의 노래소리는 어듸서 나오느냐고 물엇소. 老人은 것침업시 내 목에 달닌 혹에서 나온다고 ㈀답하얏드니, 독갑이들이 성을 내며, 어제밤에도 엇던 老人에게 속앗지하며, 쎄여두었든 혹을 그 老人의 右便목에 뭇쳐서 쌍혹부리를 만들어주고, 웃으면서 어듸로 몰녀가버렷소.

이럼으로, 혹 쎄러 갓다가 혹 붓쳣다 하는 말이 잇소.

[사례 19-a]와 [사례 19-b]는 앞의 [사례 18-a]와 [사례 18-b]의 경우와 마찬가지로 각기 전반부와 후반부로 나누어 두 과에 수록하였다. 전반부는 목에 혹이 달린 노인이 도깨비에게 혹을 떼어받은 성공담이며 후반부는 같은 동리에 사는 노인이 주인공을 흉내 내다 실패한 실패담이다.

이들 [사례 18]과 [사례 19]를 각각 전반부와 후반부로 나누어 두 과에 수록한 형식은 일본의 「소학독본」에 수록되었던 [사례 16-a] 및 [사례 16-b]의 경우와 유사하다. 단 [사례 19-a]와 [사례 19-b]의 등장인물이 「왼쪽 목에 혹이 달린 노인 : 오른쪽 목에 혹이 달린 노인」하는 식으로 등장인물의 대립상이 명확한 반면, [사례 18-a]와 [사례 18-b]는 대립상이 명확하지 않다. [사례 18]에서는 전반부와 후반부 두 노인 모두 목에 혹이 달려 있다고

만 서술되어 있다. 이 점으로 미루어볼 때에 [사례 18]보다도 [사례 19]쪽이 [사례 16]에 더욱 근접해있다고 볼 수 있다.

[사례 18]과 [사례 19]은 이야기 말미 부분이 각각 "이러함으로 俗談에 혹떼러 갓다가 혹붓쳣다하는 말이 생긴것이오." "이럼으로, 혹 떼러 갓다가 혹 붓쳣다 하는 말이 잇소."라는 구절로 끝을 맺고 있다. 다시 말하자면 두 사례 모두 마치 속담의 유래담과 같은 이야기 형식이다. 이 같은 형식은 일본의 「소학독본」에 수록되었던 [사례 16]의 말미가 "다른 사람을 부러워하는 사람을 경계하려고 옛날 사람이 이야기를 전했다."라는 구절로 끝을 맺고 있는 것과 유사한 형식이다. 이 점을 고려한다면 〈혹부리 영감〉이 「조선어독본」에 수록되는 과정에서 일본의 「소학독본」에 수록된 〈혹부리 영감〉, 더욱 정확하게 말하자면 중세설화집 『우지슈이 모노가타리』와 같은 형식을 갖추기 위해서 새롭게 속담이 추가된 것으로 볼 수 있다. 즉 [사례 18]과 [사례 19]는 [사례 16]을 염두에 두고, 이야기 말미에 속담의 유래담과 같은 형식을 취했던 것이다. 그 증거로 앞서 소개한 다카하시 도오루의 『조선의 이야기집 부이언』(1910), 야마사키 히시로의 『조선의 기담과 전설』(1920), 조선총독부의 『조선동화집』(1924) 등에 수록된 〈혹부리 영감〉을 보면 그 어디에도 속담의 유래에 관해서 언급되어 있지 않다.

[사례 18] 및 [사례 19]가 일본의 「소학독본」에 수록된 〈혹부리 영감〉을 참고로 하여 성립되었다는 더욱 명백한 증거를 제시하기로 한다. 「조선어독본」에 이야기 본문과 함께 들어있는 삽화를 주목하기로 한다.

[그림 4] 『심상소학독본』권일(1909)에 수록된 〈혹부리 영감〉의 삽화

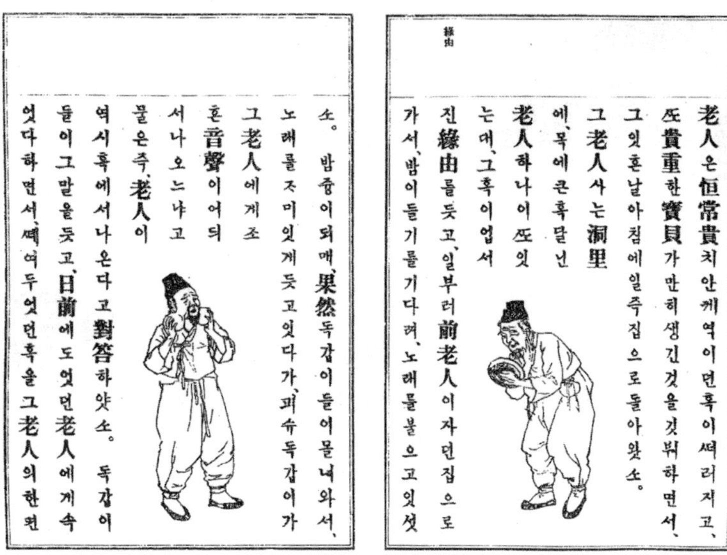

[그림 5] 『보통학교 조선어급한문독본』권이(1915)에 수록된 〈혹부리 영감〉의 삽화

[그림 4]는 앞서 소개한 일본의 『심상소학독본』권일(1909)에 수록된 〈혹부리 영감〉의 본문과 함께 들어있는 두 장의 삽화이다. 오른쪽 그림은 오니에게서 혹을 떼어 받은 노인이 기뻐하는 표정으로 거울을 들여다보면서 확인하는 장면이다. 왼쪽 그림은 반대로 혹이 두 개가 되어버린 노인이 양쪽 혹을 붙들고 울상을 짓고 있는 장면이다

[그림 5]는 『보통학교 조선어급한문독본』권이(1915)에 수록된 〈혹부리 영감〉, 즉 [사례 18]에 본문과 함께 들어있는 두 장의 삽화이다. [그림 4]와 마찬가지로, 도깨비에게서 혹을 떼어 받고 거울을 들여다보며 기뻐하는 노인과 혹이 두 개가 되어 혹을 붙들고 울상을 짓고 있는 노인이 그려졌다. [그림 4]와 [그림 5]를 대조해 보면, 구태여 설명이 필요 없을 정도이다. 다시 말하자면 [그림 4]를 참고로 하여 [그림 5]가 성립하였음을 쉽게 알아차릴 수 있다. 삽화의 노인들이 걸치고 있는 의상 및 신발, 허리에 차고 있는 주머니, 얼굴표정, 허리를 구부리고 거울을 들여다보는 자세에 이르기까지 완벽하게 일치한다. 단지 차이가 있다면 걸치고 잇는 의상 등이 일본 것과 한국 것이라는 차이가 있을 뿐이다. 이 양쪽의 삽화만을 대조해 보아도, 「조선어독본」에 수록된 〈혹부리 영감〉은 일본의 「소학독본」에 수록된 〈혹부리 영감〉으로부터 많은 영향을 받았음을 확인할 수 있다.

그렇다면 『보통학교 조선어독본』권이에 수록된 즉 [사례 19]의 경우는 어떠할까? [그림 6]은 [사례 19]의 본문과 함께 들어있는 삽화이다. 도깨비에게 혹을 하나 더 붙이게 된 노인이 울상을 짓고 있는 장면이다. 그 노인의 뒤로 사라져 가는 도깨비

의 모습이 그림자처럼 그려져 있다. [그림 6]에 등장하는 노인은 걸치고 있는 의상 및 신발, 허리에 차고 있는 주머니, 얼굴표정 등이 [그림 5]에 등장하는 주인공과 거의 유사하다. 즉 [그림 6]의 경우도 [그림 5], 정확하게는 그 이전의 [그림 4]와 밀접한 관련이 있다는 사실을 알 수 있다.

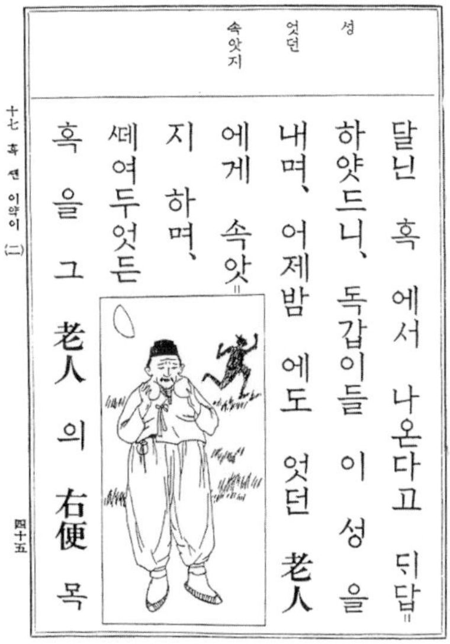

[그림 6] 『보통학교 조선어독본』권이(1923)에 수록된 〈혹부리 영감〉의 삽화

『보통학교 조선어독본』권이(1923)에 수록된 〈혹부리 영감〉의 삽화인 [그림 6]에서 한 가지 재미있는 사실을 발견하게 된다. 즉 [그림 6]을 보면 노인의 목 좌우에 혹이 하나씩 달려 있다. 그리고 노인이 양손으로 좌우의 혹을 붙들고 있는 모습으로 묘사되어 있다. 그런데 이 모습은 [사례 19]의 본문 내용과 일치하지 않는다. [사례 19]의 본문을 읽어보면 "오른쪽 목에 혹이 붙

어있는" 노인이, 다시 "오른쪽 목에 혹을 붙이고" 말았다고 서술되어 있다. 즉 본문 내용에 충실한 삽화라면 오른쪽 목에 혹을 두 개 붙이고 울상을 짓고 있는 노인 모습으로 그려졌어야 하는 셈이다. 사소한 실수를 지적하는 듯하지만, 이 점은 간과할 수 없다. 왜냐하면 일본의 「소학독본」에 수록된 〈혹부리 영감〉을 참고하여 「조선어독본」에 〈혹부리 영감〉을 수록하는 과정에서 발생한 모순이기 때문이다. 어째서 본문 내용과 일치하지 않는 삽화가 그려졌을까? 그 이유는 두 가지로 생각할 수 있을 것이다. 단순하게 생각해서 본문을 집필한 집필자의 실수일 수 있고, 혹은 삽화를 그린 화가의 실수일 수 있다. 일반적으로 본문이 먼저 집필되고 그 본문 내용에 맞게 삽화가 그려지는 교과서 제작과정을 생각한다면 화가의 실수로 보아야 할 것 같다.

사례20 第八 혹 뗀 이야기

옛날어느곳에 목에 커다란 혹이 달린 老人이 잇섯습니다. 하로는 깊은 山中으로 나무를 하러 갓다가 어느덧 날이 저물엇습니다. 四方은 점점 어두어가고 山길은 험하야, 方向를 잡을수가 업서서 이리저리 헤매는 中, 마침 외딴 빈 집을 맛낫습니다. 老人은 대단히 깃버하며 「아, 되엿다. 오날 밤은 여긔서 쉬자.」하며, 그집으로 들어갓습니다. 窓은 다 미여지고 壁은 떨어저서 퍽더러운 집이나, 한데서 새우기보다는 나앗습니다. 老人은 매우 지쳐서 그대로 쓰러저 자랴하얏스나, 웬일이지 잠이 오지 아니함으로 하는수 업시 다시 일어나 앉엇습니다. 四方은 고요하야 바람소리하나 들을수 업고 이여진 窓구녕으로 늦게 뜬 밝은 달이 방안을 비첫습니다. 「아, 달도 밝다. 노래나 한마듸 불러볼가.」 老人은 이러케 혼자 중얼거리며 뒤편기동에 기대여서 가만이 눈을 감고 노래를 부르기 시작하얏습니다. 그 소리는 마치 류리반에 玉을 굴리는 듯 하야 老人의 목청이라고 할 수 업슬 만치 청청하얏습니다.

말업는 靑山이오, 태업는 流水로다.
값업는 淸風이오, 임자업는 明月이라.
이 中에 病업는 몸이, 분별업시 늙으리라.(노래1, 필자)

마침 그때 엿습니다. 별안간 뚜벅뚜벅 발자국 소리가 나며, 無數한 독가비들이 몰려왓습니다. 老人은 깜짝 놀라 달아나랴 한즉 괴수되는 독가비가 老人의 소매를 잡으며, 말하얏습니다. 「령감, 놀랄것업습니다. 우리들은 령감의 노래를 들으러 왓스니 노래 한마듸 더 들려주십시오.」 이 말을 들은 老人은 그제야 安心하고 다시 자리에 앉어서, 노래를 불럿습니다.

泰山이 높다하되, 하날 아래 뫼이로다.
오르고 또 오르면, 못 오를 理 업것마는
사람이 제 아니오르고, 뫼만 높다 하더라.(노래2, 필자)

독가비들은 精神업시 노래를 듯다가 때때로 조은 句節에 가서는 「조타.」, 「잘한다.」 하고 무릎을 처서 장단을 맞추는 者도 잇섯습니다. 노래가 끝나자 손벽을 치며 「한번더」 「한번더」 하고 請합니다. 그래서 老人은 다시 노래를 시작하얏습니다.

가마귀 싸호난곳에 白鷺야 가지마라.
성낸가마귀, 흰빛을 새오리라.
淸江에 조이씻은몸, 더러일가하노라.(노래3, 필자)

독가비들은 점점 흥이 나서, 모다일어나 춤을 추는데 그 손짓발짓은

形言할 수 업시 웃으웟습니다. 노래가 끝난 뒤에괴수독가비가 老人의 앞으로 와서, 「령감, 고맙습니다. 참자미잇습니다. 이와 갈치, 마음이 爽快하야 본적은 업섯습니다. 대체 그런 고은 소리가 어듸서 나옵닛가.」하고 물엇습니다. 「목에서 나오는 것일세.」 하고 老人이 對答한즉, 「령감 거짓말슴 마시오. 普通소리 같으면 목에서 나온다고 하겟지마는 그런 조은 소리는 決코 목에서 나오지 안을것이오, 령감의 그 커다란 혹에서 나오는 것이 아닙닛가.」 「이 혹에서....그럴가.」 「네 꼭 그러타고 생각합니다. 령감 어렵습니다만 그 혹을 우리들에게 주지 안으시랍닛가. 주신다면 저이들도 禮物을 만이 드리겟습니다.」 「이 혹을....」 「네.」 「글세나도 항상 귀치안케 여기는 것이닛가 주어도 相關없지만 아퍼서 엇더케 떼여주나」 「아니올시다. 그것은 조곰도 걱정마십시오. 우리들이 뗄 것같으면 조곰도 아프지 안습니다.」 「정말그러켓나.」 「그러코말고요.」 하며, 독가비들은 老人의 혹을 감쩍같치 떼여 가지고 어듸론지 몰려가버렷습니다. 혼자 남은 老人은 혹 붙엇든 자리를 만지면서 독가비들잇든 곳을 살펴보니 거긔에는 훌륭한 금은보배가 만이 잇섯습니다. 老人은 지금까지 귀치안케 여기든 혹이 업서젓슬뿐 아니라 금은보배까지 만이 얻엇슴으로 여간깃버하지 안앗습니다. 그래서 추는 줄도 모르게 춤을 추며 또 노래를 불럿습니다.

노래란 조은것 노래 불러라.
독가비들까지도 춤을 추누나.
노래란 조은것 노래불러라.
銀방맹이 金방맹이 혹값이라네.(노래4, 필자)

[사례 20]은 『보통학교 조선어독본』권사(1933)에 수록된 〈혹부리 영감〉의 전문이다. 길지만 내용분석을 위해서 전문을 그대로 인용하였다. [사례 20]을 보면 〈혹부리 영감〉의 전반부만이 수록되었다. 우선 이 점에 있어서 일본의 「소학독본」에 수록

된 [사례 17]의 체재와 유사하다. [사례 17]과 마찬가지로, 이야기의 전반부만이 수록되었음에도 불구하고 이야기의 분량은 [사례 18] 및 [사례 19]보다도 훨씬 길어졌다. 노인과 도깨비가 주고받은 대화 부분이 늘어났고, 양자가 교섭하는 과정을 세밀한 부분에 이르기까지 구체적으로 묘사하고 있다. 즉 [사례 20]의 집필자가 이야기 내용을 더욱 재미있게 구성하려고 여러모로 문예적 기교를 가했다고 볼 수 있다. 이 점에 있어서 [사례 20]은 일본의 [사례 17]에 매우 근접해 있음을 알 수 있다. 앞서 고찰한 바와 같이, [사례 17]에서 이와 유사한 개작을 확인할 수 있었다. 실제로 [사례 17]이 수록된 일본의 『소학국어독본』(1933)과 [사례 20]이 수록된 『보통학교 조선어독본』권사(1933)는 출판 연도도 같으며, [사례 17]에서 [사례 20]으로의 영향관계는 의심의 여지가 없다. 그럼 [사례 20]을 교과서에 수록하는 과정에서 어떤 부분을 새롭게 개작하였는지 그 구체적인 양상을 검토하기로 한다.

본 과는 조선의 전래동화에서 채택한 것이다. 단 교육적 견지에서 고려하여 전래동화에 약간의 개작을 가하였다. 예를 들면 이야기의 후반부를 생략한 점, 아름다운 목소리가 혹에서 나온다는 것을 노인이 말하지 않고 오바케(お化け)가 말하게 한 점, 노인이 부른 노래로 시조 및 동요를 집어넣은 점 등이 그것이다. 시조 3편은 그 어느 것이나 오늘날 인구에 회자되고 있는 것이다. 첫 번 째 「말업는 靑山이오……」 노래는 성혼(成渾)의 작품이라고 한다. 성혼은 자를 호원(浩源) 호를 우계(牛溪)라 하며 경상남도 창녕 사람이다. 퇴계 율곡에 견줄만한 학자로 중종 30년(皇紀 2195년)에 태어나 선조 31년(皇紀 2258년) 64세로 사망했다. 관직이 좌참찬에 이르고, 시호(諡號)는 문간(文簡)으로 문묘에 모셔졌다. 두 번째 「泰山이 높다하되……」 노래는 보통 이이의 작품이라 일컬어지나 혹은 양사언 혹은 조덕중의 작품이라는 설도 있다. 이이는 자를 숙헌(叔獻) 호를 율곡 또는 석담(石潭)이라 불렀다. 조선에서 가장 저명한 학자이다. 경기도 사람으로 중종 31년(皇紀 2196년)에 태어나 선조 17년(皇紀 2244년)4 9세로 사망했다. 앞에서 말한 성혼과는 생전에 서로 허물없이 가장 친하게 지내던 사이이다. 관직은 찬성에 이르고, 시호는 문성(文成)으로 문묘에 모셔졌다. 양사언은 자를 응빙(應聘) 호를 봉래(蓬萊)라 하였다. 시와 서에 능하고 일대의 기골로 이름을 떨쳤던 인물이다. 중종 12년(皇紀 2177년)에 태어나 선조 17년(皇紀 2244년)에 68세로 사망하였다. 관직은 부사에 그쳤다. 조덕중은 영조묘의 병사(兵使)이다. 마지막 「가마귀 싸호난곳에……」 노래는 고랴말의 학자이자 충신인 정몽주 어머니 이씨의 작품이라고 한다.[48)]

앞의 인용문은 조선총독부에서 펴낸 『보통학교 조선어독본 권사 편찬취의서(普通學校朝鮮語讀本卷四編纂趣意書)』(1933) 중에서 〈혹부리 영감〉의 개작 이유 및 그 구체적인 내용에 관해서 언급한 대목이다. 우선 「교육적 견지」에서 전래동화에 개작을 가했다는 점에 관해 언급한 후에, 구체적으로 세 가지 개작 내용을 제시하며 설명하고 있다. 그리고 세 번째 개작 요소인 노래의 출전에 관해서도 밝히고 있다.

이 자료에서 제시한 세 가지 개작은 〈혹부리 영감〉이 교과서에 수록되는 과정에서 어떻게 개작되었는가를 확인할 수 있는 결정적인 단서이다. 그 중에서 "이야기의 후반부를 생략한 점"에 관해서는 이미 앞에서 검토하였으므로 여기서는 생략하기로 한다. 나머지 두 가지 점에 초점을 맞추어 검토하기로 한다.

두 번째 개작 이유를 주목하기로 한다. 앞의 인용문에는 노인에게 "아름다운 목소리가 혹에서 나온다고 말하게 하지 않고

---

48) 朝鮮總督府編 『普通学校朝鮮語読本巻四編纂趣意書』(1933 : 6-7).

오바케(お化け)에게 말하도록 했다."라고 되어 있다. 그리고 그 이유는 「교육적 견지」에 의한 것으로 되어 있다. 왜 이 점이 「교육적 견지」와 관련이 있는 것일까? 이유는 의외로 단순하다. 즉 노인 쪽에서 먼저 "아름다운 목소리가 혹에서 나온다."라고 말하는 것은 결과적으로 노인이 거짓말을 한 셈이 되며, 『보통학교 조선어독본』 권사의 편찬자가 「교육적 견지」에서 볼 때에, 비록 상대방이 인간이 아닌 오바케(お化け)[49]일지라도 거짓말을 하는 것은 옳지 않다고 판단했던 것이다. 이 같은 편찬자의 인식이 너무 단순하고 일면적이라는 점은 너무도 자명하다. 민담의 세계에서는 흔히 「거짓말도 방편(うそも方便)」[50]으로 작용하기 때문이다. [사례 20]에 등장하는 주인공 노인의 「거짓말」은 민담에서 흔히 동원되는 「기만(欺瞞)」[51]이라는 모티브에 해당한다. 「거짓말」은 옳지 않다는 「교육적 견지」에서, 민담에 흔히 등장하는 「기만」이라는 모티브를 제거하거나 변형시킨다면 민담의 본래적 재미가 크게 줄어들 수밖에 없을 것이다.

이어서 세 번째 개작 경우를 검토하기로 한다. 인용문에서 밝히고 있는 것처럼, [사례 20]에는 원래 〈혹부리 영감〉에 포함되지 않았던 시조 3편이 삽입되었다. 그 밖에도 출전을 밝히지 않은 노래([노래 4])가 1편 더 첨가되었다. 그런데 "노인이 부른 노래로 시조 및 동요를 집어넣은 점"이 과연 「교육적 견지」에

49) 일본어로 요괴라는 말과 거의 같은 의미로 사용된다. 여기서는 도깨비를 가리킨다.

50) 稲田浩二(1996 : 27).

51) 민담에서 자주 확인되는 기만(欺瞞) 모티브에 관해서는 アラン・ダンダス, 池上嘉彦譯(1980 : 118-124)를 참조.

서 볼 때에 합당한 개작이었던 것일까? 물론 한국형 〈혹부리 영감〉에서 중요한 대목 중의 하나인, 노인이 노래하는 장면을 그저 「노인이 노래를 불렀다.」라고 표현하는 것보다는, 구체적으로 노래 가사를 삽입하는 쪽이 독자들의 흥미를 더욱 유발할 수가 있었을 것이다. 그렇지만 [사례 20]이 보통학교용 교과서에 수록되었다는 점을 고려한다면, 여기 첨가된 시조의 내용들로 볼 때에 반드시 합당하다고는 볼 수 없다.

[사례 20]에 새로 첨가된 4편의 노래 중에서 3편은 오늘날 한국에서도 잘 알려진 시조이다. 앞서 인용한 『보통학교 조선어독본 권사 편찬취의서』에서 그 출전을 밝히고 있기 때문에 여기서는 [노래 4]를 중심으로 그 내용을 검토하기로 한다.

[노래 4]는 교과서 편찬자가 『보통학교 조선어독본』 권사에 〈혹부리 영감〉을 수록하는 과정에서 새롭게 창작한 것으로 여겨진다. 노인이 도깨비에게 혹을 떼어 받고 보물까지 수중에 넣은 기쁨을 노래하고 있다. 얼핏 보아 이야기의 내용과 잘 연결이 되는 것처럼 보인다. 그러나 주의 깊게 살펴보면 [노래 4]의 가사는 이야기 내용과 들어맞지 않는 부분이 있다. 즉 [노래 4]의 말미에 "銀방맹이 金방맹이 혹값이라네."라는 가사 부분이다. [사례 20]의 본문에는 단지 "금은보배"라고만 서술되어 있을 뿐으로, 그 어디에도 "銀방망이 金방망이"가 언급되어 있지 않다. "銀방망이 金방망이"가 돌연히 등장한 것이다. 본서에서 고찰한 바와 같이, "은방망이, 금방망이"는 〈도깨비 방망이〉 이야기와 직결되는 모티브이다. 원래 〈혹부리 영감〉과는 연결되지 않는 모티브이다.

결론적으로, [사례 20]에 새롭게 삽입된 4편의 노래, 특히 그 중에서도 [노래 4]의 경우는 이야기의 내용과 어울리지 않는다. 물론 독자들의 흥미를 유발한다는 측면에서는 분명 효과가 있었겠지만, 오늘날의 관점에서 보자면 「엉터리」라는 느낌을 지울 수가 없다. 그런데 그냥 「엉터리」라고 웃어넘길 수 없는 이유가 있다. 왜냐하면 [사례 20]과 같은 형식, 즉 노래 가사가 삽입된 〈혹부리 영감〉이 일종의 「원형」으로 간주되어, 조선의 〈혹부리 영감〉에 결정적인 영향을 미쳤기 때문이다. 즉 노래 가사가 포함된 [사례 20]과 같은 형식의 〈혹부리 영감〉은 해방 후 오늘날에 이르기까지 어린이용 동화집 등을 통해서 빠른 속도로 확산되었다. 이 문제에 관해서는 본서의 제5장에서 본격적으로 다루기로 한다.

지금까지 일제강점기 보통학교용 「조선어독본」에 수록된 〈혹부리 영감〉의 사례 3편을 대상으로 교과서 수록과정에서 행해진 체재상의 개작 양상에 관하여 고찰하였다. 그 개작은 주로 두 방향으로 진행되었다. 첫째는 일본의 「소학독본」에 수록된 〈혹부리 영감〉의 영향에 의한 개작이다. 「조선어독본」은 일본의 「소학독본」과 불가분의 관계로 「소학독본」과 연동하여 편찬되었다. 그 때문인지 「조선어독본」의 〈혹부리 영감〉도 「소학독본」의 〈혹부리 영감〉과 밀접하게 관련되어 있었다.

둘째 이른바 「교육적 견지」 등의 이유로 「조선어독본」 수록 〈혹부리 영감〉에 새롭게 가해진 개작이다. 교과서라는 텍스트의 특성상, 교과서 편찬자들이 민간에서 전승되는 원화를 그대로 수록하기가 곤란하다고 판단된 경우, 가차 없는 개작이 가해졌다. 전자를 하드 부분에 있어서의 개작라고 한다면, 후자의 경우는 소프트 부분에 있어서의 개작이라고도 할 수 있겠다.

(2) 「국어독본」에 수록된 〈혹부리 영감〉

여기서는 조선총독부에서 발행한 「국어독본(國語讀本)」에 수록된 〈혹부리 영감〉에 대해서 분석하기로 한다. 조선총독부의 「조선어 금지」 교육정책에 따라 보통학교의 「조선어독본」에서 사라진 〈혹부리 영감〉은 「국어독본」(일본어)에 다시 수록되기에 이른다. 즉 〈혹부리 영감〉은 『보통학교 조선어독본』 권이(1933)를 마지막으로 교과서에서 사라졌는데, 이번에는 『초등국어독본(初等國語讀本)』 권이(일본어, 1939)에 수록되었다.

조선총독부에서 발행한 『초등국어독본』은 모두 12권으로 구성되었다. 〈혹부리 영감〉은 그 중에서 권이 11과에 「혹떼기(コブトリ)」라는 제목으로 수록되었다. 〈혹부리 영감〉이 「조선어독본」에서 사라지고 「국어독본」(일본어)으로 이동하여 수록된 배경에는, 이 시기에 발행된 『초등조선어독본(初等朝鮮語讀本)』(1939)이 교육현장에서는 거의 사용되지 않았다는 점과 밀접하게 관련이 있다. 당시 「국어」(일본어)교육의 보급에 따라 자동적으로 조선어교육은 쇠퇴하였고, 그 결과 『초등조선어독본』도 모두 2권으로 구성하는데 그쳤기 때문이다. 이 점을 보더라도 당시의 교과서 편찬자들 사이에서 〈혹부리 영감〉이 얼마만큼 중요한 의미를 지니고 있었는지를 알 수 있다. 우선 『초등국어독본』(일본어)에 수록된 〈혹부리 영감〉의 전문을 소개하기로 한다.

사례21

오른쪽 빰에 커다란 혹이 달린 할아버지가 있었습니다. 어느 날 산에서 나무를 자르고 있는데 비가 주룩주룩 내렸습니다. 할아버지는 나무 구멍 속으로 들어가 비가 그치는 것을 기다렸습니다. 할아버지는 어느 틈엔가 잠이 들었습니다. 눈을 떴을 때는 이미 밤으로 비는 완전히 개어 있었습니다. 할아버지가 들어가 있는 나무 앞을 보았더니 많은 오니가 모여 있었습니다. 파란 오니와 빨간 오니가 장작불 주위에서 춤을 추고 있었습니다. 모든 오니들이 대장 오니에게 인사를 하고서는 교대로 일어서서 춤을 추었습니다. 할아버지는 춤추는 것을 매우 좋아했습니다. 보고 있자니 자신도 춤을 추고 싶어서 견딜 수가 없었습니다. 무서운 것도 잊은 채 나무 구멍 속에서 뛰쳐나왔습니다. 오니들은 깜짝 놀랐습니다. "저건 뭐야" "저건 뭐야" 하면서 떠들어 댔습니다. 할아버지는 개의치 않고 노래를 부르면서 열심히 춤을 추었습니다. 오니는 "이거 재미있는데" "이거 재미있는데" 하면서 손뼉을 치며 칭찬했습니다. 대장 오니는 할아버지에게 "앞으로도 가끔 와서 춤을 추시오" 하고 말했습니다. 할아버지는 "알겠소. 다음번에는 더 멋진 춤을 보여주겠소. 하고 말했습니다. 대장 오니는 매우 기뻐했습니다. 그런데 할아버지가 정말로 또 올지 어쩔지 알 수 없다고 생각 했습니다. 모두가 의논 끝에 "다음번에 올 때까지 할아버지 오른쪽 빰에 달린 혹을 맡아 두겠소. 하고 말했습니다. 할아버지는 "이것은 매우 소중한 혹이오. 맡길 수가 없소" 하면서 아까운 척 했습니다. 대장 오니는 "할아버지가 아까워하는 것을 보면 무척 소중한 것임에 틀림없다"고 생각했습니다. 그래서 혹을 떼내고 말았습니다. 날이 샜습니다. 오니는 어디에도 없었습니다. 할아버지는 꿈을 꾼 것이 아닌가 하고 생각했습니다. 오른쪽 빰을 만져보았습니다. 왼쪽 빰을 만져보았습니다. 오른쪽 빰에도 혹이 없었습니다. 왼쪽 빰에도 혹이 없었습니다.[52)]

52) 『初等國語讀本』卷二(1939) 수록. 일본어 원문은 본서 부록편에 수록하였다.

[사례 21]을 읽어 보면 본서 어디선가 소개한 〈혹부리 영감〉과 동일하다는 사실을 알 수 있다. [사례 21]은 일본의 『소학국어독본』권이(1933, 문부성편)에 수록되었던 〈혹부리 영감〉, 즉 [사례 17]이 그대로 『초등국어독본』 권이(1939, 조선총독부편)에 수록되었다.[53] 두 사례 사이에는 단지 가타카나 표기 및 서술에 있어서 약간 차이가 보일 뿐이다. 이 가타카나 표기상의 차이점에 관해서 『교사용 초등국어독본 권이(教師用 初等國語讀本 卷二)』(조선총독부편, 1939)에 구체적으로 제시되어 있다. 예를 들면 [사례17]의 일본어 가타카나 표기 "호호(ホホ)"가 [사례 21]에는 "호오(ホオ)", [사례 17]에는 "アリマシタ"로 표기되었으나 [사례 21]에는 "イマシタ"로 표기되어 있다는 점 등을 들 수 있다.[54] [사례 21]에 본문과 함께 삽입된 3장의 삽화도 [사례 17]에 사용된 삽화와 동일하다.

여기서 주목할 것은 『초등국어독본』 권이에 수록된 [사례 21]의 〈혹부리 영감〉은 당시 이 교과서로 교육을 받은 조선인들에게 어떤 영향을 끼쳤는가하는 점이다. 결론을 말하자면, [사례 21]로 인해 당시 조선인들 사이에서는 한국형과 일본형 〈혹부리 영감〉이 겹쳐져서 구별이 어렵게 되었다. 혹은 양자를 구태여 구별해야할 의미를 상실했다고도 말할 수 있겠다. 이 점에 관해서 『교사용 초등국어독본 권이(教師用 初等國語讀本 卷二)』

53) 이 점에 관해서 朝鮮總督府編 『教師用初等国語読本卷二』(1939b : 128)에 "본 과는 문부성 편찬 『소학국어독본』 권이에서 전재하였다.(本課は文部省編纂 『小學國語讀本』 卷二から転載した)"라고 분명하게 밝히고 있다.

54) 본문에서 소개한 자료에는 양쪽의 표기상의 차이에 관해서 8항목으로 나누어 구체적으로 적시하였다. 참고로 일본어 '호오(ホオ)'는 '뺨'이라는 뜻이다.

(1939)에 다음과 같은 언급이 있다.

> 본 과는 용모의 미추(美醜)와 관련되기 때문에 자칫하면 아동들의 쾌활함과 순정(純正)을 해칠 염려가 있다. 이 점에 관해서 문부성 가가미(各務) 감수관이 언급한 주의 사항을 인용해둔다. 본 과는 용모의 미추 와 관련이 많기 때문에 흥미위주로 한다고는 하지만 경박스럽게 흥미에 빠지지 않도록 세심한 주의를 기울이지 않으면 안 된다. 본 과의 결말을 "할아버지는 꿈을 꾼 것이 아닌가 하고 생각했습니다. 운운"으로 끝을 맺어, 혹을 때인 기쁨을 표면에 들어내지 않고 겨우 좌우 어느 쪽 빰에도 혹이 달려있지 않다는 것을 반복해 서술하여, 어슴푸레하게 그 기쁨을 상상토록 하는 정도로 그친 취지도 또한 이점에 있는 것이다. **혹부리 영감 이야기는 조선에도 있다. 그 이야기는 이 혹부리 영감(즉 [사례 21], 필자)과는 조금 형태가 다르다. 아동들이 그런 점에 관해 의문을 갖는 경우에는 어느 쪽이든 긍정하고 "그런 식으로 이야기되기도 한다." 하는 식으로 다루는 것이 좋다.**[55] (강조, 필자)

앞의 인용문에 등장하는 "가가미(各務) 감수관"은 당시 일본 문부성의 교과서 감수관을 역임한 가가미 도라오(各務虎雄)를 가리킨다. 그리고 인용문에서 인용하고 있는 "가가미(各務) 감수관이 언급한 주의 사항"에 관해서는 이미 본서에서 인용하였다. 즉 [사례 17]이 일본의 「소학독본」에 수록되는 과정에서 가해진 개작 양상을 고찰하는 과정에서 인용하였다.[56]

인용문 밑줄 부분 분장에서 확인할 수 있는 것처럼, 이 무렵부터 조선인들 사이에서는 한국과 일본의 〈혹부리 영감〉의 구별이 어렵게 되었다. 이전에 「조선어독본」에 수록 되었던 〈혹부리 영감〉도 내용 및 형식에서 일본의 「소학독본」에 수록되었

55) 朝鮮總督府編『教師用初等国語読本巻二』(1939b : 131-132).

56) 본서의 121쪽 참조.

던 〈혹부리 영감〉의 영향을 크게 받았지만, 「조선어독본」의 경우는 조선의 민간에 전승되던 이야기를 원화(原話)로 하여 재구성되었다. 그런데 『초등국어독본』 권이에 수록된 [사례 21]의 경우는 일본의 『소학국어독본』 권이에 수록되었던 〈혹부리 영감〉을 그대로 전재(轉載)하였다. 그 결과 당시 조선인들 사이에 양자가 겹쳐져서 더 이상 구별하는 것조차 어렵게 되었던 것이다.

지금까지 일본의 「소학독본」, 그리고 일제강점기 조선총독부에서 발행된 「조선어독본」 및 「국어독본」(일본어)에 수록된 〈혹부리 영감〉의 텍스트 비교분석에 근거하여, 일제강점기에 교과서라는 근대적 매체에 수록된 〈혹부리 영감〉의 영향관계를 구체적으로 입증하였다. 다음 [그림 7]은 그 과정을 알기 쉽게 정리한 것이다.

한 가지 더 본서에서 밝히고자 하는 중요한 과제가 남아있다. 즉 조선총독부 더욱 정확히는 당시의 교과서 편찬자들은 어떤 의도에서 조선의 〈혹부리 영감〉을 채택하여 「조선어독본」 및 「국어독본」(일본어)에 집중적으로 수록하였을까 하는 문제이다. 다시 말하자면 조선총독부 위정자들은 〈혹부리 영감〉의 어떤 점을 특히 주목하였을까? 이 점에 관해서는 이미 본서 여러 곳에서 「내선일체」라는 이데올로기와 밀접하게 관련이 있음을 지적하였다. 다음 장에서 이 점에 관해서 본격적으로 규명해 가기로 한다.

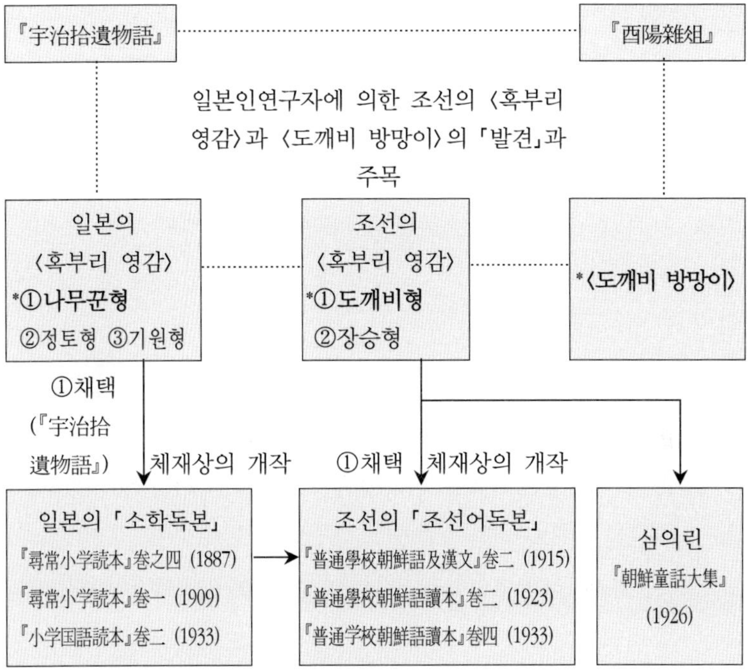

→ 선 : 영향관계의 방향을 나타낸다.
······ 선 : 친연관계를 나타낸다.
*표시 : 유사성을 의미한다.

[그림 7] 일제강점기 한국과 일본의 교과서에 수록된 〈혹부리 영감〉의 영향관계

일제강점기 교과서에 수록된 〈혹부리 영감〉의 이데올로기적 성격

제5장

1. 조선총독부의 교육정책과 「내선일체」

본서 제3장 및 제4장에서 밝힌 바와 같이, 일본에서 〈혹부리 영감〉은 이른바 「오대동화」에 포함되지 않으며, 〈모모타로〉 혹은 〈우라시마타로〉 이야기와 비교할 때에 일본의 「소학독본」의 교재로도 그다지 주목을 받지 못했다. 한편 당시 조선에서는 〈혹부리 영감〉보다도, 그와 유사한 민담구조를 지닌 〈도깨비 방망이〉 쪽이 조선에 훨씬 널리 전해지고 있었다. 즉 〈도깨비 방망이〉 쪽이 〈혹부리 영감〉보다도 그 지명도에 있어서 널리 알려진 이야기였다. 그럼에도 불구하고 일제강점기 조선에서는 민간에 전해지던 민담으로는 〈혹부리 영감〉이 유일하게, 게다가 조선총독부에서 발행한 「조선어독본」을 비롯해서 「국어독본」(일본어)에 이르기까지 일관되게 수록되었다. 여기에는 무언가 특별한 이유가 있었음이 분명하다. 왜 〈혹부리 영감〉이었던 것일까? 이 물음에 대한 답은 일제강점기 「내선일체」[1]를 표방했던 제국 일본의 식민지 동화정책에서 구할 수 있다. 이제부터 이 문제에 관해서 본격적으로 논증하기로 한다.

일제강점기 제국 일본의 식민지 통치는 식민지 조선의 동화를 최우선적인 과제로 삼았다. 따라서 모든 분야에서 식민지 동화를 위한 정책이 추진되었다. 일제강점기 동화정책이란 하타다 다카시(旗田巍)의 정의에 따라 단적으로 말하자면 "조선인이 조선인이라는 의식을 버리고 일본인이 되는 것을 이상으로 삼은 정책"[2]이라 할 수 있다. 교육 분야에서도 철저하게 동화주의가 강조되고, 동화주의를 실현하기 위한 다양한 교육정책이 시행되었다. 먼저 한일병합(1910) 이듬해에 조선총독부가 공포한 「조선교육령」(1911)을 살펴보기로 한다. 「조선교육령」 제1장을 보면 다음과 같이 기술되어 있다.

조선교육령 제1장
제1조 조선에서의 조선인 교육은 본령에 의한다.
제2조 교육은 교육에 관한 칙어의 취지에 근거하여 충량한 국민을 육성하는 것을 본의로 한다.
제3조 교육은 시세 및 민도에 적합하게 펼친다.
제4조 교육은 크게 보통교육, 실업교육 및 전문교육으로 나눈다.

---

1) 이 시기 「내선일체」의 개념 및 전개방향에 관해서는 주로 津田剛(1939 : 3-4)를 참조.
2) 旗田巍(1965 : 5).

제5조 보통학교에서는 보통의 지식과 기능을 수여하고 특히 국민다운 성격을 함양하고 국어를 보급함을 목적으로 한다.

제6조 실업교육은 농업, 상업, 공업에 관한 지식과 기능 교수를 목적으로 삼는다.

제7조 전문교육은 고등한 학술과 기예를 교수하는 것을 목적으로 삼는다.[3)]

인용한 「조선교육령」(1911) 제1장은 모두 7조의 조문으로 구성되었다. 그 중에서 제2조에 식민지 조선에서의 교육이란 "충량한 국민을 육성하는 것을 본의로 한다."라고 규정하고 있다. 그리고 제5조에 "국민다운 성격을 함양하고 국어를 보급하는 것을 목적"으로 한다고 강조하였다. 즉 조선에서의 교육 목적이 무엇보다도 「충량한 국민 육성」, 「국민다운 성격 함양」에 있었음을 확인할 수 있다. 다른 자료를 더 참고하기로 한다.

특히 덕성 함양과 국어 보급에 힘을 기울이며 이로써 제국신민다운 자질과 품성을 구비하도록 한다. …(중략)… 조선 민중은 우리 황상(皇上)의 일시동인(一視同仁)이라는 홍은(鴻恩)을 입어 일신(一身) 및 일가(一家)의 복리를 향수(享受)하고 인문발달에 공헌함으로써 제국신민다운 실적을 거둘 수 있다.[4)]

앞의 인용문은 조선총독부 초대 총독을 역임한 데라우치 마사다케(寺内正毅)의 「교육에 관한 논고(教育にする論告)」의 일부이다. 식민지 조선에서의 교육목표가 "제국신민다운 자질과 품성을 구비"하는데 있다는 점을 강조하였다. 물론 여기서 말하

---

3) 「조선교육령」(1911) 전문에 관해서는 朝鮮總督府 『朝鮮彙報』(施政五年共進會記念號, 1915 : 67). 森田芳夫(1987 : 279)를 참조.

4) 朝鮮總督府 『朝鮮總督府月報』 第一卷 第六號(1911 : 1-2).

는 「제국신민」이란 「조선교육령」(1911)에 서술된 「충량한 국민」과 직결되는 의미이다. 다시 말하자면 식민지 조선인들로 하여금 제국의 일본인들과 마찬가지로 「제국신민」, 「충량한 국민」이 되도록 노력하라는 의미이다. 이를 실현하는 것이 그 무엇보다도 중요한 조선에서의 교육목표였던 셈이다. 따라서 식민지의 조선인들을 제국의 국민들처럼 만드는 이른바 식민지 동화주의가 추진되었다. 그리고 그 식민지 동화주의의 핵심에 위치하는 것이 「내선일체」라는 통치 이데올로기이다. 「내선일체」라는 정치적·교육적 이데올로기를 슬로건으로 내건 식민지 동화주의가 추진되었던 것이다.

「내선일체」란 글자 그대로 「내지(일본)와 조선은 한 몸이다」라는 것을 강조한 조선총독부의 통치 이데올로기이다. 이 「내선일체」라는 이데올로기가 제국 일본의 식민지 조선 통치, 나아가서 동아시아 및 세계사적 질서에서 얼마나 중요한 이념이었는가를, 당시 녹기연맹(綠旗聯盟) 주간을 역임한 쓰다 쓰요시(津田剛)의 『「내선일체」론의 기본이념(內鮮一體論の基本理念)』이란 글을 통해 확인하기로 한다.

> 쇼와(昭和) 신일본건설의 최대문제는 칠천만 내지주민과 이천삼백만 반도주민의 일체화 문제 이외에 그 무엇도 아니다. 흥아(興亞)신질서는 대륙에 대한 일본의 불발(不拔)의 기지 조선을 제외하고는 생각할 수 없다.[5)]

인용문은 「〈오늘날의 조선문제 강좌〉 개강 인사말」의 서문 부분이다. 쓰다 쓰요시는 신일본건설, 아시아 신질서 확립을 위

5) 津田剛(1939 : 3).

해서 "칠천만 내지주민과 이천삼백만 반도주민의 일체화" 즉 「내선일체」가 절대적으로 필요하다는 점을 역설하고 있다. 그의 주장을 더 들어보기로 한다.

> 최근 세계는 눈이 어지러울 정도로 변화하고 있다. 이에 수반하여 동양 정세도 심하게 변했다. 일본은 그 가운데 처해서 모든 것이 급격하게 유전(流轉)하고 변화하는 중이다. 이는 마침 세계역사의 방향이 이 시점에서 크게 전환되고 새로운 세계질서가 낡은 세계질서를 대신하여 서서히 모습을 드러내고 있기 때문이다. 그리고 일본 국내정세 역시 놀랄 만큼 빠른 속도로 모든 것이 일신되고 있다. 그 와중에 중대한 문제가 산적해 있지만, 가장 우리들의 관심을 끌고 많은 흥미를 불러일으키는 것이 「내선일체」 문제이다. 「내선일체」 문제는 단지 반도의 동향에 부동의 방향을 부여하는 데에 그치지 않고, 우리 일본에 있어서 중대한 문제이다. 크게 보자면 세계 신질서에 있어서 특수한 의미와 가치를 지니고 있는 문제이다. …(중략)… 마침 미나미(南)총독의 시정방침이 「내선일체」 실현이라는 슬로건을 내건 것과 맞물려서, 반도는 완전히 일본의 국가의식 권내로 용해되어, 학제개혁, 지원병제도 실시 등 몇 가지 정치적 개혁이 실시되었다. 그래서 반도는 「내선일체」 깃발 아래 전도유망한 희망을 품기에 이르렀던 것이다.[6]

앞의 인용문에 언급되어 있는 것처럼, 당시 「내선일체」는 제국 일본의 식민지 조선 통치를 위한 이념이었을 뿐만 아니라, 더 나아가서는 동아시아 및 세계사적 신질서 확립에 중요한 이념으로 인식되었다. 따라서 식민지 조선에서 이 「내선일체」 이념을 실현하는 것이야말로 식민지 통치의 최대과제였다. 이는 곧 조선총독부 제7대 총독 미나미 지로(南次郎, 1874~1955)의 시정방침이었으며, 「내선일체」라는 슬로건 아래 학제개혁, 지원

6) 津田剛(1939 : 3-5).

병제도 등이 추진되었던 것이다.

그런데 미야타 세쓰코(宮田節子)가 지적한대로, 한 마디로 「내선일체」라 할지라도 그 구체적인 내용에 있어서는 다양한 측면이 있었다.[7] 즉 「내선일체」가 의미하는 바가 당시 「내선일체」를 주장하던 사람들이 처한 현실적 입장에 따라서 상당한 거리가 있었다. 이 점에 관해서 미야타 세쓰코는 『조선민중과 「황민화」정책(朝鮮民衆と「皇民化」政策)』에서 「내선일체」의 구조를 "한쪽은 일본인측이 제창한 동화논리로서의 「내선일체」론, 다른 한쪽은 조선인측이 제창한 '차별로부터의 탈출'이란 논리로서의 「내선일체」론"[8]이라는 두 방향으로 크게 나누어 논지를 전개하였다. 물론 본서에서 의미하는 「내선일체」란, 전자의 「동화논리」로서의 「내선일체」이다. 이 「내선일체」 이데올로기는 식민지 조선의 교육현장에서 다양한 방식으로 보급되었다. 그 대표적인 경우가 조선총독부에서 발행한 교과서였다. 그리고 「내선일체」를 보급하고 실현하기 위한 교재 중의 하나로 조선의 〈혹부리 영감〉이 조선총독부의 주목을 받았던 것이다.

2. 「조선어독본」 및 「국어독본」에 반영된 「내선일체」 이데올로기

한국의 〈혹부리 영감〉이 최초로 수록된 「조선어독본」인 『보통학교 조선어급한문독본』(1915)의 편집 방침을 주목하기로 한다. 당시 조선총독부 학무국의 편집과장을 지낸 오다 쇼고(小田

---

7) 이 점에 관해서는 津田剛(1939 : 5)도 "「내선일체」론은 복잡다기(複雜多岐)하며 그 내용도 사람들에 따라서 천차만별이다."라고 언급하였다.

8) 宮田節子(1985 : 149).

省吾)는 『보통학교 조선어급한문독본』(1915)에 대해서 「조선총독부 편찬교과서개요(朝鮮總督府編纂教科書概要)」(1917)[9]에서 다음과 같이 설명하고 있다.

1.세상에서 관용적으로 사용되는 언문(한글, 필자)과 가나 표기법이 여러 가지이므로 본 조선총독부에서 제정한 보통학교 언문가나 사용법에 따라서 표기하였다. 2.조선어는 언문철자부터 시작하여 단어 및 단문을 가르친다. 이어서 문장을 가르치고 문장은 권일은 전부 구어문으로 하며, 권이부터 주로 문어로 한다. 3.한문은 가장 일반적이고 쉬운 한자부터 시작하여 단어, 단문, 문장 순으로 나아간다. **4.조선어와 한문, 그 어느 교재도 국어(일본어, 필자)와 마찬가지로 국민성을 함양하는 데에 중점을 둔다.** 또한 도덕을 가르쳐 상식을 풍부하게 한다. 일반적인 사물을 변별할 수 있도록 주의해서 선택한다. 특히 조선어 교재는 제3학년 이상에 조선지리 일반을 가르치고, 한문 교재는 될 수 있으면 교훈이 될만한 것을 취한다. 5.한문 교재는 자칫하면 추상적으로 빠지기 쉬우므로 될 수 있으면 구체적 재료를 선택한다.[10](**강조**, 필자)

위 인용문을 보면, 『보통학교 조선어급한문독본』(1915) 편찬에 즈음하여, 조선총독부 편찬 교과서라는 특성상 나름대로 세심한 주의를 기울였다는 사실을 알 수 있다. 즉 언문(한글) 및 가나 표기의 통일, 조선어 및 한문을 어떤 순서대로 가르칠 것인가, 교재로는 어떤 내용이 적합한가, 어떻게 국민성을 함양할 것인가 등이 철저하게 고려되었다. 본서에서 주목할 대목은 이 교과서 편찬이 「국민성 함양」을 목적으로 편찬되었다는 사실이다. 물론 여기서 말하는 「국민성」이란 앞서 언급한 「제국신민」,

9) 小田省吾(1917).

10) 小田省吾(1917 : 15-17). 여기서는 본서와 관련된 요점만을 인용하였다.

「충량한 국민」을 의미하고 있다. 이 점에 관해서 다른 자료를 더 참고하기로 한다.

> 본서의 교재는 국어와 마찬가지로 국민성 함양에 이바지해야만 할 것을 채택하며 특히 한문에는 수신(修身)과 어울릴 훈언(訓言)류를 고른다. **또한 국어독본 중에 내지의 역사지리 교재를 넣은 것과 같은 이유로 본서 중에는 특히 조선의 지리역사 교재를 첨가하였다.(조선역사교재는 권오, 권육에 들어있다.)**[11] (강조, 필자)

인용문은 당시 조선총독부 학무국에서 펴낸「현행 교과서 편찬방침(現行教科書編纂の方針)」(1921)의 일부분이다.[12] 필자가 참고한 자료의 표지에「秘」라고 날인된 것을 보면, 당시 외부에 공개하지 않던 내부용 자료였던 듯하다. 여기서 말하는 "국어독본 중에 내지의 역사지리 교재를 넣은 것과 같은 이유"를 확인하기 위해서, 같은 자료의『보통학교국어독본』(일본어)에 관한 편찬방침을 참고하기로 한다.

> 국어독본 내용은 수신서와 더불어 풍성 도야 및 국민성 함양에 도움이 되는 교재를 선택하였다. 종래의 보통학교에는 별도로 지리역사에 관한 교과목이 없었으므로 우리나라(일본, 필자) 역사지리의 대요(大要)를 알 수 있는 교재를 특히 본서 가운데 집어넣게 되었다. **따라서 내지와 조선 사이의 친밀한 관계를 보여주기에 충분한 전설 · 사화는 역점을 두어 선택하고, 그 밖에 내지를 이해할 수 있는 교재를 많이 집어넣었다.**[13] (강조, 필자)

---

11) 朝鮮總督府學務局「現行教科書の編纂方針」(1921 : 8).

12) 朝鮮總督府學務局「現行教科書の編纂方針」(1921)에는 편찬상의 유의점으로 네 가지 사항을 적시하고 있는 본서의 인용문은 그 중에서 네 번째 유의사항이다.,

13) 朝鮮總督府學務局「現行教科書の編纂方針」(1921 : 7). 이 자료에는「국어

앞의 인용문에는 "내지와 조선 사이의 친밀한 관계를 보여주기에 충분한 전설·사화는 역점을 두어 선택"하였다고 밝히고 있다. 당시는 한국과 일본의 언어 및 신화전설상의 유사성을 강조하던 시대였다. 왜냐하면 양국이 고대부터 「친밀한 관계」였음을 강조하기 위해 양국의 언어 및 신화전설상의 유사성을 그 증거물로 삼았기 때문이다. 이 같은 언어 및 신화전설상의 유사성은 역사학자 기다 사다키치(喜田貞吉)[14]나 언어학자 가나자와 쇼사부로(金澤庄三郎)[15] 등이 주장했던 이른바 「일선동조론(日鮮同祖論)」[16]으로 구체화 되었다. 예를 들어 기다 사다키치는 고대에 조선 민족과 일본 민족이 뿌리가 같았다는 점에 대해서 다음과 같이 역설하였다.

> 주로 양 민족의 구성 요소가 같으며, 특히 고대에는 양쪽이 거의 같은 지역이었고 말할 수 있을 정도로 깊은 관계를 유지했다. 일찍이 수백 년 동안 피차 동일한 정부 하에 놓여 있었다는 사실을 분명하게 하여, 조선병합이 결코 이 민족을 새롭게 결합시킨 것이 아니라 일단 떨어졌던 것을 원래대로 되돌려 놓았다는 사정을 서술하고자 시도한 것이다.[17]

인용문은 기다 사다키치의 「일선양민족동원론(日鮮兩民族同源論)」의 부분이다. "고대에는 양쪽이 거의 같은 지역이었고 말할 수 있을 정도로 깊은 관계를 유지했다"라는 증거로, 일본의

독본」 편찬상 유의점으로 5가지 사항을 들고 있는데, 본서의 인용문은 그 중에서 네 번째 유의사항이다.

14) 예를 들면 喜田貞吉(1919, 1921) 등을 들 수 있다.

15) 예를 들면 金澤庄三郎(1929, 1973) 등을 들 수 있다.

16) 이에 관해서는 上田正昭(1978), 小熊英二(1995) 제5장 등을 참조.

17) 喜田貞吉(1921 : 414-415).

『고사기(古事記)』 및 『일본서기(日本書紀)』 등의 사서에 기술된 신화전설을 예로 들었다. 예를 들면, 기다 사다기치는 『고사기(古事記)』에 등장하는 아메노히보코(天日槍)의 아내 히메코소신(比賣許曾神)과 한국의 고대 가라국왕(加羅國王)의 출생 배경이 유사하다는 점을 주목하였다. 그는 고문헌에 보이는 신화전설 기록을 근거로 하여 한일병합은 "일단 떨어져 있던 것을 원래대로 되돌려" 놓은 것이라고 주장하였다. 그런데 이 같은 생각은 기다 사다키치에만 국한된 것이 아니다. 당시 일선동조론을 주장했던 학자들 사이에서 양국의 유사한 설화(신화, 전설, 민담)를 일선동조론의 증거물로 활용하는 풍조가 큰 흐름을 이루었다. 그리고 그 일선동조론은 곧 바로 「내선일체」라는 이념으로 연결되었던 것이다.

이제부터 앞서 [표 7]에서 열거한 5종의 보통학교용 「조선어독본」 중에서 『보통학교 조선어급한문독본』을 선택하여, 그 중에서 어떤 교재가 「내선일체」 이념을 교육하기 위한 교재로 동원되었는가를 분석하기로 한다.

[표 8]은 〈혹부리 영감〉이 최초로 수록되었던 『보통학교 조선어급한문독본』 전6권 중에서 「내선일체」와 직접 관련된 교재를 선별하여 정리한 것이다. 이 교과서에 수록된 교재 중에서 어느 것이 「내선일체」와 관련된 교재인가 하는 판단은 필자가 임의로 내린 것이 아니다. 관련 자료에 근거하여 선별하였다. 관련 자료로는 조선총독부의 「국어독본의 「내선일체」 교재에 관하여(『國語讀本』の內鮮一體教材に就いて)」(1939), 경성여자사범학교국한연구부(京城女子師範學校國漢硏究部)의 『조선총독

부편찬국어독본교재요지(朝鮮總督府編纂國語讀本教材要旨)』(1938) 등을 참고하였다. 이들 자료에서 「내선일체」 교육을 위한 교재로 제시된 교재와 『보통학교 조선어급한문독본』의 교재를 대조하여 선별하였다.

[표 8]을 보면, 앞서 소개한 조선총독부 학무국의 「현행 교과서 편찬방침(現行教科書の編纂方針)」(1921)에 언급된 대로, 첫째 조선의 「전설사화」가 많이 포함되어 있다는 점이 눈에 띈다. 즉 고대 신화전설상의 인물로 〈박혁거세〉(권5 제16과), 〈석탈해〉(권5 제24과), 〈김알지〉(권5 제30과) 등이 포함되었다. 고대사 관련 사항으로는 〈기자조선〉(권5 제7과), 〈고구려 및 신라태학〉(권5 제42과), 〈문무왕〉(권5 제56과) 등이 포함되었다.

둘째 이른바 「지리적 교재」로 〈경성〉(권2 제45과), 〈북부조선〉(권3 제24과, 권3 제25과), 〈남부조선〉(권3 제44과, 권3 제45과, 권3 제46과) 등이 교재로 수록되었다.

셋째 〈대일본제국(大日本帝國)〉(권2 제17과), 〈금상천황폐하와 황후폐하(今上天皇陛下と皇后陛下)〉(권2 제1과), 〈노기대장 및 도고대장(乃木大將及東郷大將)〉(권3 제26과) 등, 제목만 보아도 그 수록 의도가 명백한 「내지를 이해할 수 있는 교재」가 다수 포함되었다.

그 밖에도 『보통학교 조선어급한문독본』에는 제국 일본과 식민지 조선의 인물 및 역사지리를 동시에 등장시킨 「내선일체」 교재가 수록되었다. 그 중에서 〈다로와 기남(太郎と奇男)〉이라는 교재를 예로 들어 여기에 반영된 「내선일체」 교육에 관해서 검토하기로 한다.

[표 8] 『보통학교 조선어급한문독본』(전6권) 중의 「내선일체」 교재

권 과	제 목	권 과	제 목
卷二第六課	*櫻花及芝蘭	卷四第六課	安珦
卷二第十七課	大日本帝國	卷四第二十二課	*雨森芳洲
卷二第十八課	*富士山及金剛山	卷四第二十五課	朝鮮の行政官廳
卷二第二十四課	瘤つき老人(一)	卷四第二十九課	朝鮮の産業(一)
卷二第二十五課	瘤つき老人(二)	卷四第三十課	朝鮮の産業(二)
卷二第十七課	太郎と寄男	卷四第三十二課	人參と煙草
卷二第三十三課	朝鮮地方の地勢	卷四第三十八課	軍艦
卷二第三十四課	我鄕	卷四第三十九課	中江藤樹
卷二第四十五課	京城	卷四第四十課	面
卷二第四十八課	*我皇祖	卷四第四十二課	朝鮮の森林
卷二第六十課	中江藤樹	卷四第四十八課	勸業模範場
卷二第一課	今上天皇陛下と 皇后陛下	卷四第五十六課	菅公忠愛
卷三第五課	新井白石	卷五第一課	國旗
卷三第十七課	塩と砂糖	卷五第七課	箕子朝鮮
卷三第二十四課	北部朝鮮(一)	卷五第十六課	*朴赫居世
卷三第二十五課	北部朝鮮(二)	卷五第二十四課	*昔脫解
卷三第二十六課	乃木大将及東鄕大将	卷五第三十課	*金閼智
卷三第三十二課	中部朝鮮(一)	卷五第三十六課	*高倉天皇
卷三第三十三課	中部朝鮮(二)	卷五第四十課	*異次頓
卷三第三十五課	朝鮮の年中行事	卷五第四十二課	紙幣と為替
卷三第四十二課	東京京都大阪	卷五第四十二課	*高句麗及新羅太學
卷三第四十四課	南部朝鮮(一)	卷五第五十五課	元と日本
卷三第四十五課	南部朝鮮(二)	卷五第五十六課	*文武王
卷三第四十六課	南部朝鮮(三)	卷六第六課	白兎(一)
卷三第四十八課	興夫伝(一)	卷六第七課	白兎(二)
卷三第四十九課	興夫伝(二)	卷六第十二課	*申維瀚 雨森芳洲
卷四第二課	*醍醐天皇	卷六第五十一課	*李退溪
卷四第四課	*野中兼山	卷六第五十八課	*李栗谷

*표시 : 한문을 나타낸다.

사례22 제27과 다로와 기남(太郎と奇男)

太郎과 奇男은、한 洞里에 隔墻하야사오。이 두 兒孩는、나히도 比等하고、킈도 비슷하오。이 두 兒孩는、매우 의가 좃케 지내오。太郎은 그 洞內 尋常小學校에 단기고、奇男은 普通學校에 단기오。每日學校에 갓다오면、서로 차저단기며、갓치 노오。競走도 하고、씨름도 하면서 노는대、或太郎이 이기기도 하고、或奇男이 이기기도 하오。空日이나 祭日에는、點心을 싸가지고、山이나 들로 갓치 놀러가오。처음에는、서로 말을 몰으더니、相從한지가 오랜 고로、至今은 能히 言語를 通하게 되엿소。그 父母끼리도、漸漸親近하야져서、서로 조화 지내오。18)

[사례 22]에는 다로라는 일본인 소년과 기남이라는 한국인 소년이 등장한다. 여기서 다로는 일본인을, 그리고 기남이는 조선인을 대표하는 상징적인 인물이다. 두 소년이 처음에는 언어가 통하지 않고 서먹서먹하였으나 시간이 지날수록 친밀해지고 그 부모들까지 친해지게 되었다는 내용이다. 즉 두 소년이 사이좋은 친구가 되었음을 강조함으로써 자연스럽게 「내선일체」의 실현 내지 그 성과를 역설하고 있는 셈이다. 그 밖에도 〈후지산급금강산(富士山及金剛山)〉(권2 제18과), 〈아메노모리 호슈(雨森芳州)〉(전4권 제22과) 등이 제국 일본과 식민지 조선의 인물 및 역사지리를 동시에 등장시킨 「내선일체」 교재에 해당된다. 〈후지산급금강산(富士山及金剛山)〉의 사례를 살펴보기로 한다.

---

18) 말미에 「練習」으로 다음과 같은 문항이 추가되어 있다. 一、太郎과 奇男은、무슨學校에 단기느냐。二、太郎과 奇男은、學校에 갓다오면、무엇을 하고 노느냐。三、空日이나 祭日에는、두 兒孩가 무엇을 하고 노느냐。四、太郎과 奇男의 父母는、엇더케 지내느냐。

사례23 제18과 漢文(富士山及金剛山)

富士山은我國第一名山也이라直立一萬三千尺이오山形이似倒扇하고四時에戴白雪하야每年盛夏에登覽者이極多하니立山頂에可以望十三州이라니 金剛山은 在江原道하니 自古로 以形勝著이라 世稱山有一萬二千峯하고 其最高者이 可六千尺이라 山中에 多古寺하고 奇巖恠石과 飛瀑澄潭이 亦不少하며 九秋紅葉이 尤可賞이라 故로 亦云楓嶽이니라[19)]

[사례 23]은 표면에 드러난 내용만으로 볼 때에는 「내선일체」 교재인지 아닌지 가늠하기 어려운 점이 있다. 즉 내용을 검토해 보면, 일본의 명산 후지산과 조선의 명산 금강산을 대비시켜 놓는 데에 불과하기 때문이다. 그렇지만 [사례 22]에 등장하는 〈다로와 기남〉의 경우와 같은 문맥에서 「내선일체」 교재이다. 의도적으로 제국 일본과 식민지 조선의 명산을 동시에 등장시켜 대비함으로써 자연스럽게 「내선일체」이념을 교육하고자 하였던 것이다.

그럼 이번에는 「국어독본」(일본어)에 수록된 「내선일체」 교재에 대해서 검토하기로 한다. 이를 위해 조선총독부에서 발행한 「『국어독본』의 내선일체 교재에 대해서(國語讀本の內鮮一体の教材について)」(1939)를 참고하기로 한다. 이 자료에는 「내선일체」에 관해서 다음과 같이 설명하고 있다.

「내선일체」라는 목표를 내건 이래로 그에 관한 많은 논의가 행해졌으며

---

19) 말미에 「練習」으로 다음과 같은 문항이 추가되어 있다. 一、富士山의 이약이를 하야보아라。二、金剛山의 이약이를 하야보아라。三、다음 □표속에 漢字를 넛코、吐를 달어라。我國第一名□富士山也 四□戴白雪九□紅葉尤可賞 四、「부ᄉ산」「금강산」을 漢字로 써라。

다양한 「내선일체」관이 출현했다. 말할 것도 없이, 정치적으로는 한국병합으로 해서 이미 내선은 일체가 되었으며…(중략)… 생각건대 내선인 모두가 황국신민으로써의 자각이 동일한 수준에 달하고, 게다가 조선이 지닌 중요성을 충분히 인식하도록 내지 사람들을 지도하기에 이르도록 해야만 한다는 의미일 것이다. 「내선일체」의 의미를 이렇게 해석하여 이 의도에 들어맞도록 어떤 교재를 국어독본에 집어넣었는가를 보려고 한다. 물론 국어독본 교재 전부가 황국신민으로써의 자각을 유도하도록 고려했다는 점에 관해서는 말할 필요가 없다. 내선의 긴밀한 관계를 다루고 있는 교재도 상당히 있다. 조선총독부에서 발행한 국어독본의 특수성은 국어라고 하면서 모어(母語)가 아닌 국어를 가르치기 위한 특별한 준비와 황국신민 의식의 함양이 그 중요한 사명으로 생각된다. 그 점에 관해서는 충분한 효과를 거둘 수 있도록 편찬되었을 터이다. 그래서 후자를 의도한 교재를 꼽아보면 즉 「내선일체」를 어떻게 실현하고자 하는 지 분명해진다. 편의상 일람표를 만들면 다음과 같다[20]

인용문에 언급된 "다양한 「내선일체」관"에 관해서는 앞에서 녹기연맹(綠旗聯盟) 주간을 역임한 쓰다 쓰요시(津田剛)나 미야타 세쓰코(宮田節子)의 설명을 인용하여 고찰하였다. 예를 들면 조선인의 내선일체관과 일본인의 내선일체관은 그 내용에 있어서 큰 차이가 있었다. 인용문에서는 「내선일체」의 의미를 "내선인 모두가 황국신민으로써의 자각이 동일한 수준에 달하고, 게다가 조선이 지닌 중요성을 충분히 인식"하는 것으로 받아들이고 있다. 그리고 "국어독본 교재 전부가 황국신민으로써의 자각을 유도"하기 위한 「내선일체」 교재라고 언급하고 있다. 인용문에는 단지 「국어독본」이라고만 언급되어 있는데, 필자의 확인에 의하면 『보통학교국어독본』(전12권)을 지칭한다. 당시

20) 朝鮮總督府 「『國語讀本』の內鮮一 体敎材に就いて」(1939a : 33-34).

『보통학교국어독본』(일본어, 전12권)에는 "내선의 긴밀한 관계를 다루고 있는 교재"가 「내선일체」를 강조하는 위한 교재로 많이 채택되었다. 구체적으로 어떤 교재가 채택되었는지 검토하기로 한다. 인용한 「『국어독본』의 내선일체 교재에 대해서」(1939)에는 「내선일체」 교재를 다음과 같이 유형별로 분류하였다.

이 중에서 △**표시를 한 것은 제목 그대로 보아서는 얼핏 내선관계에 대해서 언급하지 않은 것 같지만 실은 경제적인 「내선일체」의 관계를 다루는 것까지도 고려되었다**는 알 수 있을 것이다. 이 측면에서의 발전과 향상이야말로 대륙을 향한 전진 병참기지로서의 조선의 면목을 발휘할 수 있는 부면이라는 점을 주목해야만 하겠지만 본고에서 그 점에 관해서는 생략한다. 다음으로 ○**표시를 한 교재는 혹은 지리교재로 혹은 서한문으로 제출되어 있다.** 내지와 조선이 어떻게 긴밀한 관계에 있는가, 내지인의 황국신민으로서의 자각이 어떤 것인지를 말하고 있다. 내지의 민속습관에 대한 이해를 부여하고자 의도하였다. ◎**표시 교재는 병합 후에 즉 정치적으로 「내선일체」가 된 후에 「내선일체」에 관한 결실을 보여주는 것이다.** …(중략)… 이리하여 조선 통치는 아름다운 일로 결실을 맺고, 물심양면 어느 쪽이든 내지와 차이가 없을 뿐 아니라, 조선이 일본이 대륙으로 발전하기 위한 정신적·물질적인 병참기지로서의 중요한 임무를 완수할 수 있다는 것을 확신한다. ☆표시를 한 교재는 현재 일반적으로 「내선일체」 교재로 일컬어지고 고려되고 있지만, 결코 이것만이 「내선일체」 교재가 아니라는 점에 관해서는 이미 언급하였다. …(중략)… 이 같은 관점에 의하면 ☆**표시 교재는 일선관계에 관한 역사적 교재로 보아야만 한다.** 그런데 이런 교재가 독본에 채택된 이유는 「내선일체」를 완성하기 위한 자료라는 점이 분명하기 때문에, 그 같은 의미에서라면 이들 자료를 「내선일체」 교재로 불러도 좋을 것이다. 이하 이들 교재에 관해서 약간 서술하고자 한다. 단지 이 설명은 직접적으로 교재와 관련이 없는 점이 많아, 교사로서의 신념, 교수태도를 확립하기 위한 자료로써 서술한다. 때문에 이들 자료를 곧장 교실로 도입하여 쓸데없이 아동들의 머리를 혼란하게 만들어서는 안 된다는 점을 한 마디 더해둔다.[21] (**강조**, 필자)

앞의 인용문을 보면, 『보통학교국어독본』(일본어, 전12권)의 「내선일체」 교재는 ①경제적인 「내선일체」 교재(△표시), ②지리교재 혹은 서한문(○표시), ③「내선일체」에 관한 결실을 보여주는 교재(◎표시), ④일선관계에 관한 역사적 교재(☆표시)라는 네 가지 유형으로 분류된다. [표 9]는 앞의 인용문에 구체적으로 제시된 「내선일체」 교재를 필자가 보기 쉽게 표로 정리한 것이다.

[표 9]를 보면, ①경제적인 「내선일체」 교재로는 〈사과나무 과수원(林檎園)〉, 〈조선의 쌀(朝鮮米)〉, 〈조선의 소(朝鮮牛)〉, 〈조선의 수산업(朝鮮の水産業)〉 등으로 모두 4편이다. ②지리교재 혹은 서한문으로는 〈오사카(大阪)〉, 〈편지(手紙)〉, 〈도쿄구경(東京見物)〉, 〈연락선을 탄 아이의 편지(連絡船に乗った子の手紙)〉, 〈일본해(日本海)〉, 〈조선의 광업(朝鮮の鉱業)〉, 〈농업실습생의 편지(農業実習生の手紙)〉 등으로 모두 7편이 이에 해당된다. ③「내선일체」에 관한 결실을 보여주는 교재로는 〈반석의 삼용사(盤石の動)〉, 〈조선통치(朝鮮統治)〉, 〈조선신궁(朝鮮神宮)〉 등 모두 3편이 이에 해당된다. 끝으로 ④일선관계에 관한 역사적 교재로는 〈하스히(巴提便)〉, 〈세 개의 단지(三つのつぼ)〉, 〈대사 퇴치(大蛇たいじ)〉, 〈삼성혈(三姓穴)〉, 〈석탈해(昔脫解)〉, 〈아메노히보코(天日槍)〉, 〈금관(金の冠)〉, 〈계림(鶏林)〉,

21) 朝鮮總督府 「『國語讀本』の內鮮一 体教材に就いて」(1939a : 35-36). 본문에서 사용한 부호는 원문 자료에서 사용한 부호를 그대로 사용하였다.

〈대각국사(大覚国師)〉, 〈제생을 위한 고심(済生の苦心)〉, 〈한자 이야기(漢字ノ話)〉, 〈이퇴계(李退溪)〉, 〈부여(扶餘)〉 등으로 모두 13편이 열거되어 있다.

[표 9]를 주목하면, 전체 「내선일체」 교재 중에서도 일선관계에 관한 역사적 교재가 모두 13편으로 가장 많은 비중을 차지하고 있다. 그런데 역사적 교재 중에는 과 제목만 보아서는 그 교재가 「내선일체」 교재에 해당하는지 쉽게 판단하기 어려운 교재가 다수 포함되어 있다. 특히 한국 관련 교재 중에서 한국사에 등장하는 〈昔脱解〉, 〈大覚国師〉, 〈李退溪〉 등이 그러하다. 또한 한국 관련 교재 중에서 〈三つのつぼ〉, 〈大蛇たいじ〉, 〈三姓穴〉, 〈鶏林〉, 〈済生の苦心〉 등도 표면상으로는 「내선일체」 교재라는 사실을 판단하기가 쉽지 않다. 그렇지만 이들 교재는 모두 직접적으로 혹은 간접적으로 일본과도 관련이 있는 교재들이다. 예를 들기로 한다. 먼저 전자 중에서 〈대각국사(大覚国師)〉에 관해서 고찰하기로 한다. 여기 등장하는 대각국사는 고려시대 승려인 대각국사 의천(義天, 1055~1101)를 가리킨다. 어떤 연유에서 고려시대 승려인 대각국사가 「내선일체」의 교재로 채택되었던 것일까? 이 점에 관해서는 다음과 같은 설명이 있다.

특히 다음과 같은 점을 잊어서는 안 된다. 그것은 국사가 대장경속집(大藏經續集) 간행에 즈음하여 그 서를 일본의 사문(沙門)에게 보내서 불전의 장소(章疏)를 구한 점이다. …(중략)… 이를 보면 당시 일본과의 관계가 얼마나 긴밀했는가를 충분히 알 수 있다. 그뿐만이 아니라 국사가 출판했던 불전은 얼마 되지 않아서 일본에 전해졌다. …(중략)… 이후로도 국사가 개판(開版)한 불서가 적지 않게 수입되었다. 이를 보면 당시 국사가 일・려(일

본과 고려, 필자)관계의 문화적 측면에서 수행한 역할의 중요성을 알 수가 있다.[22]

인용문을 읽어 보면 어떤 연유에서 고려시대의 승려인 대각국사 의천이 〈大覚国師〉라는 「내선일체」의 교재로 채택되었는지가 분명해진다. 말하자면 일본과의 긴밀한 관계가 고려되었던 것이다.

다음은 한국 관련 교재 중에서 〈제생을 위한 고심(済生の苦心)〉을 주목하기로 한다. 〈제생을 위한 고심(済生の苦心)〉에는 한국에서 종두법을 처음 시행한 선구자로 유명한 지석영이 등장한다. 어떤 연유에서 지석영이 「내선일체」를 위한 교재로 주목을 받았던 것일까?

열렬한 인류애를 지닌 지석영의 제생을 위한 고심을 알도록 하고, 보은 감사하는 마음을 육성하며 사회공중을 위한 사업이 얼마나 영원한 생명을 지니는가를 감득시키는 것이 본 교재의 주안점이다. 동시에 그의 고심을 완수하는 데에 있어서 중요한 역할을 했던 그의 은인 우라세 유타카(浦瀬裕)를 잊어서는 안 된다. 여기서 뜻밖에도 마음에서 우러나는 내선의 이해와 동정이라는 아름다운 모습을 볼 수가 있다. 이 교재에서 그 같은 점을 강조하는 것이야말로, 교재는 문장 그대로 해석하더라도 교재를 다룰 때에 이 점을 강조함으로써, 「내선일체」 교재로써 더할 나위 없이 소용되는 것이다. 지석영과 우라세 유타카에 관해서는 다른 기회에 자세히 서술할 것이다.[23]

지석영은 얼핏 보아서는 「내선일체」와는 관계가 없어 보이

22) 朝鮮總督府 「『國語讀本』の內鮮一 体教材に就いて」(1939a : 42-43).
23) 朝鮮總督府 「『國語讀本』の內鮮一 体教材に就いて」(1939a : 43).

지만 지석영의 배후에는 그의 「은인」이었던 우라세 유타카(浦瀨裕)라는 일본인의 존재가 있었다. 이로 인해 "「내선일체」 교재로써 더할 나위 없이 소용되는" 교재로 인식되었던 것이다.

이처럼 당시 「국어독본」(일본어)에 수록되었던 교재를 면밀하게 분석해보면, 일제강점기 조선총독부에서 발행한 「국어독본」이 얼마나 「내선일체」의 실현 및 그 성과에 역점을 두고 체계적으로 구성된 교재이었는지를 확인할 수 있다.

[표 9] 『보통학교국어독본』(전12권) 중의 「내선일체」 교재

권	제 목	비고	권	제 목	비고
4	巴提便	☆	8	日本海	○
4	三つのつぼ	☆	9	鶏林	☆
5	大蛇たいじ	☆	9	大覚国師	☆
5	三姓穴	☆	9	朝鮮の鉱業	○
6	昔脱解	☆	10	農業実習生の手紙	○
6	林檎園	△	10	済生の苦心	☆
6	朝鮮米	△	10	盤石の動	◎
6	大阪	○	11	漢字ノ話	☆
6	手紙	○	11	朝鮮の水産業	△
7	天日槍	☆	11	李退渓	☆
7	金の冠	☆	12	朝鮮統治	◎
7	東京見物	○	12	扶餘	☆
7	連絡船に乗った子の手紙	○	12	朝鮮神宮	◎
7	朝鮮牛	△			

△표시 : 경제적인 「내선일체」 교재, ○표시 : 지리교재 혹은 서한문, ◎표시 : 「내선일체」에 관한 결실을 보여주는 교재, ☆표시 : 일선관계에 관한 역사적 교재

3. 「내선일체」의 교재로 동원된 <혹부리 영감>

일제강점기에 조선총독부에서 발행한 보통학교의 「조선어독본 및 「국어독본」(일본어)에 「내선일체」라는 이념을 교육하기 위한 교재가 얼마나 많이 포함되어 있는가를 확인하였다. 이제부터 〈혹부리 영감〉과 「내선일체」의 관련성에 대해서 본격적으로 논하고자 한다. 당시 「조선어독본」 및 「국어독본」(일본어)에 수록된 교재가 대부분 「내선일체」 이념을 교육하기 위한 교재로 채택되었다는 사실을 밝혔는데, 〈혹부리 영감〉의 경우도 예외는 아니다.

그런데 〈혹부리 영감〉이 「내선일체」를 교육하기 위한 교재로 동원되었다는 사실을 규명하는 것은 그리 간단한 일이 아니다. 왜냐하면 설화 장르 중에서도 신화・전설의 경우는 장르의 속성상, 정치적・교육적 이데올로기를 주입하기 위한 목적에서 교육현장에 동원되는 경우를 자주 목격할 수 있다. 이 점에 관해서는 이미 본서에서 『보통학교 조선어급한문독본』 및 『보통학교국어독본』을 예로 들어, 일제강점기 신화・전설이 얼마나 대대적으로 「내선일체」를 위한 교재로 동원되었는가를 구체적으로 검토하였다. 그런데 〈혹부리 영감〉과 같은 민담 장르의 경우에는 그 이데올로기적 성격을 명확하게 밝히기가 쉽지 않다. 무엇보다도 이야기 자체의 흥미와 재미를 본위로 삼는 민담이라는 장르의 속성상, 이데올로기적 성격이 표면에 드러나지 않는 경우가 일반적이기 때문이다. 여기서 다시 본서의 제3장에서 주목했던, 조선의 〈혹부리 영감〉을 「발견」한 일본인 연구자들의 발언에 귀를 기울이기로 한다.

> 나는 조선으로 건너와서 이처럼 아름다운 이야기가 많이 있다는 사실을 알고서 무척 기쁘게 생각했습니다.…(중략)… 그리고 이런 점 때문에 새로운 동포와 진정으로 친하게 지내고 싶은 생각이 들었습니다. 이야기 중에는 내지에 전해지는 것과 아주 같은 이야기나 매우 흡사한 이야기가 있기 때문입니다. 먼 옛날부터 어딘가 깊게 연결되어 있었다고 생각했기 때문입니다.[24]

> 혹부리 영감 이야기는 일본과 한국의 설화이다. 그 직접적인 본원지는 조선반도이다. 자신은 오랫동안 가설만 세운 채로 만족할 수 없었다. 그런데 노일 전쟁 덕분에 일본 제국의 세력이 팽창하여 동아시아 대륙에 관한 문헌학적 연구에 있어 크게 편의를 얻게 된 결과, 조선의 민간설화 중에서 혹부리 영감에 관한 두 가지 이야기를 발견할 수 있었다. 그 한 가지는 완전하게 갖추어진 이야기는 아니다. 오니들의 술잔치와 노인의 춤 부분이 결락되어있다. 단지 평소에 정직한 노인이 산 속에서 밤중에 요괴에게 혹을 떼이고, 이웃에 사는 노인이 그 혹을 붙이게 된다는 줄거리에 불과하다. 그렇지만 두 번째 사례는 미세한 점까지도 완전히 『우지슈이 모노가타리(宇治拾遺物語)』와 일치한다. 조선의 이야기집(朝鮮物語集)에 수록된 이야기가 바로 그것이다.[25]

앞의 인용문은 나카무라 료헤(中村亮平)의 『조선동화집』(1926) 서문 중의 일부이다. 그리고 뒤의 인용문은 다카기 도시오(高木敏雄)의 「일한 공통의 민간설화(日韓共通の民間說話)」의 일부분이다.

일제강점기에 한국의 설화를 연구한 일본인 연구자들은 한국에도 일본과 유사한 설화(신화 · 전설 · 민담)가 전승되고 있다는 점을 크게 주목하였다. 나카무라 료헤는 그 점으로 인해 "새

---

24) 中村亮平(1926 : 1).
25) 高木敏雄 (1943 : 417~418).

로운 동포와 진정으로 친하게 지내고 싶은 생각"을 갖게 되었고, "먼 옛날부터 어디선가 깊이 연결되어 있었다."는 증거물로 인식하였다. 이 점에 관해서는 다카기 도시오의 문장에서도 그대로 확인할 수 있다. 즉 당시 일본인 연구자들 사이에서 한일 양국의 민담, 특히 그 중에서도 일본과 유사한 조선의 민담이 크게 주목받고 있었다. 그 과정에서 〈혹부리 영감〉도 주목을 끌었던 것이다.

여기서 한 가지 결론을 도출할 수 있다. 한일 양국에 전해지는 유사한 민담이 「내선의 긴밀한 관계」를 보여주는 증거물로 활용되었으며, 이로 인해 한일 양국의 유사한 민담이 자연스럽게 「내선일체」의 이념을 주입시키는 교재로 동원되었다는 점이다.

예를 들면 두 가지 사례를 살펴보기로 한다. 첫 번째 사례는 앞서 소개한 『국어독본』의 내선일체 교재에 대해서」(1939)에서 「일선관계에 관한 역사적교재」(☆표시)로 분류한 교재 중의 하나이다. 이 교재는 권4 제25과에 「세 개의 단지(三つのつぼ)」라는 제목으로 수록되었다.

● 사례24

옛날 어느 마을에 진순(眞純)이라는 오빠와 화향(華香)이라는 여동생이 살았습니다. 아버지도 어머니도 일찍 돌아가셔서 두 남매는 서로 도우면서 사이좋게 지냈습니다. 어느 해의 일입니다. 쌀이나 조 수확이 끝나고 월동준비도 마쳤으므로 이제부터 설을 쇨 준비를 할 때가 되었습니다. 오빠는 청어와 대추 그리고 곶감 등을 사고, 여동생은 옷을 지어, 이제 언제 설이 닥쳐도 좋을 만큼 준비가 끝났습니다. 어느 날 밤의 일입니다. 진순은 여동생이 비명을 지르는 소리에 잠이 깼습니다. 무서운 야마오토코(山男)가 울며 비명을 지르는 여동생을 붙들고 저만큼 끌고 가려던 참이었습니다. 진순은 깜짝 놀라서 열심히 쫓아갔습니다. 그렇지만 야마오토코의 발걸음을 쫓아갈 수가 없었습니다. 점점 멀어져서 마침내 야마오토코의 모습이 보이지 않게 되었습니다. 진순은 오로지 여동생을 구하고자 하는 일념에서 야마오토코의 뒤를 쫓아 점점 산속으로 들어갔습니다. 산이 갈수록 깊어지고 큰 나무가 울창하게 우거졌습니다. 점점 높은 나무 가지에는 황량한 바람이 불고 있었습니다. 좁은 산길을 굽이굽이 돌아가자 커다란 바위가 보였습니다. 그러자 바위 그늘에서 할아버지 한 명이 나타났습니다. 머리카락이나 수염이 은처럼 하얀, 매우 기품이 있어 보이는 할아버지였습니다. 할아버지는 진순을 보자 싱긋싱긋 웃으면서 "열심히 쫓아왔구나. 감동했는데."라고 말했습니다. 진순은 황량한 곳에서 자상해 보이는 할아버지가 격려해주었으므로 다시 기운을 차렸습니다. 계속해서 앞으로 나아가려하자 할아버지가 "잠깐 기다려!"하고 말렸습니다. 그리고 품속에서 희고 작은 단지를 꺼내서 "이것을 줄테니까 만일 곤란한 일이 생기거든 내던지거라."라고 말했습니다. 진순은 이상케 생각하면서 그것을 받았습니다. 그러자 할아버지는 파란 단지와 빨간 단지를 꺼내서 "그래도 곤란한 일이 생기거든 먼저 파란 단지를 그 다음에 빨간 단지를 내던지거라."하면서 진순에게 건네주었습니다. 진순이 머리를 들어보니 이미 할아버지의 모습이 보이지 않았습니다. 진순은 "그 분은 분명 신이었을거야."라고 생각하며 매우 기뻐했습니다. 진순은 단지 세 개를 지니고 점점 산속으로 들어갔습니다. 잠깐 지나서 커다란 바위동굴 앞에 이르렀습니다. 안을 들여다보니 야마오토코가 쿨쿨 코를 골면서 자고 있었습니다. 그 옆에서 여동생 화향이 울고 있었습니다. 진순은 "마침 잘됐다."하고 혼자 중얼거렸습니다. 잠깐 안쪽 상황을 살핀 후에 여동생을 데리고 나왔습니다. "자 힘껏 도망치자!" 두 사람은 있는 힘을 다해 달렸습니다. 잠시 후에 야마오토코가 알아차리고 쫓아왔습니다. 두 사람은 사력을 다해 도망쳤습니다. 그러나 아무리 달려도 야마오토코를 당할 수가 없었습니다. 점점 거리가 좁혀져서 곧 붙잡힐 지경이 되었습니다. 진순은 "지금이다!"하고 야마오토코를 향해서 흰 단지를 던졌습니다. 그러자 어느 틈에 큰 하천이 생겨서 큰 소리를 내며 물살이 흘렀습니다. 오니(鬼)같은 야마오토코도 좀처럼 이 하천을 건너지 못했습니다. 그 사이에 두 사람은 멀리 도망쳤습니다. 겨우 도망치기는 했지만 두 사람은 점점 지쳐서 생각대로 달릴 수가 없었습니다. 그러다가 다시 붙잡힐 지경이 되었습니다. 이번에는 파란 단지를 던졌습니다. 그러자 길에 온통 가시덤불이 생겨났습니다. 야마오토코는 가시덤불에 걸려서 몸부림쳤습니다. 진순을 야마오토코를 향해서 빨간 단지를 던졌습니다. 그러자 단지가 돌연 불로 변해서 가시덤불을 덮쳐 야마오토코가 불길에 휩싸였습니다. 그래서 두 사람은 무사히 집으로 돌아올 수가 있었습니다.[26]

이 이야기를 여기 수록한 것은 직접적으로 내선 관계가 있기 때문은 아니다. 이 이야기의 줄거리에 흥미가 있기 때문이다. 이 이야기의 근간은 요술둔피형(妖術遁避型)에 속하며, 세계적으로 널리 분포된 설화의 한 형식이다. 줄거리가 우연히 이자나기노 미코도(伊邪那伎命)가 저승으로 이자나미노 미코토(伊邪那美命)를 방문했다가 도망쳐 나오는 요모쓰히라사카(黃泉比良坂)설화와 유사한 형식이다. 또한 오구니누시노 미코토(大国主命)가 네노가타스구니(根堅洲国)에 사는 스사노오노 미코토(素盞嗚尊) 밑에서 스세리히메(復世理姫)에게 구혼을 하고 요모쓰히라사카(黃泉比良坂)를 넘어 도망치는 이야기와 연결되는 유사한 형식이라는 점이 흥미롭다.[27]

[사례 24]는 「세 개의 단지」의 전문이다. 그리고 인용문은 조

26) 일본어 원문은 본서 부록편에 수록하였다.

27) 朝鮮總督府(1939a : 38)

선총독부 「『국어독본』의 내선일체 교재에 대해서(國語讀本の內鮮一体の教材について)」(1939)의 한 부분이다. 인용문에 언급되어 있는 바와 같이 『보통학교국어독본』(일본어)에 수록된 「세 개의 단지(三つのつぼ)」는 "직접적으로 내선 관계가 있기 때문"이 아니었다. 그 줄거리가 일본신화에 등장하는 이자나기노 미코도(伊邪那伎命)와 이자나미노 미코토(伊邪那美命) 이야기와 유사하다는 이유에서 「내선일체」 교재로 간주되었다. 여기서 확인할 수 있는 바와 같이 「내선일체」 이념과 직접적으로 관련이 있는 교재가 아닌 경우라도 한국과 일본의 설화 중에서 이야기의 줄거리가 유사한 경우에는 「내선일체」를 위한 교재로 간주되었다. 이 점만을 주목하더라도, 일제강점기 조선의 〈혹부리 영감〉이 어떤 이유에서 「내선일체」의 교재로 보통학교 및 소학교 교과서에 수록되었는지, 그 이유가 명백해진다.

두 번째 사례를 보기로 한다. 앞서 〈혹부리 영감〉이 보통학교의 「조선어독본」과 「국어독본」(일본어)에 수록된 한국의 민담으로는 거의 유일하다는 점을 강조하였다. 〈혹부리 영감〉 외에도 그 성격상 민담에 가까운 교재가 교과서에 수록된 사례가 있다. 〈흥부전〉이 바로 그것이다. 이 〈흥부전〉은 『보통학교 조선어급한문독본』 권삼의 제48과와 제49과에 각각 「興夫傳(1)」, 「興夫傳(2)」라는 제목으로 수록되었다. 이 중에서 「興夫傳(1)」을 사례로 들기로 한다.

● 사례25

第四十八課　興夫傳(一)

옛날、어느곳에、놀부와興夫라하는사람兄弟가잇섯소。兄놀부는慾心

이만코、못된짓을만히하야、이웃까지不安케하얏소。아우興夫는、兄놀부와判異하야、마음이極히正直하고、山밋數間斗屋속에서、여러子息을다리고家勢가赤貧한살님을하얏소。

어느해봄에、興夫의집에제비한마리가날너와서、집을짓고、삭기를쳣소。그때　큰구렁이하나가와서、삭기를다잡어먹엇는대、그中한마리가집에서떠러졋소。떠러질때에、발에걸녀、두다리가불어져서、피를흘니며、떨고잇섯소。興夫는이것을보고、불샹히역여、손에올녀놋코、발에藥을발으고、실로매여서노하주엇소。그리한지十餘日만에、제비는다리가나서、江南으로갓소。

江南王은그自初至終을듯고、興夫의恩惠를갑기爲하야、報恩瓢라하는박씨하나를내여보내엿소。그이듬해三月三日에、제비는박씨를물고、興夫의집에와서、떠러틀엿소。興夫의內外는異常히싱각하고、뜰압담밋헤심엇소。三四日이지나매、싹이나고、次次자라서、입히나고、꼿치피더니、큰박몃통이열녓소。興夫內外는、無心코톱을들고한통을켯더니、뜻밧게靑衣童子가여러가지仙藥을가지고나왓소。또한통을켯더니、집짓는연장과세간긔명과衣服衾枕이나왓소。또한통을켯더니、집지위와五穀과가진寶貝와怜悧하고敏捷한男女가만히나와서、훌늉한집을눈결에지어놋코、여긔저긔먹을것이싸여서、興夫는大端히八字좃케살게되엿소。

주지하다시피 〈흥부전〉은 작자불명의 고대소설에 기원을 두고 있다. 이 〈흥부전〉은 〈도깨비 방망이〉와 매우 유사한 민담구조를 지닌 이야기이다. 이야기의 주제 및 줄거리에 있어서도 유사한 점이 많다. 또한 〈도깨비 방망이〉는 일본의 설화집인 『우지슈이 모노가타리』에 들어있는 〈혹부리 영감〉과도 매우 유사한 이야기이다. 일제강점기 일본인 연구자들이 이들 이야기를 크게 주목한 점에 관해서는 본서에서 여러 차례 언급하였다.

한국의 〈흥부전〉이 되었든 〈혹부리 영감〉이 되었든, 이들 이야기가 일제강점기 「조선어독본」에 수록된 이유는 명확하다. 즉 이들 이야기와 유사한 이야기가 일본에 있었기 때문이다. 그것도 『우지슈이 모노가타리』라는 중세설화집에 유사한 이야기가 수록되어 있었기 때문이다.

조선의 〈혹부리 영감〉은 일본에도 유사한 이야기가 전해진다는 이유에서 일제강점기에 「조선어독본」과 「국어독본」(일본어)에 수록되었다. 그리고 그 배경에 「내선일체」라는 식민지통치 이데올로기가 작용하고 있었다. 본서의 분석을 통해 어떤 이유에서 한국의 〈혹부리 영감〉이 수많은 한국의 민담 중에서 채택되어, 그것도 일관되게 「조선어독본」과 「국어독본」(일본어)에 수록되었는지 그 이데올로기적 배경이 밝혀졌다. 만약 당시 조선에도 일본에서 유명한 〈모모타로(桃太郎)〉나 〈우라시마타로(浦島太郎)〉과 같은 민담이 전해지고 있었다면, 이들 민담이 〈혹부리 영감〉보다도 더욱 주목받았을 가능성이 있다.

해방 후 한국사회에 있어서 〈혹부리 영감〉의 확산

제6장

1. 서언

이제까지 조선에서 전승되던 〈혹부리 영감〉이 일제강점기에 편찬된 보통학교의 「조선어독본」에 수록되는 과정에서 특히 체재면에서 일본의 「소학독본」에 수록된 〈혹부리 영감〉의 영향을 받았음을 밝혔다. 또한 교과서 수록과정에서 이른바 「교육적 견지」라는 관점에서 이야기의 개작이 적지 않게 이루어졌음을 밝히고 그 구체적인 양상을 분석하였다. 그 결과 한국에서는 어느 이야기가 한국형 〈혹부리 영감〉이고, 어느 이야기가 일본형 〈혹부리 영감〉인지를 구별할 수 없게 되었음을 지적하였다.

여기서는 일제강점기가 끝난 후, 〈혹부리 영감〉이 한국사회에서 어떤 형태로 확산되었는지를 밝히고자 한다. 먼저 해방 후에 국민학교 국어 교과서에 수록된 〈혹부리 영감〉을 주목하기로 한다. 특히 일제강점기 보통학교 「조선어독본」 및 「국어독본」(일본어)에 수록되었던 〈혹부리 영감〉과의 연관성에 관해서 밝히고자 한다. 그리고 해방 이후 한국에서 발행된 동화집을 대상으로 하여 동화집에 수록된 〈혹부리 영감〉의 현황을 파악하고, 일본형 〈혹부리 영감〉의 영향으로 판단되는 모티브, 일본형 〈혹부리 영감〉이 확산되게 된 사회적 배경 등에 관해서 논하기로 한다.

2. 한국의 국어 교과서에 다시 등장한 <혹부리 영감>

일제강점기가 끝난 후부터 1990년대에 이르기까지 〈혹부리 영감〉은 모두 3회에 걸쳐 한국의 국민학교 국어 교과서에 수록되었다. 이들 〈혹부리 영감〉이 수록된 국어 교과서는 다음과 같다.

① 『초등국어교본』 중권 1946 국정교과서 주식회사 : 21과
② 『국민학교 국어 읽기 2-2』 1989 국정교과서 주식회사 : 11과
③ 『국민학교 국어 쓰기 4-1』 1989 국정교과서 주식회사 : 12과

① 『초등국어교본』은 일제강점기가 끝난 직후인 1946년에 발행되었다. 모두 상·중·하 세 권으로 구성되었다. 〈혹부리 영감〉은 중권의 제21과에 「혹달린 노인」이란 제목으로 수록되었다. 전문이 한글로만 표기되었으며 전체적으로 회화문이 늘어났다는 특징이 있다.

②『국민학교 국어 읽기 2-2』와 ③『국민학교 국어 쓰기 4-1』은 교육부의 「제5차 교육과정」[1]에 맞추어 발행된 교과서이다. 「제5차 교육과정」 방침에 따라 종래의 「국어」 교과서를 「말하기·듣기」, 「읽기」, 「쓰기」로 나누어 발행하였다. 〈혹부리 영감〉은 『국민학교 국어 읽기 2-2』의 11과와 『국민학교 국어 쓰기 4-1』의 12과에 각각 수록되었다.

우선 ①의 전문을 살펴보기로 한다.

사례26

二十一 혹 달린 노인

옛적 어느 곳에 정직하고 착한 노인이 있었습니다. 이 노인은 턱 밑에 큰 혹이 달려서 뒤웅박 같이 뒤룽뒤룽하므로, 항상 괴롭기도 하고, 길에를 나가던 오고가는 사람들이 유심히 치어다보기 때문에 부끄럽기도 하였습니다. 하루는 볼 일이 있어서 먼 곳에 갔다 오다가, 중로에서 날이 저물었습니다. 그러나 근처에는 인가도 없고, 사방은 캄캄하여 고생을 하는데, 마침 산기슭에 빈 집 하나가 있었습니다. 여기서 잘 작정으로 들어갔습니다. 빈 집에 들어가서 혼자 앉으니, 무섭기도 하고 적적하기도 하고 심심하기도 하여 목소리를 가다듬어 노래를 듣기 좋게 자꾸 하였습니다. 본디 이 집은 도깨비가 어찌 많은지, 아무도 드는 사람이 없고, 늘 비어 있는 집입니다. 여러 도깨비들은 별안간 듣기 좋은 소리가 나니까, 귀를 기울이어 듣다가 고만 흥이 나서, 어깨를 으쓱으쓱하고 춤들을 추었습니다. 그리더니, 괴수 도깨비가 노인 앞으로 썩나서서, "여보시오, 노인, 노래 참 잘하시는구료. 어찌 듣기가 좋은지 저절로 춤이 다 나오. 대체 그 좋은 소리가, 어디서 자꾸 나오나요? 아마 그 혹에서 나오나 보이다. 금은보배를 많이 드릴 터이

---

1) 1987년 6월 30일 문교부 고시 제88-7호로 공포되었다.

니, 그 혹을 우리에게 주시오." 하고, 자꾸 졸랐습니다. "그러면 아파서 어떻게 해요?" "그것은 염려 마시오. 우리들이 떼면 아프지도 않고, 자리도 감쪽같이 된다오." 그 이튿날, 이 정직하고 착한 노인은 혹도 떼고, 보배도 얻고, 아주 웃는 낯으로 집에 돌아가 부자가 되었습니다. 이 소문이 차차 나서, 어느 욕심많은 고약한 늙은이의 귀에 들어갔습니다. 이 늙은이도 커다란 혹이 볼에 달리었습니다. 이이가 혹 뗀 노인을 찾아 와서 자세히 묻고 갔습니다. 이 늙은이는 혹을 뗄 생각 보다는 금은보배가 탐이 나서, 곧 그 빈 집을 찾아 갔습니다. 어둡기도 전에, 대청 마루에 누워 할줄도 모르는 노래를 한다고, 소리만 꽥꽥 질러 듣기가 싫게 합니다. 이렇게 하여 도깨비 오기만 기다리고 있습니다. 날이 어두워 도깨비들이 오다가, 이 듣기 싫은 소리를 듣고, 웬 놈이 와서 그리나 하고, 몰려 들어가 "웬 놈이 남의 집에 들어와 떠들어?" 하고 막 야단을 쳤습니다. 그러나 욕심 많은 늙은이는 "아니야요. 이 혹에서 노래가 하도 잘 나오니까, 이것을 당신들에게 팔러 왔소이다. 여러분이 금은보배를 많이 내고 이 혹을 사서 두시면, 듣고 싶은 소리를 언제든지 들을 수 있습니다." 하고 풍을 떨었습니다. 도깨비들이 이 말을 듣더니 껄껄 웃으며, "그런 거짓말을 어디 와서 해? 이것도 마저 가져가거라." 하고 다른 혹까지도 붙이어 내쫓았습니다. "혹 떼러 갔다 혹 붙인다"는 말은 여기서 나왔다 합니다.

[사례 26]의 출전에 관해서는 알려지지 않았으나, 필자의 조사에 의하면 심의린의 『조선동화대집』에 수록된 〈혹부리 영감〉을 전거로 삼은 듯하다. 심의린의 『조선동화대집』에 수록된 이야기는 다음과 같다. [사례 26]과의 비교를 위해서 전문을 그대로 인용하기로 한다.

사례27

四三、혹달닌老翁

넷적 어느곳에 正直한늙은이하나가잇는대、턱밋헤큰혹이달녀서 뒤웅박갓치 듸룽듸룽함으로 恒常괴롭기도하고 어대를좀가랴면 往來하는사람들이 有心히 치어다보고웃는故로 붓그럽기도하야 晝夜로根心을하며 엇지하면 이혹을떼여볼가하고 여러가지로 生覺하야 보앗스나 도모지조흔道理가업섯습니다。하로는볼일이잇서서 먼곳에갓다가오다가、中路에서 날이저물엇습니다。그러나近處에는 人家도변변히업고、四面을보니 캄캄하야 咫尺을分辨키가어려워서、困難이莫甚하든中、마침山기슭에 빈집하나가잇슴을보고、여긔서잘酌定으로 들어갓습니다。빈집에들어가서 혼자잇슨즉、무섭기도하고 寂々하야심심하기도함으로、소리를크게질너서 노래를한바탕 듯기좃케하얏습니다。그런대이집은 根本독갑이가엇지 만히잇든지 아무도와서사는사람이업고 곳移徙를감으로恒常집이비여잇습니다。이늙은이가 노래를할 때에、여러독갑이들은瞥眼間에 듯기조흔소리가남으로、귀를기우려서듯다가 自然興이나매억개를웃쓱웃쓱하며몰켜들어왓습니다。그中에魁首독갑이하나가 썩나서서 老人압흐로오드니『여보시오老人、노래 참잘도하시오 엇지듯기가 조흔지 저절로춤이나갑니다。그러나그런조흔노래가 어듸서 그럿케작구나옵닛가。』 하고 물엇습니다。혹달닌늙은이는 理所固然하게對答하되『네그노래는 달은데서 나오는것이아니라 턱밋헤 달닌혹속에서 나옵니다。이혹만가지면 얼마든지노래를할수가잇습니다』하얏드니、독갑이는大端히반가워하며 그러하면『그런조흔혹을 혼자만갓지말고 金銀寶貝를 만히들일터이니 나에게파시오。』하고、請하얏습니다。本來혹때문에 困難히지내든터에、况 寶貨까지주고 산다함으로 마음에 大端히깃붜서 곳 應諾하고 팔기로하얏습니다。독갑이들이 金銀寶貝를 만히갓다주며、혹을떼여가는대 조곰도 압흐지아니하얏습니다。그잇흔날 이正直한늙은이는 혹도떼고 만흔寶貨를 가지고가서、큰

富者가되엇습니다。이所聞이漸々퍼져서、쏘한곳에慾心만코 혹달닌늙은이하나가 이말을듯고、혹쎄인늙은이를차저와서 自初至終을 仔細히 물어갓습니다。이늙은이는 혹을쎌生覺보다도 金銀寶貝를 어들慾心이 더잇슴으로、곳 그빈집을차저가서 어둡기도前에 大廳마루에누어서 잘하지도못하는노래를 듯기실케색색 질너서하며、독갑이오기를 기다리고 잇섯습니다。밤이되여서 독갑이들이 놀너오다가들은즉、웬노래소리가 나는대、別로히듯기조치도못함으로 엇던놈이왓노하고 몰녀들어가서 『여보시오、웬사람이오、왜남의집에들어와서 소리를하고써드시오。』하얏습니다。慾心만흔혹쟁이는 독갑이를 속여보랴고 『네 내턱밋헤잇는 노래가잘나오는혹을 當身들한테팔너왓소。萬一여러분이 이혹을 金銀寶貝를주고 사서두시면、소리를듯고시흔쌔에 마음대로들으실것입니다。』하얏습니다。독갑이들이 이말를듯드니、깔깔웃으며『요前에도 엇던놈이와서、소리나는혹이라고 속여서 金銀寶貝를쌧어가드니、이놈도 滋味가나서 쏘그짜위酬酌을하는구나。요前에산혹도아무所用이업스니 너마자가저가거라。』하고 그혹을갓다가 쏘붓쳐주어서 雙혹을달고 돌아왓다합니다。이쌔부터혹쎌어갓다가 혹붓쳣다는말이 생겨낫습니다。2)

앞서 소개한 [사례 26]과 [사례 27]를 비교하기로 한다. 두 사례는 내용면에서 유사한 점이 많다. 우선 이야기의 전반부와 후반부의 등장인물이 「정직하고 선량한 노인 : 욕심 많은 노인」이라는 대립상으로 되어있다. 노인이 커다란 혹 때문에 고통을 받고 있다는 점, 노인이 먼 길을 가다가 해가 저물었다는 점 등이 일치하다. 그리고 이야기 말미에 "혹 떼러 갔다 혹 붙인다"라는 문구가 삽입된 점도 일치한다. 이 같은 점들을 고려할 때에 [사례 26]은 [사례 27]을 전거로 삼았다고 보아도 무방하다.

---

2) 심의린(1926 : 204-206).

이 점은 매우 중요한 의미가 있다. 왜냐하면 『초등국어교본』의 편찬자가 일제강점기에 발행된 여러 종류의 「조선동화집」 중에서도 한국인이 발행한 「조선동화집」[3]에 수록된 〈혹부리 영감〉을 전거로 삼아 교재를 채택했기 때문이다. 이는 당시 『초등국어교본』의 편찬자가 신중을 기하여 〈혹부리 영감〉 교재를 선택한 결과인 듯하다. 그러나 일제강점기 교과서 수록을 계기로 행해진 〈혹부리 영감〉의 영향관계에는 생각이 미치지 못한 듯하다. 왜냐하면 [사례 26]에서 일제강점기에 행해진 〈혹부리 영감〉의 개작 결과가 부분적으로 확인되기 때문이다. 이 문제에 관해서 검토하기로 한다.

심의린의 『조선동화대집』에 수록된 [사례 27]과 『초등국어교본』에 수록된 [사례 26] 사이에는 간과할 수 없는 결정적인 차이가 있다. 그 차이는 노인과 도깨비의 대화중에 나타난다. 즉 도깨비와 노인 중에서 누가 먼저 「혹에서 아름다운 목소리가 나온다.」라고 말을 꺼내는가이다. 심의린의 [사례 27]에서는 도깨비가 "그런조흔노래가 어듸서 그럿케작구나옵닛가"」라고 묻자, 노인이 "네그노래는 달은데서 나오는것이아니라 턱밋헤 달닌혹속에서 나옵니다。이혹만가지면 얼마든지노래를할수가잇습니다"라고 대답한다. 그런데 [사례 26]에서는 도깨비 쪽에서 먼저 "여보시오, 노인, 노래 참 잘하시는구료. 어찌 듣기가 좋은지 저절로 춤이 다 나오. 대체 그 좋은 소리가, 어디서 자꾸 나오나요? 아마 그 혹에서 나오나 보이다. 금은보배를 많이 드릴 터이니, 그 혹을 우리에게 주시오." 라고 말을 꺼낸다. 이 대목

3) 이 시기 발행된 「조선동화집」에 관해서는 본서 제3장의 [표 4]를 참조.

에 매우 중요한 의미가 담겨있다는 점에 대해서는 본서 제4장에서 여러차례 강조하였다. 즉 이 대목은 일제강점기 조선의 민간에 전해지던 〈혹부리 영감〉을 교과서에 수록하는 과정에서 교과서 편찬자가 가한 중요한 개작 요소 중의 하나이다. 노인이 먼저 「혹에서 아름다운 목소리가 나온다.」라고 말을 꺼내는 것은 「교육적 견지」에서 볼 때에 좋지 않기고 판단하여 개작을 행했던 것이다. 그런데 해방 후에 편찬된 『초등국어교본』의 [사례 26]에 그 개작 요소가 그대로 수용되어 있는 것이다.

이 문제에 대해서는 어떤 경위에서 해방 후 발행된 『초등국어교본』(1946)에 〈혹부리 영감〉을 수록하였는가를 밝히는 것이 중요하다. 왜냐하면 본서에서 밝힌 바와 같이, 일제강점기 일본인들이 〈혹부리 영감〉을 교과서에 수록한 배경에는, 「내선일체」라는 정치적 이데올로기가 결정적으로 작용하고 있었기 때문이다. 그런데 해방 후에 이 이야기가 다시 『초등국어교본』에 수록된 것이다. 그 이유를 알아보기 위해 『초등국어교본』의 「교본 편찬방침」을 검토하기로 한다.

> 文章의 教材는, 臨時 措處로 短時日에 이것을 編纂하는 關係上 到底히 創作을 할 餘裕가 없으므로, 예전 『朝鮮語讀本』과 其他 作家의 作品에서 適當한 것을 取擇하고, 새 教科書로서의 見地에서 適當히 訂正을 가함.[4]

앞의 인용문은 「교본 편찬방침」의 일부이다. 이 인용문을 보면 『초등국어교본』에 〈혹부리 영감〉이 교재로 채택된 이유가 분명해진다. 즉 "臨時 措處로 短時日에 이것을 編纂하는 關係上

4) 박붕배(1987 : 587).

到底히 創作을 할 餘裕가 없으므로, 예전『朝鮮語讀本』과 其他 作家의 作品에서 適當한 것을 取擇"한데 따른 결과이다.

그런데 이 이유만으로는『초등국어교본』에 〈혹부리 영감〉이 수록된 배경에 대한 설명으로 충분하다고 볼 수 없을 것이다. 말하자면 근본적인 이유는 다른 데에 있다. 그 근본적인 이유는 당시『초등국어교본』 편찬에 관여한 편찬자들이 일제강점기 〈혹부리 영감〉의 교과서 수록과 관련된 정치적 이데올로기를 간파하지 못했기 때문이다. 어쩌면 〈혹부리 영감〉이라는 교재의 내용 자체로는 이데올로기적 측면을 간파하기 힘들었을 것이다. 문제는 〈혹부리 영감〉의 이야기 내용이 아니라, 이 이야기가 일제강점기 한국의 민담으로는 유일하게 그것도 일관해서 「조선어독본」 및 「국어독본」(일본어)에 수록된 이데올로기적 배경, 즉 「내선일체」를 교육하기 위한 교재로 동원되었다는 점을 주목했어야 한다. 그렇지만『초등국어교본』의 편찬에 관여했던 사람들은 「내선일체」라는 이데올로기적 배경까지 파악할 여유가 없었던 것이다.

이 점에 관해서『초등국어교본』에 수록된 다른 교재와의 검토를 통해서 검토하기로 한다. 당시『초등국어교본』의 편찬자는 당연히 무언가 일정한 기준을 정해서 해방 전의 교과서 중에서 교재를 취사선택했을 것이다. 따라서『초등국어교본』에 채택된 그 밖의 교재와 비교를 하면, 해방 후에 〈혹부리 영감〉이 교재로 채택된 이유가 더욱 분명해진다.

『초등국어교본』에는 〈혹부리 영감〉 이외에도 한국의 고대 신화 · 전설에 등장하는 인물들이 교재에 포함되었다. 예를 들면

〈석탈해〉(상권 제35과), 〈박혁거세〉(중권 제19과) 등이다. 이 인물들은 본서 제5장에서 밝힌 바와 같이, 일제강점기에 고대 한일관계의 「친밀한 관계」[5]를 강조하기 위해서 「조선어독본」 및 「국어독본」(일본어)에서 자주 채택했던 인물들이다. 해방 직후에 발행된 『초등국어교본』에 이 인물들이 다시 채택되었다. 그 이유는 명확하다. 일제강점기 교과서 교재를 「한국교재」와 「일본교재」로 구별하는 이분법적 사고가 작용하였기 때문이다. 즉 일찍이 일제강점기에 「내선일체」 이념에 따라 양쪽을 관련지어 교육하고자 했던 이데올로기적 의도를 간과한 결과이다. 이 같은 이분법적 사고방식에 대해서는 국어교육사 연구자인 박붕배의 다음과 같은 언급에서도 읽어낼 수 있다.

> 卷五에서는 第三十六課 한문 '高倉天皇'을 소개, 자랑하고, 第五十五課에서 '元과 日本'이란 단원을 통하여 일본 문화의 고대적 神聖性을 가식하고 있다. 그러나, 卷一~卷四에 비하여 한국의 고대 사실을 꽤 남겨 놓은 점이 기이하리만큼 많다. 아마 이것은 연령이 많은 學徒의 불신에 대비한 배려라고 추측된다.[6]

박붕배는 앞의 인용문에서 일제강점기에 「보통학교 조선어급한문」 권5에, '高倉天皇', '元과 日本' 등 「일본교재」가 많이 포함된 점을 문제 삼고 있다. 그리고 〈혁거세〉(제16과)나 〈석탈해〉(제24과)와 같은 「한국교재」가 "기이하리만큼 많다."는 점에 의문을 나타내며, "아마 이것은 연령이 많은 學徒의 불신에 대비한 배려"로 해석하였다. 물론 이 같은 박붕배의 해석은 문제

---

5) 朝鮮總督府學務局 「現行教科書の編纂方針」(1921 : 7).

6) 박붕배(1987 : 357).

의 핵심에서 벗어나 있다. 왜냐하면 일제강점기 교과서 교재를 단순하게 「한국교재」와 「일본교재」로 나누어, 「한국교재」는 문제가 없고 「일본교재」만을 문제시해서는 문제의 본질을 간파할 수가 없기 때문이다. 일제강점기 조선총독부의 교과서 편찬자들은 「한국교재」와 「일본교재」를 동시에 적절하게 교과서에 수록함으로써, 이를 통해 「내선일치」라는 이데올로기를 자연스럽게 주입시키고자 했던 것이다.

이상으로 일제강점기 「조선어독본」 및 「국어독본」(일본어)에 「내선일체」」의 교재로 채택되었던 〈혹부리 영감〉이 해방 후에 다시 『초등국어교본』(1946)에 수록된 배경에 관해서 살펴보았다.

한 가지 더 흥미로운 점은 1989년에 발행된 국민학교 국어 교과서에 〈혹부리 영감〉이 수록되었다는 사실이다. 『국어 읽기 2-2』와 『국어 쓰기 4-1』에 수록되었는데, 해방 직후에 발행된 『초등국어교본』(1946)과는 무려 43년이라는 시간적 거리가 있다. 어떤 배경에서 43년이라는 시간적 거리를 뛰어넘어 〈혹부리 영감〉이 초등학교 국어 교과서에 수록되었던 것일까? 『국어 쓰기 4-1』에는 이야기의 전문이 수록되어 있지 않으므로 『국어 읽기 2-2』에 수록된 〈혹부리 영감〉을 중심으로 검토하기로 한다. 먼저 전문을 그대로 인용한다.

● 사례28

오랜 옛날, 어느 마을에 마음씨 착한 혹부리 할아버지가 살고 있었습니다. 할아버지는 턱 밑에 주먹만한 혹이 달려서, 세수를 하거나 밥을 먹을 때에 몹시 거북하였습니다. 할아버지는 혹을 뚝 떼어 내고 싶었지만, 뗄 수가 없었습니다. 어느 날, 할아버지가 깊은 산 속으로 나무를 하러 갔습니다. 나무를 한 짐 하고 보니 해가 저물었습니다. '큰일났군. 어디서 밤을 지낸담.' 할아버지는 어두운 숲 속을 돌아다니다가 오막살이집 한 채를 발견하였습니다. '옳지, 저기 집이 있군!' 할아버지는 오막살이집으로 갔습니다. "주인 계십니까?" 아무 대답이 없었습니다. 할아버지는 빈집에 들어가 누웠습니다. 할아버지는 무서움을 잊으려고 노래를 불렀습니다. 노랫소리는 고요한 산 속에 울려 퍼졌습니다. "여기다, 여기야!" 도깨비들이 방으로 우르르 몰려들었습니다. 할아버지는 깜짝 놀랐습니다. "할아버지, 그렇게 아름다운 노랫소리가 어디에서 나옵니까?" 도깨비 대장이 물었습니다. "목청에서 나오지, 어디에서 나오긴……."할아버지가 대답하였습니다. "옳지, 이 혹에서 나오는군!" "할아버지 그 혹을 우리에게 파십시오. 값은 많이 드릴게요." 도깨비들은 보물이 든 자루를 놓고는, 혹을 뚝 떼어 가지고 가 버렸습니다. 이 소식을 건넛마을에 사는 욕심쟁이 혹부리 할아버지가 들었습니다. 욕심쟁이 혹부리 할아버지는 얼른 산 속으로 나무르 하러 갔습니다. 욕심쟁이 할아버지는 나무도 하지 않고 놀았습니다. 밤이 되자, 그 오막살이집으로 가서 큰 소리로 노래를 불렀습니다. 그러자 도깨비들이 우르르 몰려들었습니다. "노래를 참 잘 하는군. 그 노래가 어디에서 나오지?" 도깨비들이 물었습니다. "이 혹에서 나옵니다. 싸게 팔 테니까 어서 사 가시오." 욕심쟁이 할아버지는 시치미를 떼며 말하였습니다. "아니, 뭐라고? 이런 거짓말쟁이. 이 혹까지 네가 다 가져라." 도깨비들은 화를 내며 욕심쟁이 할아버지에게 또 하나의 혹을 붙여 주었습니다. '혹 떼러 갔다가 혹 하나 더 붙였네.' 욕심쟁이 할아버지는 울면서 집으로 돌아왔습니다.[7)]

[사례 28]의 출전에 관해서는 분명하지 않다. 단지 [사례 28]이

---

7) 『국어 읽기 2-2』(1989 : 80-83) 수록.

여러 면에서 [사례 26]과 유사하다는 점만을 지적해 둔다. 구체적으로 살펴보면, 전반부와 후반부의 등장인물이 「마음씨 착한 할아버지 : 욕심쟁이 할아버지」라는 대립상으로 설정된 점, 노인이 턱밑에 달린 혹 때문에 평소에 고통을 받고 있었다는 것이 강조된 점, 도깨비 쪽에서 먼저 "할아버지, 그렇게 아름다운 노랫소리가 어디에서 나옵니까?" 라고 물었던 점 등이 유사하다. 즉 [사례 28]의 경우 [사례 26]를 참고로 하여 성립되었을 가능성이 크다. 반복해서 지적하지만, 그 중에서 노인과 도깨비의 대화중에, 노인에게 먼저 아름다운 목소리가 혹에서 나온다고 말하게 하지 않고 도깨비가 말하도록 하는 부분은 일제강점기 교과서에서 확인되는 중요한 개작 요소이다. 일제강점기에 행해진 개작으로부터 50여년이 경과한 후, 한국의 초등학교 교과서에서 개작의 흔적을 확인하고 있는 셈이다. 그렇다면 〈혹부리 영감〉중에서 왜 이 대목만이 그토록 뿌리 깊게 남아 있는 것일까?

앞서 소개한 [사례 26]이 수록된 『초등국어교본』의 경우는 "臨時 措處로 短時日에 이것을 編纂하는 關係上 到底히 創作을 할 餘裕가 없으므로" 일제강점기 조선총독부에서 발행한 「조선어독본」을 참고하였다고 한다. 그 때문에 「조선어독본」에 수록되었던 〈혹부리 영감〉이 다시 『초등국어교본』에 수록된 시대적 정황을 이해할 수 있다. 그렇지만 [사례 28]의 경우는 교과서 편찬과정에서 시간적으로도 충분히 검토할 여유가 있었을 것이다. 여기서, 혹에서 아름다운 목소리가 나온다는 대목을 노인이 말하게 하지 않고 도깨비에게 말하도록 서술한 이유를 [사례

28]의 〈혹부리 영감〉의 본문 내용과 관련지어 고찰하기로 한다. [사례 28]이 수록된 『국어 읽기 2-2』의 『교사용 지도서』에 다음과 같은 언급이 있다.

- 도깨비들이 왜 혹을 떼어 갔나?(혹에서 아름다운 노랫소리가 나온다고 생각해서)
- 욕심쟁이 혹부리 할아버지는 도깨비에게 무슨 말을 했나?(혹에서 아름다운 노래가 나온다고 거짓말을 함.)
- 도깨비들은 왜 화가 났나?(욕심쟁이 혹부리 할아버지가 거짓말을 해서, 지난 번에 보물을 주고 가져 간 혹에서 아름다운 노랫소리가 나오지 않아서)
- 왜 욕심쟁이 혹부리 할아버지에게 혹을 붙여 주었을까?(거짓말을 해서)
- 그건 누구의 혹일까?(착한 할아버지)[8]

앞의 인용문은 『교사용 지도서』의 「세부 내용 파악하기」부분이다. 여기를 보면 이야기 후반부에 등장하는 욕심 많은 노인이 혹을 하나 더 붙이게 된 원인을 노인의 「거짓말」에서 찾고 있다. 반면에 전반부에 등장하는 노인의 경우는 도깨비 쪽에서 먼저 "옳지, 이 혹에서 나오는군!" "할아버지 그 혹을 우리에게 파십시오. 값은 많이 드릴게요."라고 말을 꺼냈지, 결코 노인이 혹에서 노래가 나온다고 「거짓말」을 하지 않았다. 이 점은 [사례 26] 및 [사례 28]에서 그 어느 쪽 이야기나 등장인물을 「선량한 노인 : 욕심 많은 노인」이라는 대립상으로 설정하고 있는 점과도 관련이 있다. 즉 「선량한 노인」이 혹에서 노래가 나온다고 「거짓말」을 하는 것은 이야기 전개상 모순을 야기할 우려가 있

8) 문교부 『국민학교 교사용 지도서 국어 2-2』(1989 : 210).

다. 등장인물을 「착한 노인 : 욕심 많은 노인」이라는 대립상으로 설정했기 때문에, 도깨비가 먼저 혹에서 아름다운 목소리가 나온다고 말하지 않을 수 없었던 셈이다. 이 점을 고려한다면 [사례 28]은 도덕성을 강조하기 위한 교재로도 해석할 수 있다. 그런데 이는 본서 제4장에서 밝힌 바와 같이, 일제강점기에 발행된 보통학교 「조선어독본」에 수록된 〈혹부리 영감〉의 개작 이유와 상통한다. 다시 말하자면 어느 사례에서나 「교육적 견지」에서 「거짓말」은 옳지않다는 기준이 적용된 셈이다.

이상으로, 일제강점기에 행해진 〈혹부리 영감〉의 개작 양상이 50여년이 지나서 편찬된 『국어 읽기 2-2』에 수록된 〈혹부리 영감〉에도 그대로 그 흔적이 남아 있음을 확인하였다. 남은 과제는 왜 〈혹부리 영감〉은 『초등국어교본』(1946)에 수록된 지 43년이 지나서 국민학교의 『국어 읽기 2-2』에 수록되었는가, 그 배경을 밝히는 것이다. 그 주된 이유로 〈혹부리 영감〉이 일제강점기 「조선어독본」 및 「국어독본」에 수록된 것을 비롯하여, 해방 후에 『초등국어교본』에 수록된 이후, 이 이야기가 주로 한국의 동화집을 통해 널리 확산되었다는 점을 주목할 필요가 있다. 말하자면 〈혹부리 영감〉이 일제강점기 이후 교과서에 수록된 것을 계기로 널리 알려지게 되자 해방 이후 한국의 동화집에 빈번하게 수록되었으며, 동화집 수록을 계기로 더욱 널리 알려지게 된 결과가 이번에는 역으로 『국어 읽기 2-2』에 수록되는 결과로 이어졌다고 보아야 할 것이다. 이 점을 밝히기 위해서 한국의 동화집에 수록된 〈혹부리 영감〉을 주목하기로 한다.

3. 동화의 세계로 확산된 <혹부리 영감>

〈혹부리 영감〉은 일제강점기에 「조선어독본」 및 「국어독본」(일본어)에 수록, 그리고 해방 후에 『초등국어교본』에 수록된 이래로 빈번하게 한국의 동화집에 등장하였다. 과연 어느 정도 동화집의 제재로 활용되었을까? 우선 그 점을 확인하도록 한다.

[표 10]을 주목하기로 한다. [표 10]은 필자가 일제강점기부터 1990년대 중반 사이에 발행된 한국의 동화집(주로 전래동화집)에 수록된 〈혹부리 영감〉을 정리한 결과이다. 총 34편이 필자가 수집한 동화집 중에 수록되었다. 이들 이야기의 내용을 면밀하게 분석해 보면 다음과 같이 대략 4가지 유형으로 나눌 수 있겠다.

① 본서 제2장에서 소개한 [사례 9]와 유사한 이야기
② 본서 제4장에서 소개한 [사례 20]과 유사한 이야기
③ 본서 제4장에서 소개한 [사례 16]과 유사한 이야기
④ ②와 ③의 모티브가 결합된 이야기

①은 일제강점기 〈혹부리 영감〉이 「조선어독본」에 수록되기 이전에 한국의 민간에서 전해지던 이야기, 즉 「조선어독본」 수록을 계기로 체재상의 개작이 행해지기 이전의 이야기에 가깝다. 필자가 본서에서 분류한 유형으로 말하자면 한국에 전승되고 있던 「도깨비형」의 계열에 속하는 유형이다.

②는 일제강점기에 편찬된 『보통학교 조선어독본』 권사(1933)에 〈혹부리 영감〉이 수록되는 과정에서 행해진 개작 내용을 반영하고 있는 유형이다. 이야기 후반부의 생략, 노인이 불렀다는

노래 가사의 삽입, 도깨비 쪽에서 먼저 노인에게 「이 혹에서 아름다운 목소리가 나온다.」고 말하는 점 등이 포함되었다.

③은 일본의 『소학국어독본』 권이(1933) 그리고 일제강점기 『초등국어독본』(1939, 일본어)에 수록되었던 유형이다. 일본형 〈혹부리 영감〉의 특징으로 꼽았던 「이웃집 노인」의 모티브, 노인이 스스로 술잔치에 끼어드는 「잔치」라는 모티브, 혹을 맡아두는 「저당」 모티브를 그대로 확인할 수 있다.

④는 주로 ②와 ③의 이야기 모티브가 결합하여 성립된 복합적인 유형이다.

여기서 주목할 것은 해방 후부터 1990년대 중반까지 한국에서 발행된 한국동화집에서 ①,②,③,④라는 네 가지 유형 이외에는 본서 제2장에서 소개한 이른바 「장승형」의 〈혹부리 영감〉을 전혀 찾아 볼 수 없다는 점이다. 즉 필자가 본서에서 명명한 「장승형」에 속하는 유형은 오늘날 한국의 동화의 세계에서 영영 잊어지고 만 셈이다. 필자가 「장승형」에 속하는 〈혹부리 영감〉을 가리켜 「잊어진 혹부리 영감」이라 부르는 까닭은 여기에 있다. ①의 유형에 관해서는 지금까지 충분히 논하였으므로 여기서는 ②와 ③과 ④의 유형에 관해서 순서대로 검토하기로 한다. 먼저 ②에 속하는 유형의 사례를 소개한다.

사례29

옛날도 옛날 어떤 곳에 목에 기다란 혹이 달린 노인이 살았습니다. 하루는 깊고 깊은 산중으로 나무를 하려 갔었습니다. 나무를 하고 있느라니까, 어느덧 날이 저물었습니다. 사방은 점점 어두워지고, 산 길은 아주 험하여 방향을 잡을수가 없어서, 공연히 이리저리 앓다가이 헤매었습니다. 이렇게 이리저리 돌아 다니느라니까, 산중에 거진다 허무러져가는 빈 집이 있는것을 보았습니다. 혹 달린 노인은 대단히 기뻐하였습니다. 『아, 되었다! 오늘 하룻밤 여기에서 자고 가갓구나!』 이렇게 생각하고, 집안으로 들어갔습니다. 자세히보니까, 창은 모두 미어지고, 담벽은 떨어지고 해서, 아주 더러운 집이었습니다. 그러나 『한데서 자기보다는 낫지!』 생각하였습니다. 피곤한 몸을 눕이었으나, 어째 그런지 잠을 이룰수가 없었습니다. 어두운데를 돌아다니느라구, 너무 피곤해서, 그런가봅니다. 하는수없이 목에 혹 달린 노인은 일어나 앉았습니다. 달은 밝고 별은 높고 바람 부는 소리는 소을소을 들렸습니다. 『심심한데 노래나 한마디 불러볼가.』 이렇게 생각하고 기둥에 기대어서 노래를 부르기 시작하였습니다. 노래 소리가 고요한 산 속에 나무와 풀들을 기뻐서 떨게 하였습니다. 아주 아름다운 목소리었습니다. 이 영감이 한참 동안 노래를 부르다가, 노래하던 소리를 그치니까, 별안간 뚜벅뚜벅하고 발자국 소리가 들렸습니다. 혹 달린 영감은 이상히 생각하면서 있느라니까, 헤일수 없을만큼 도깨비들이 와악 몰켜왔습니다. 혹 달린 영감은 깜짝 놀라면서 달아나려고 하니까, 괴수 도깨비가 영감의 소매를 잡고 뛰질 못하게 합니다. 그리고 『영감님 놀라실것 없습니다. 우리들은 영감님의 노래를 들으려 왔으니, 한마디만 더 노래를 불러주시구려.』 하고 말했습니다. 이 말을 듣고, 목에 혹 달린 영감은 안심을 하고, 쉬이 숨을 길게 내쉬었습니다. 그리고 다시 기둥을 지키안고, 노래를 불렀습니다.

『태산이 높다하되, 하늘아래 메로다.
오르고 또 오르면 못 오를리 없건마는,
사람이 제아니오르고 뫼만높다하더라.』

이 노래를 듣던 도깨비들은 좋다 좋다 하면서, 장단을 맞후어 손을 치군 했습니다. 그리고 도깨빌들은 『영감님! 한번만 더 한번만 더.』 하면서 자꾸 노래를 또 청했습니다. 『심심한데, 그럼 또 한마디 불러볼가.』 영감이 이렇게 말하고,

『가마귀 싸우는 곳에
백로야 가지마라.
성낸 가마귀 흰빛을 새오나니,
청강에 고이 씻은 몸 더러힐가 하노라.』

영감은 노래 불렀습니다. 그러니까, 도깨비들은 아주 흥이 나서 좋다 좋다 하면서 늠실늠실 뛰며 춤을 추었습니다. 노래가 끝나자, 괴수 도깨비가 노인 앞에 와서 앉으면서,

『영감님! 참으로 재미가 있오. 대단히 고맙습니다. 그런데 대체 그런 아름다운 목소리가 어디서 나옵니까.』하고 물었습니다. 노인은 빙그레 웃으면서, 『목에서 나오지. 어디서 나오겠나.』하며 껄껄 웃었습니다. 그러니까, 괴수 도깨비는 『영감 영감 거짓말씀 마시오. 영감의 그 아름다운 목소리는 꼭 영감에 그 큰 혹에서 나올게요.』 하였습니다. 그러니까, 영감은 큰 혹을 쓸쓸 어르만지면서 『이 혹에서? 혹에서 나올가.』 하며 괴수 도깨비를 쳐다보았습니다. 그러니까, 괴수 도깨비는 고개를 끄덕하며 『아, 그렇고 말고요. 꼭 그럴겝니다. 영감, 대단히 어렵습니다마는, 그 혹을 우리들에게 떼어주지 못하겠습니까. 그 대신 좋은것을 소에 싣고 말에 싣도록 드릴테니까요.』하고 졸랐습니다. 혹장이 영감은 눈을 뚱그렇게 뜨며, 『이 혹을?』하고 불러짖었습니다. 그러니까, 도깨비들은 욱 노인 옆에 모여들어 혹을 만지면서, 『혹을 주세요. 혹을 주세요.』하고 떠들어댔습니다. 괴수 도깨비는 손을 들어 부하 도깨비들을 조용하게 하고, 『네? 영감! 그 혹을 주시면 참으로 고맙겠소.』하고 절을 꾸뻑꾸뻑하였습니다. 그러니까, 노인은 『글쎄, 나도 늘 성가시고 귀치않은것이니까, 주어도 관계찮지만, 아파서 어떻게 혹을

뗄고.』하였습니다. 그러니까, 괴수 도깨비는 기쁜 얼굴로 웃으면서 『아플리 있나요? 아프지 않게 떼어 드리죠.』하더니, 괴수 도깨비는 깜쪽같이 떼어가지고 어디론지 가고 말았습니다. 노인은 허둥지둥한 낮으로 혹 붙었던 곳을 만지면서 사방을 돌아보니까, 도깨비들은 어디로 갔는지 간곳없이 한놈도 없어지고, 금은보배가 많이 놓여있었습니다. 노인은 귀찮고 성가시던 혹을 떼어버린것을 기쁘게 생각하면서, 춤을 덩실덩실추며 노래를 불렀습니다. 이영감은 그 많은 금은보배를 가지고 집으로 돌아가서, 아주아주 재미있게 살다가 바로 어제 죽은는데, 저도 가서 떡도 얻어먹고, 아주 맛있는 약과도 얻어먹었습니다. 당신네 집에도 오늘쯤 맛있는걸 갖다주겠죠.9)

앞의 [사례 29]는 박영만의 『조선전래동화집』에 수록된 〈혹부리 영감〉의 전문이다. 박영만이 문장의 전후를 조금씩 바꾼 것이 확인된다. 이야기의 전개과정으로 볼 때 기본적으로 『보통학교 조선어독본』 권사에 수록되었던 〈혹부리 영감〉의 전재에 가깝다. [사례 29]를 읽어보면 『보통학교 조선어독본 권사 편찬취의서』에 제시되어 있는 세 가지 개작 요소가 충실하게 반영되어 있음을 확인할 수 있다. 즉 [사례 29]는 이야기의 후반부가 생략되었으며, [사례 20]에 들어있는 노래 가사 특히 동일한 노래가 두 편 포함되었다. 그리고 노인과 도깨비의 대화중에, 노인의 혹에서 노래가 나온다는 대사를 도깨비가 말하도록 설정하였다. 그런데 [표 10]에서 확인 할 수 있는 것처럼, 앞서 언급한 세 가지 개작 요소 중에서 특히 뒤의 두 가지 요소는 해방 후에 발행된 한국의 동화집에 수록된 〈혹부리 영감〉에 빈번하

9) 박영만(1940 : 99-103) 수록.

게 반영되어 있다. 말하자면 이 두 가지 요소는 한국의 동화집에 수록된 〈혹부리 영감〉의 전형적인 모티브로 정착했다고 보아도 무방하다. 다음으로 ③에 속하는 유형의 사례를 소개한다.

사례30

옛날에 오른 쪽 뺨에 커다란 혹이 하나 달린 영감이 있었대. 하루는 이 영감이 나무하러 산으로 갔지. 한참 나무를 하고 있는데 비가 보슬보슬 오기 시작하더래. 그래서, 비가 개면 또다시 나무를 할 작정으로 우선 큰 나무 밑으로 갔지. 그런데, 비는 점점 더 쏟아져 나무 밑에서도 비를 피하기가 어렵게 됐지. 마침 건너편에 쓰러져 가는 절간이 있어서 그리로 뛰어 갔지. 그러나, 비는 그치지 않고 저물어 어두워졌지. 영감은 할 수 없이 거기서 하룻밤을 새울 요량으로 절간 한 귀퉁이에 가서 가만히 쭈그리고 앉았었지. 한밤중쯤 되니까 어디서 도깨비가 한 떼 몰려오더니 방망이를 '또드락 딱딱 또드락 딱딱' 하고 두드리더니 술이야, 고기야, 떡이야, 메밀묵이야, 먹을 것을 많이 갖다 놓고 한참 먹고 마시고 하더래. 어지간히 먹고 나더니 도깨비들은 모두 일어나서 춤을 춘다, 노래를 부른다 하며 떠들어 대더래. 영감은 도깨비들이 이렇게 놀아 대는 것을 보고 있자니까 자기도 신이 나서 도깨비들이 노는 사이로 춤을 덩실덩실 추면서 노래를 불렀지. 영감이 이렇게 춤을 추며 노래를 부르니까, 도깨비들은 더욱 흥이 나서 영감한테 술이랑, 떡이랑, 고기를 서로 갖다 주며 먹으라고 하더래. 영감은 시장하던 판이라 주는대로 다 받아 먹었지. 이렇게, 흥겹게 노는 동안에 날이 새어 닭 우는 소리가 들리자. 도깨비들은, "야아, 벌써 날이 샜다. 어서 가야지!" 하며 제각기 갈 채비를 하더래. "영감님, 영감님 덕분에 잘 놀았습니다. 내일 밤에도 또 와서 놉시다."하며 또 오라고 하더래. 영감은 또 오게 될지 몰라 아무말 않고 가만히 있으니까, "에이, 이 영감 안 올 생각인가보다. 이 혹을 떼어서 우리가 맡아 두면 찾으러 오겠지." 하면서 혹을 뚝 떼어서 가져 가더래. 영감은 아프지는 않았지만 깜짝 놀라는 체하며, "그건 안 돼요, 안 돼! 이리 내요." 하고 소리 질렀지. 그러니까 도깨비 장수는 들은 체도 않고 혹을 가지고 어디론가 가 버리더래. 이 영감은 보기 싫던 혹이 떨어져 좋아라고 집으로 돌아와 혹이 없어진 이야기를 집안 사람한테 다 했지. 그런데, 그 이웃집에는 혹이 왼 뺨에 달린 영감이 있었더래. 오른쪽 뺨에 혹이 달린 영감이 산에 나무하러 갔다가 도깨비 한테 혹을 떼어 주었다는 말을 듣고, 자기도 혹을 떼어 볼 작정으로 산으로 나무하러 갔지. 산에 가서 나무는 하지 않고 일찌감치 그 쓰러져 가는 절에 가서 도깨비들이 오기를 기다렸지. 한밤중쯤 되니까 도깨비들이 수없이 모여 들더래. 방망이를 또드락거려서 술이랑, 고기랑 많이 마련해 놓고, 먹고 마시고 춤을 추고 노래를 부르더래. 이 영감은 도깨비들이 흥도 나기 전에 뛰어 들어가서, "얼시구 좋다. 절시구 좋아!" 하며 팔을 폈다 오그렸다 하기만 했지. 도깨비들이 보니까 멋대가리도 없고 재미도 없어, "저 영감 오늘 밤엔 왜 저 모양이야? 노래도 춤도 멋대가리가 없어서 흥이 나야지. 아마 혹이 없어져서 그러는가보다. 엣다. 이 혹을 도로 달아주지." 하면서 어제 밤에 떼어 두었던 혹을 오른쪽 뺨에다 딱 붙쳐 주더래. 이 영감은 혹을 떼려고 산에 갔는데 혹을 떼기는커녕 도리어 하나 더 붙이게 됐지. 그래서, 그 후부터 〈혹 떼러 갔다 혹을 부쳤다.〉는 말이 생기게 되었대.[10)]

[사례 30]은 임석재편 『민담백선 한국편』에 수록된 〈혹부리 영감〉의 전문이다. 이 [사례 30]은 일본형 〈혹부리 영감〉의 요소를 거의 그대로 수용하고 있다. 이야기 중에 일본의 오니 대신에 도깨비가 등장한다는 점, 이야기 말미에 일본형 〈혹부리 영감〉에 언급된 격언 대신에 〈혹 떼러 갔다 혹을 부쳤다〉라는

10) 임석재편(1971 : 177-180).

문장으로 대체된 점 등을 제외하면, 마치 일본형 〈혹부리 영감〉의 번역에 가까운 사례이다.

[사례 30]을 보면 등장인물로 설정된 「이웃집 노인」이라는 모티브, 주인공 노인이 스스로 요괴들의 술잔치에 가담하는 「잔치」 모티브를 확인할 수 있다. [표 10]을 보면 제7화, 제8화, 제9화에도 노인이 도깨비의 잔치에 끼어드는 「잔치」 모티브가 포함되어 있다. 이들 동화집의 출판시기를 고려할 때 [사례 16]에 속하는 유형 즉 일본형 〈혹부리 영감〉을 직접적으로 수용한 것으로 보인다. 한국의 〈도깨비 방망이〉에도 자주 도깨비들의 잔치를 연상시키는 장면이 나오기는 하지만, 주인공이 도깨비들의 잔치에 스스로 끼어드는 모티브는 확인할 수 없다. 이 「잔치」 모티브는 ②유형의 이야기와 결합하여 상당히 확산되었다.

[사례 30]에서 무엇보다도 요괴가 노인의 혹을 맡아두는 「저당」 모티브는 일본형 〈혹부리 영감〉에서 확인할 수 있는 전형적인 특징이다. 즉 일본의 중세설화집 『우지슈이 모노가타리』 이래로 일본의 〈혹부리 영감〉에서 확인되는 전형적인 모티브이다.

사례31

옛날, 어느 산골 마을에 표주박만큼 커다란 혹이 오른쪽 뺨에 달린 영감님이 살았어요. 마음씨가 무던한 이 혹부리 영감님은 날마다 산에 가서 나무를 해다 팔아서 사는 가난한 사람입니다. 하루는 혹부리 영감님이 여느 날처럼 산 속에서 한참 나무를 하고 있는데 해가 구름 속에 숨더니 비가 내리기 시작했습니다. "에이구, 이거 큰일났군!" 혹부리 영감님은 나무를 하다 말고 허겁지겁 커다란 고목나무 밑에 달려가서 비를 피했습니다. 비는 끊임없이 쏟아지다가 날이 어두워서야 멈추었습니다. 이미 해는 지고 산 속은 먹구름처럼 어두컴컴해서 혹부리 영감님은 산길을 내려올 수가 없었습니다. 혹부리 영감님은 비에 젖은 옷도 말릴 겸 하룻밤 세울 곳을 찾아 한참 산 속을 헤맸습니다. 살펴보니 숲 속에 절간 한 채가 보였습니다. 벽도 헐고 지붕도 뚫린, 금방이라도 쓰러질 것 같은 낡은 절간이었습니다. 마당에는 풀들이 제멋대로 자랐고, 썩은 나무 토막과 깨어진 기왓장이 뒹굴고 있었습니다. 마침 비 갠 하늘에 달이 돋았습니다. 달빛이 허물어진 벽과 지붕으로 스며들었습니다. "아, 달도 밝구나!" 혹부리 영감님은 다 허물어져 가는 절간 방에 들어가 쭈그리고 앉았습니다. 비에 씻겨내린 산은 달빛에 더욱 빛났습니다. 한 밤중이 되었습니다. 얼마 있으니까 영차 영차, 어기 영차, 도깨비들이 무엇인가 잔뜩 짊어지고 절간 마당으로 줄지어 들어와서 동그랗게 둘러 앉았습니다. 머리에는 뿔이 하나 뾰족 돋고 몸은 푸른 빛의 도깨비들이었습니다. 그 가운데 우두머리 도깨비는 빨간 수염을 만지작 거리고 있었습니다. 도깨비들은 손에 든 방망이로 장단을 맞추며 한 목소리로 흥겹게 노래를 부르는 것이었어요. 또드락 딱딱 또드락 딱딱. 도깨비들은 한바탕 흥겹게 노래하고 나서는 술과 고기와 떡을 실컷 마시고 먹고 나서는 또 노래부르며 어깨춤을 추기 시작했습니다.

> 산 속에 숲 속에 또드락 딱딱
> 금나라 은나라 또드락 딱딱
> 술이야 고기야 또드락 딱딱
> 떡이야 춤이야 또드락 딱딱
> 첫 닭이 울기 전 또드락 딱딱
> 또드락 또드락 또드락 딱딱.

혹부리 영감님은 도깨비들이 신나게 노는 것을 보니까 자기도 어느

새 어깨가 으쓱으쓱해지더니 흥에 겨워 견딜수가 없었습니다. 참다 못한 영감님은 그만 방에서 뛰어 나와 춤추는 도깨비들과 함께 어울렸읍니다. 혹부리 영감도 도깨비들과 함께 춤을 추면서 한 곡조 뽑았습니다.

바가지가 흘러간다
금바가지 은바가지
은바가지 금바가지
둥둥 떠서 흘러간다.

금바가지 잡아내어
구슬샘을 길어내고
은바가지 잡아내어
은하수를 길읍시다.

도깨비들은 혹부리 영감님의 이러한 색다르고 재미있는 노래에 마음이 홀리고 말았읍니다. 자기네들이 이때까지 부르던 노래와는 아주 다르고 도깨비들의 마음을 사로 잡는 노래가락입니다. 혹부리 영감님의 노래가 끝나자 도깨비들은 아름다운 노래를 들려주어 고맙다고 하면서 혹부리 영감님에게 술을 부어주고 고기를 떼어주고 바치곤 했읍니다. 다시 혹부리 영감님과 도깨비들이 흥겹게 노래부르고 춤추고 노는데 새벽 첫 닭이 홰를 치는 소리가 들렸어요. 도깨비들은 깜짝 놀라면서 노래도 춤도 딱 멈추었읍니다. "글쎄요." "옳지 옳지, 알았다! 바로 그 혹이 노래 주머니였군!" 도깨비들은 신기한 듯이 떠들어 댔읍니다. "아닙니다. 이것은 그냥 혹입니다. 내 노래는 내 마음에서 우리나오는 것입니다." "영감님, 거짓말 마세요! 그 혹이 바로 노래 주머니지요." 도깨비들은 우겨댔읍니다. "영감님의 혹을 우리가 떼어 낼게요. 그 대신 혹값으로 많은 금과 은을 드리겠읍니다." 또 새벽 닭이 울었읍니다. “이크, 빨리 돌아가야겠군!” 도깨비들은 바삐 서둘렀읍니다. “여기 금이 든 자루가 있읍니다.” “여기 은이 든 자루가 있읍니다.” 도깨비들은 끙끙 자기가 메고 온 자루를 혹부리 영감 앞에다 내놓았읍니다. 그리고 빨간 수염 우두머리는 자기의 방망이로 살짝 혹부리 영감님의 혹을 떼어가지고 부하 도깨비들과 함께 사라졌읍니다. 혹부리 영감님은 자기의 바른 뺨을 만지니까 밋밋하고, 혹은 없었읍니다. 귀찮던 혹이 없어진 것도 시원했지만 날마다 나무만 저나르던 지게에 금자루 은자루를 지고 마을로 돌아오니 저절로 신바람이 났읍니다. 하루 사이에 이 소문은 마을에 쫙 돌았읍니다. 같은 마을에 사는 또 한 사람의 혹부리 영감님이 이 말을 들었어요. 그 영감님의 혹은 왼쪽 뺨에 달려 있었읍니다. “나도 도깨비에게 혹을 떼주고 금 자루 은 자루를 한 짐 지고 와야지!” 그 영감님은 지게를 지고 산 속 절간을 찾아갔읍니다. 절간 속에 앉은 그는 목청을 가다듬어 몇 번씩이나 노래 연습을 하면서 밤이 깊어지기를 기다렸읍니다. 밤이 이슥해지자 역시 사방에서 도깨비불이 번쩍거리며 도깨비들이 몰려 들었읍니다. 영차 영차, 어기 영차, 잔쪽 짐을 지고 도깨비들이 둘러 앉았읍니다. “저것이 모두 금자루 은자루겠지!” 혹부리 영감님의 마음은 흐뭇했읍니다. 또드락 똑딱딱 또드락 똑딱딱. 도깨비들이 노래하기 시작했읍니다. 혹부리 영감님은 성미 급하게 도깨비들 속에 얼른 뛰어들어 노래하기 시작했읍니다.

얼씨구 절씨구 좋아 좋아
노세 노세 젊어서 노세.

혹부리 영감님은 온 몸을 흔들며 춤을 추었읍니다. 난데없이 뛰어들어 춤추는 영감님의 노래가 도깨비들에게 조금도 흥겹지 않았읍니다. 보니까 춤추는 영감님의 왼쪽 뺨에 혹이 달려 있었읍니다. “야아! 거짓말쟁이 영감!” 도깨비들은 우르르 방망이를 들고 혹부리 영감님한테 몰려 들었읍니다. "혹부리 영감! 잘 만났다. 한번 혼나 봐라." 혹부리 영감님은 울상이 되어 두 손으로 빌었읍니다. "여보소 도깨비님들, 내 혹 속에는 구슬같은 노래가 들어 있다오. 나를 해치면 안됩니다." "하하하! 어림도 없는 수작마라. 우리가 또 벙어리 혹에 속을줄 알고?" 깔깔 웃으면서 한 도깨비가 어젯밤 노래 주머니인줄만 알고 떼어갔던 혹을 자루에서 꺼내 왔읍니다. 빨간 수염의 우두머리 도깨비가 그 혹을 받아 영감님의 바른 뺨에다 철썩 달아 주었읍니다. 욕심 많은 이 영감님은 혹 떼러 갔다가 도리어 혹을 하나 더 달아가지고 돌아 왔습니다.[11)]

[사례 31]은 석용원의 『세계민화선집 ①한국편』에 들어있는 〈혹부리 영감〉의 전문이다. 길지만 내용분석을 위해서 전문을 그대로 인용하였다. 이 [사례 31]의 구성은 [사례 29]와 [사례 30]의 모티브가 결합된 형태이다. 우선 노인이 스스로 도깨비들 술잔치에 끼어드는 「잔치」 모티브가 확인된다. 또한 노래 가사는 다르지만 노래가 구체적으로 삽입되어 있다. 그리고 도깨비 쪽에서 먼저 「이 혹에서 노래가 나온다.」라고 말한다. 이러한 점으로 미루어볼 때에 [사례 31]은 [사례 29]와 [사례 30]의 복합형이라고도 말할 수 있다. 이 유형의 이야기로는 [표 10]에서 제9화, 제24화, 제34화 등이 해당된다.

이상 일제강점기에 「조선어독본」 및 「국어독본」(일본어)에 수록된 〈혹부리 영감〉이 그 후 한국의 동화집에 어떤 형태로 잔존해 있는가를 고찰하였다. 해방 이후 한국에서 발행된 한국의 전래동화집을 대상으로 ①,②,③,④라는 네 유형으로 나누어 그

11) 석용원(1981 : 232-240).

구체적인 양상을 밝히었다.

여기서 한 가지 분명하게 지적하고자 한다. 일제강점기 「조선어독본」및 「국어독본」(일본어)에 수록된 〈혹부리 영감〉이 해방 이후 한국의 동화집을 중심으로 널리 확산된 데에는 동화집 편찬자들의 역할이 있었다는 점이다.

동화 연구자인 최운식과 김기창은 『전래동화 교육론』에서 동화집을 발행하면서 기존의 동화집에서 전재하는 경우가 많았음을 지적한 적이 있다.[12] 또한 동화집을 발행할 때에 수록된 동화의 출전을 명확하게 밝힐 필요성이 있음을 강조하였다.[13] 본서에서 한국의 동화집에 수록된 〈혹부리 영감〉을 대상으로 검토한 결과, 앞서 최운식과 김기창의 문제제기가 얼마나 중요한 의미를 지니고 있는지를 확인할 수 있었다. 즉 오늘날 한국의 동화집을 중심으로 확산되고 있는 〈혹부리 영감〉은 「보통학교 조선어독본」 권사의 이야기를 전재한 [사례 29]의 영향, 일본에서 전승되던 〈혹부리 영감〉의 번역판과 같은 성격을 지닌 [사례 30]의 영향이 절대적이었다. 다시 말하자면 일본형 〈혹부리 영감〉이 한국의 동화집에 침투할 수 있었던 결정적인 요인 중의 하나는 동화집 편찬자의 역할이 있었던 것이다. 이 점은 여러 가지 의미에서 다각적으로 음미해 볼 필요가 있다.

필자가 발견한 사례를 한 가지 더 지적해 두고자 한다. [표 10]에 소개한 이상노의 『한국전래동화독본』(1962)에 수록된 〈혹부리 영감〉은 나카무라 료헤(中村亮平)의 『조선동화집』(1926)에 수록된 〈혹부리 영감〉과 완벽하게 일치한다.[14] 이는 전자가 후

12) 최운식 · 김기창(1988 : 279-280).

13) 최운식 · 김기창(1988 : 286-288).

자를 「번역」하여 수용한데 따른 결과이다.

여기서 다시 [표 10]을 참고하기로 한다. 앞서 지적한 이상노의 『한국전래동화독본』(1926), [사례 30]이 수록된 임석재의 『민담백선 한국편』(1971) 등은 그 어느 것이나 비교적 빠른 시기에 발행되었다. 빠른 시기에 발행된 만큼 이후에 발행된 동화집에 많은 영향을 끼쳤을 것으로 볼 수 있다. 그 수용 과정에서 이들과 비슷한 유형의 〈혹부리 영감〉이 한국의 동화집을 통해서 널리 확산되었다.

이 같은 복잡한 맥락을 고려하지 않은 채, 종래 일부 연구자들 사이에서 오늘날 한국에서 유포되고 있는 〈혹부리 영감〉은 일본의 〈혹부리 영감〉이라는 피상적인 지적만이 있었을 뿐이다.

[표 10] 한국의 전래동화집에 수록된 〈혹부리 영감〉

	서 명	편저자	출판년도	출판사	비 고
1	조선동화전집	심의린	1926	한성도서	
2	조선전래동화집	박영만	1940	학예사	노래, 혹
3	한국전래동화독본	이상노	1962	을유문화사	中村亮平의 번역판
4	전래동화집	이원수	1963	현대사	노래
5	한국전래동화전집	최인학 외	1970	장원사	

14) 『조선동화집』(1926)에 수록된 〈혹부리 영감〉의 일본어 원문을 본서 부록편에 수록하였다.

	서　명	편저자	출판 년도	출판사	비　고
6	석화선집	임석재	1971	교학사	이웃, 잔치, 저당
7	세계민화선집① 한국편	석용원	1981	보이스사	잔치, 노래, 혹
8	한국의 전래동화	박종현	1986	예찬사	잔치
9	한국전래동화집2	김요섭	1986	샘터	잔치, 노래, 혹
10	우리나라 전래동화4	이영준	1986	상서각	
11	개구리 문고	손충익	1986	현암사	이웃, 노래
12	재미있는 옛날이야기	곽하신	1987	범우사	
13	옛날이야기	이영	1987	예림당	잔치
14	한국전래동화	한상남	1988	민서출판사	노래, 혹
15	도깨비 나라	편집부	1989	서강출판사	노래, 혹
16	민족전래동화1	박종현 외	1990	아동문예사	
17	한국전래동화	손동인	1990	대원사	
18	남북 어린이가 함께 보는 전래동화	손동인 외	1991	사계절	노래, 혹
19	가자미 눈이 한쪽으로 쏠린 까닭	유수현	1991	아동교육 문화연구회	
20	아른다운 명랑동화	유한준	1991	대림출판사	노래, 혹
21	여우누이와 세 오빠	강수원	1992	정원	노래
22	갈매봉 도깨비 백두산 호랑이	김용범	1992	신구미디어	
23	옛날 옛적에 간날 간 적에	류영일	1992	한국어연	노래, 혹
24	도깨비 전래동화	이상배	1992	대교출판	잔치, 노래, 혹

	서　명	편저자	출판년도	출판사	비　고
25	한국에서 가장 재미있는 옛날 이야기	이영준	1992	작은평화	
26	금비까비의 옛날 옛적에	강수원	1993	정원	노래
27	옛날 옛적에	류병아	1993	영광도서	
28	한국의 전래동화	전우각 외	1993	서원출판사	
29	옛날 이야기로 엮은 구연동화집	엄기원	1994	웅진교육	작자의 개작
30	한국전래동화	이이삭	1994	글동산	노래
31	한국전래동화	유한준	1994	대림출판사	노래, 혹
32	우리 겨레의 옛날 이야기	신경림	1995	한길사	
33	한국전래동화 걸작선	신현배	1995	범양사	노래
34	한국전래동화	이이삭	1996	글동산	잔치, 노래, 혹

이웃 : 이웃집 노인 모티브, 잔치 : 도깨비잔치에 가담하는 모티브, 저당 : 도깨비가 혹을 맡아두는 모티브, 노래 : 노인이 부른 노래의 가사가 삽입, 혹 : 도깨비가 먼저 혹에서 아름다운 소리가 나온다고 언급함을 의미한다.

마지막으로 한국의 동화집에 수록된 이른바 「전래동화」 중에서 〈혹부리 영감〉이 어떤 위치를 차지하고 있는 지를 확인하기로 한다. 이는 앞서 제기한 바와 같이, 어떤 이유에서 〈혹부리 영감〉이 한국의 『초등국어교본』(1946) 수록 이후 43년이라는 시간적 공백을 건너뛰고서 다시 『국어 읽기 2-2』(1989)에 수록되었는지 그 배경을 밝히기 위해서 필요하다.

최운식 · 김기창의 연구에 따르면 한국에서는 1924년부터

1987년 8월 사이에 모두 126종에 이르는 「전래동화집」이 발행되었다.[15] 이들은 1950년대 이후에 발행된 모두 87종의 전래동화집을 대상으로 각 동화별로 수록빈도를 조사하였다.[16] 그리고 동화 연구자인 신영순은 이들의 연구를 이어받아 1987년 9월부터 1995년 8월말까지 발행된 모두 189종의 이르는 「전래동화집」을 같은 방법으로 조사하여 분석하였다.[17] 신영순은 그 중에서 모두 184종의 동화집을 대상으로 개별 동화의 수록빈도를 앞서 조사한 최운식 · 김기창의 분석결과와 비교하였다. [표 11]는 그 결과를 나타낸 것이다.[18]

[표 11]에서 확인할 수 있는 바와 같이, 〈혹부리 영감〉은 최운식 · 김기창의 조사에서 모두 16회 수록되어 순위는 6위를 차지하였다. 그리고 신영순의 조사에서는 모두 19회가 수록되어 7위를 차지하였다. 이 결과를 놓고 보면, 해방 후부터 1990년대에 이르기까지 「전래동화집」의 교재로 〈혹부리 영감〉이 자주 수록되었으며, 수록빈도에 있어서도 상당히 높은 비율을 차지하고 있는 것으로 해석할 수 있다.

그런데 주목되는 점이 있다. 즉 〈혹부리 영감〉과 유사한 이야기 구조를 지닌 〈도깨비 방망이〉의 수록빈도이다. [표 11]을

15) 최운식 · 김기창(1988 : 252-255).

16) 최운식 · 김기창(1988 : 265-271).

17) 신영순(1996 : 31-38).

18) 신영순(1996 : 37)에는 전래동화 20편을 대상으로 비교하였는데 본서에서는 10편을 대상으로 하였다. 신영순의 표를 보면 〈호랑이와 곶감〉이 17편 수록으로 4위, 〈은혜를 모르는 호랑이〉가 19편 수록으로 5위로 되어 있어 순서가 뒤바뀌어 있다. 본서에서는 〈혹부리 영감〉과 〈도깨비 방망이〉의 수록빈도를 확인하는 것이 목적이므로 그대로 인용하였다.

보면 〈도깨비 방망이〉가 최운식·김기창의 조사에서는 모두 22회 수록되어 순위가 1위이다. 그런데 신영순의 조사에서는 모두 18회 수록되어 8위로 밀려났다. 어째서 수록빈도에 있어서 변동이 생긴 것일까?

본서 제2장에서 언급했듯이, 한국에서는 〈도깨비 방망이〉 쪽이 〈혹부리 영감〉보다도 한국인들 사이에 널리 전승되고 있었다. 최운식·김기창의 조사에서 〈도깨비 방망이〉 순위가 1위를 차지한 것도 이 점을 뒷받침한다고 할 수 있다. 그런데 신영순의 조사에서는 8위까지 후퇴한 것이다. 이 점에 관해서는 신영순이 이미 지적한 바 있다.[19] 즉 〈혹부리 영감〉이 교과서에 수록된 점과 밀접하게 관련이 있다. 〈혹부리 영감〉은 일제강점기에 「조선어독본」 및 「국어독본」(일본어)에 수록된 이래, 해방 후에도 모두 3회에 걸쳐 국민학교의 국어 교과서에 수록되었다. 그 결과 더욱 널리 알려지게 되었으며, 그 영향으로 「전래동화집」에서도 즐겨 다루게 되었다고 볼 수 있다. 그 때문에 「전래동화집」에서 〈혹부리 영감〉 쪽이 〈도깨비 방망이〉 보다 더욱 자주 수록되었던 것이다. 결론적으로 해방 이후, 「전래동화집」에 수록된 〈혹부리 영감〉과 국어 교과서에 수록된 〈혹부리 영감〉은 서로 영향을 주고받으면서 한국인들 사이에 널리 알려지게 된 셈이다. 특히 교과서라는 근대적 매체의 파급력을 여실히 보여주는 대목이다.

이상으로 일제강점기에 「조선어독본」 및 「국어 독본」(일본어) 수록 과정에서 가해진 〈혹부리 영감〉의 개작 요소가 그 후

19) 신영순(1996 : 92).

어떤 형태로 한국의 전래동화집이나 교과서에 수용되었는지 그 구체적인 양상을 밝혔다. 지금까지 규명한 내용을 본서에서 논한 내용 전체를 포함하여 도식화하면 [그림 8]과 같다.

[표 11] 한국동화집의 전래동화 수록회수 및 빈도순위

	최운식·김기창 조사기		신영순 조사기	
이야기 제목	빈도순위	수록편수	빈도순위	수록편수
은혜를 모르는 호랑이	5	19	1	23
호랑이와 곶감	4	17	2	22
여우 누이와 세 오빠	73	6	3	21
나무도령	88	5	4	20
우렁이 색시	27	12	4	20
토끼의 꾀	1	22	4	20
혹부리 영감	6	16	7	19
말하는 남생이	21	13	8	18
효성스러운 호랑이	21	13	8	18
도깨비 방망이	1	22	8	18

최운식·김기창 조사기 : 1950년대부터 1987년 8월까지
신영순 조사기 : 1987년 9월부터 1995년 8월까지

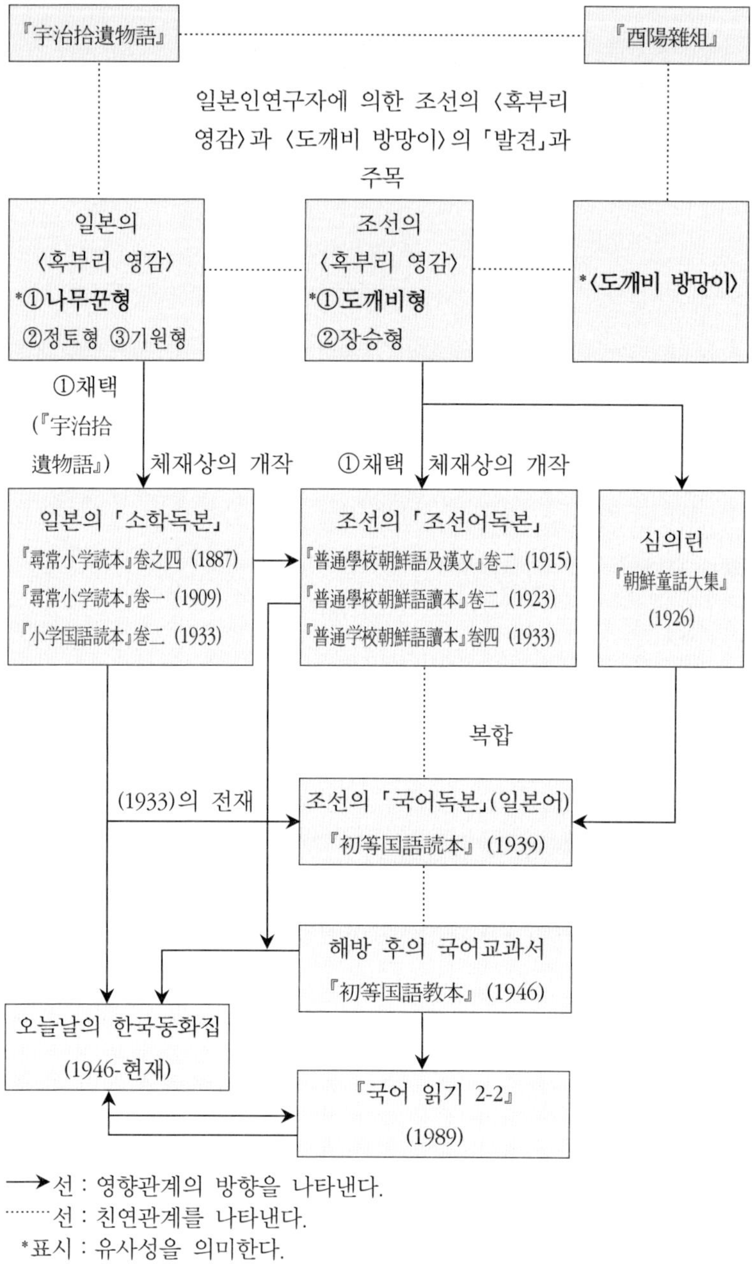

[그림 8] 일제강점기 이후 한국과 일본의 〈혹부리 영감〉의 영향관계

참고문헌

[ ] 안의 연도는 초판연도를 의미한다.

한국어 논저

강은해 1985「한국 도깨비담의 형성・변화와 구조에 관한 연구」서강대학교 대학원 박사학위논문

김기웅 1991『고분』대원사

김기창 1992『한국구비문학교육사』집문당

김종대 1994『한국의 도깨비연구』국학자료원

김성구 1992『옛기와』대원사

김열규 1990『도깨비 날개를 달다』춘추사

김영호 1994『청구영언해의』삼강문화사

김용의 1996「한일 요괴설화 비교연구의 과제」『일본어문학』2집 한국일본어문학회

______ 1998「일본 〈혹부리 영감〉담의 유형과 분포」『일본어문학』제5집 한국일본어문학회

______ 1999「한국과 일본의 〈혹부리 영감〉담 - 교과서 수록과정에서 행해진 개정을 중심으로 -」『일본어문학』제6집 한국일본어문학회

______ 2000「일제시대 한국 민담의 개작과 수용양상」『남도민속연구』제6집 남도민속학회

김유진 1990「『혹부리 할아버지』의 구조와 의미」『청람어문학』제3집 청람어문학회

김태곤 1976 「민간의 귀신」 『한국사상의 원천』 박영사
김화경 1987 『한국설화의 연구』 영남대학교출판부
김학선 1982 「한국설화에 나타난 도깨비」 『국제어문』 제3집 국제대학 국어국문학과
문무병 1993 「제주도 당신앙 연구」 제주대학교 대학원 박사학위논문
박붕배 1987 『한국국어교육전사(상)』 대한교과서주식회사
성기열 1979 「한일설화 비교연구의 일례」 『한국구비전승연구』 일조각
소재영 1984 「연오랑세오녀 설화」 『한국설화문학연구』 숭실대학교출판부
손동인 1973 「대부도의 전래동화」 『기전문화연구』 제2집 기전문화연구소
______ 1984 『한국전래동화연구』 정음문화사
손진태 1947 『한국민족설화의 연구』 을유문화사
신영순 1996 「한국 전래동화집 발행의 현상과 문제점에 관한 연구」 한국교원대학교 대학원 석사학위논문
심우성 1994 『탈』 대원사
안병국 1995 『귀신설화연구』 규장각
양효진 1994 「〈혹부리 할아버지〉 설화의 구조와 의미 및 교육적 활용에 관한 연구」 한국교원대학교 대학원 석사학위논문
임동권 1971 「도깨비고」 『한국민속학논고』 집문당
임석재 1981 「설화 속의 도깨비」 『한국의 도깨비』 (국립민속박물관총서1) 열화당
장덕순 1978 「야래자전설」 『한국설화문학연구』 서울대학교출판부
장주근 1975 「배서낭과 도깨비」 『한국의 향토신앙』 을유문화사
진동혁 1980 「시조」 『한국문학개론』 형설출판사
진홍섭 1981 「와당에 새겨진 도깨비」 『한국의 도깨비』 (국립민속박물관총서1) 열화당
최길성 1988 「도깨비의 허상과 실상」 『한국민속학』 새문사

최운식 · 김기창 1988『전래동화교육론』집문당
최인학 1987「도깨비의 소원고」『한국 · 일본의 설화연구』인하대학교 출판부
_____ 1989「도깨비의 민속학적 고찰」『한국민속학연구』인하대학교 출판부
한국문화상징사전편찬위원회편 1992『한국문화상징사전』동아출판사
한국민속사전편찬위원회 1991『한국민속대사전』민족문화사
한국정신문화연구원 어문연구실편 1989『한국설화유형분류집(한국구비문학대계별책부록 I)』한국정신문화연구원
한국정신문화연구원편 1991『한국민족문화대백과사전6』웅진출판
한기언 1963『한국교육사』박영사
현용준 1992「영감 본풀이와 영감놀이」『무속신화와 문헌신화』집문당

자료집

강수원 1992『여우누이와 세 오빠』정원
_____ 1993『금비까비의 옛날옛적에』정원
곽하신 1987『재미있는 옛날이야기』범우사
권태문 외 1986『혹부리 영감』동아출판사
김용범 1992『갈매봉 도깨비 백두산 호랑이』9 신구미디어
김요섭 1986『한국전래동화집2』샘터
김현식 1986『혹부리 영감 곰돌이 그림동화6: 한국편』동아출판사
류병아 1993『옛날 옛적에』영광도서
류영일 1992『옛날 옛적에 간날 간적에』한국어연
문교부편 1989『국민학교 국어 읽기 2-2』국정교과서주식회사
_____ 1989『국민학교 국어 쓰기 4-1』국정교과서주식회사
박영만 1940『조선전래동화집』학운사
박종현 1986『한국의 전래동화』예찬사
박정현외 1990『민족전래동화1』아동문예사

박화목 1991 『혹부리영감』 삼성당
서강출판사편집부편 1989 『도깨비 나라』 서강출판사
석용원 1981 『세계민화선집① 한국편』 보이스사
손동인 1990 『한국전래동화』 대원사
손동인외 1991 『남북 어린이가 함께 보는 전래동화』 사계절
손충일 1986 『개구리 문고』 현암사
신경림 1995 『우리 겨레의 옛날 이야기』 한길사
신현배 1995 『한국전래동화걸작선』 번양사
심현석 1986 『도깨비와 혹부리영감·나무도령』 중앙교육자료개발원
심의린 1926 『조선동화대집』 한성도서
어효선 1987 『혹부리 영감』 교학사
엄기원 1994 『옛날이야기로 엮은 구연동화집』 웅진교육
유수현 1991 『가자미눈이 한 쪽으로 쏠린 까닭』 아동교육문화연구회
유한준 1991 『아름다운 명랑동화』 대림출판사
______ 1994 『한국전래동화』 대림출판사
유현숙 1986 『효녀심청 혹부리 할아버지』 예림당
웅진출판사편집부편 1989 『한국전래동화17』 웅진출판
이상배 1990 『혹부리영감 한국전래교육동화』 한도문화사
이상배 1992 『도깨비전래동화』 대림출판
이상노 1962 『한국전래동화독본』 을유문화사
이 영 1987 『옛날이야기』 운림당
이영준 1986 『우리나라 전래동화4』 상서각
______ 1992 『한국에서 가장 재미있는 옛날이야기』 작은평화
이원수 1963 『전래동화집』 현대사
이이삭 1994 『한국전래동화』 글동산
______ 1996 『한국전래동화』 글동산
이창수 1991 『도깨비 방망이』 윤진문화사
일 연 『삼국유사』 (1983, 이민수역) 을유문화사

임석재 1971『옛날이야기』교학사
______ 1987-1993『한국구전설화』(전12권) 평민사
______ 1993『한국구전설화』(경상남도편Ⅰ) 평민사
전우각 외 1993『한국의 전래동화』서원출판사
조선어학회편 1946『초등국어교본』(중권) 군정청학무국
조선총독부편 1915『보통학교조선어급한문독본』(권이) 조선총독부
__________ 1923『보통학교조선어독본』(권이) 조선총독부
__________ 1933『보통학교조선어독본』(권사) 조선총독부
최인학 외 1970『한국전래동화전집』장원사
한국정신문화연구원어문연구실편 1980-1988『한국구비문학대계』(전82권) 한국정신문화연구원
________________________ 1982『한국구비문학대계1-7』한국정신문화연구원
________________________ 1983『한국구비문학대계5-3』한국정신문화연구원
________________________ 1986『한국구비문학대계6-8』한국정신문화연구원
한상남 1988『한국전래동화』민서출판사
황근식 1991『혹부리 영감 어린이 전래동화』금성출판사
James S. Gale 1913『Korean Folk Tales』J.M.Dent & Sons, Ltd, London

일본어 논저

アンティ・アールネ 1969[1913]『昔話の比較研究』(関敬吾訳) 岩崎美術社
秋田喜三郎 1977『初等教育国語教科書発達史』文化評論出版
蘆谷重常 1936『國定教科書に現れたる国民説話の研究』教材社
池田弥三郎 1974『日本の幽霊』中央新書
伊藤清司 1979「日本と朝鮮における『芋掘長者譚』の成立に関する比較研究」

『日本昔話大成12』 角川書店
稲田浩二 1996[1970]『昔話は生きている』ちくま学術文庫
井上赳 1984『國定教科書編纂二十五年史』武蔵野書院
巖谷小波 1989「國定教科書と童話」『童話研究(19) 童話教育』久山社
巖谷小波(巖谷大四編) 1984[1915]『「桃太郎主義教育」の話』博文館新社
上田正昭 1973「古代史学と朝鮮」『思想』330号 岩波書店
大島建彦 1984「『宇治拾遺物語』と昔話」『日本昔話研究集成5』名著出版
大林太郎 1977「日本神話と朝鮮神話はいかなる関係にあるか」『国文学解釈と教材の研究』22巻11号 学燈社
________ 1979「説話の比較研究の方法」『日本昔話大成12』角川書店
小熊英二 1995『単一民族神話の起源』新曜社
奥村悦三 1985「瘻をなくす話」『研究紀要』第23集 光華女子大学
小澤俊夫 1974「語り手と教訓」『成城文芸』第71号 成城大学文芸学部研究室
________ 1984「昔話に見られる隣モティーフ-日本」『口頭伝承の比較研究1』(川田順造他編) 弘文堂
________ 1985「日本昔話の残酷性」『日本昔話研究集成1』名著出版
小田省吾 1917「朝鮮総督府編纂教科書概要」『日本植民地教育政策史料集成(朝鮮編)』第18巻 (渡部学・阿部洋編、1990) 龍渓書店
名務虎雄 1937「十二 コブトリ 要説」『小学国語読本綜合研究巻二』(『岩波講座 国語教育』第6巻) 岩波書店
梶井陟 1980『朝鮮語を考える』龍渓書舎
金澤庄三郎 1929『日鮮同祖論』刀江書院
__________ 1973[1911]「日韓両国語同系論」『論集 日本文化の起源5』(池田二郎・大野晋編) 平凡社
川添裕希 1982「隣の爺型の昔話の表層構造の分析」『昔話と動物』(昔話-研究と資料-第11号、日本昔話学会編) 三弥井書店
唐沢富太郎 1956『教科書の歴史』創文社

川村湊 1994『海を渡った日本語』青土社

川森博司 1991「来訪者をめぐる説話-日韓比較の視点から-」『国立歴史民俗博物館研究報告』第35集 国立歴史民俗博物館

________ 1994「韓国口承説話の分類体系-比較研究の視点から-」『日本民俗学』第199号 日本民俗学会

________ 1996『日本昔話の構造と表現の研究』大阪大学文学部博士学位論文

喜田貞吉 1979[1919]「朝鮮民族とは何ぞや」『喜田貞吉著作集8』平凡社

________ 1979[1921]「日鮮両民族同源論」『喜田貞吉著作集8』平凡社

カールレ・クローン 1940[1926]『民俗学方法論』(関敬吾訳) 岩波書店

京城女子師範学校国漢研究部 1938「朝鮮総督府編纂国語読本教材要旨」『日本植民地教育政策史料集成(朝鮮編)』第20巻(渡部学・阿部洋編、1990) 龍渓書店

駒込武 1991「植民地教育と異文化認識 -『呉鳳伝説』の変容過程-」『思想』802号 岩波書店

小松和彦 1979「昔話の形態論的研究」『日本昔話研究12』角川書店

________ 1985a「昔話研究の課題」『日本昔話研究集成1』名著出版

________ 1985b[1974]「物くさ太郎の構造論的考察」『日本昔話研究集成1』名著出版

________ 1992「王権説話としての鬼退治譚」『異界巡礼』青玄社

________ 1994『妖怪学新考』小学館

小峯和明 1987「宇治拾遺物語と昔話-隣りの爺型を読む-」『説話と思想・社会』(説話伝承学会編) 桜楓社

佐々木孝二 1990「中世説話における翁姥の語り-物羨みの教訓をめぐって-」『日本文学』1990年2月号

定村青萍 1989「国語科と童話」『童話研究(19) 童話教育』久山社

重信幸彦 1991「『昔話』の発見-ある口頭伝承研究史の構想・覚書①-」『〈口承〉研究の「現在」-ことばの近代史のなかで-』筑波大学

歴史・人類学系日本民俗学研究室
________ 1997「御伽噺、童話、民話」『岩波講座 日本文学史』第17巻 岩波書店
芝区国語科訓堂導協議会 1988[1925]「国語読本に現われた童話の研究(一)」『童話研究(4)』久山社
島津久基 1944『日本国民童話十二講』山一書房
諏訪春雄 1988『日本の幽霊』岩波新書
世界教育史研究会編(梅根悟監修) 1975 『朝鮮教育史』(世界教育史大系5) 講談社
関敬吾 1937「十二 コブトリ 参考」『小学国語読本綜合研究巻二』(『岩波講座 国語教育』第六巻) 岩波書店
關敬吾編 1956
________ 1982「民俗学的昔話研究の課題」『関敬吾著作集6』同朋社出版
瀬田貞二 1973「あとがき」『日本お伽集2』(森林太郎他編) 平凡社
説話・伝承学会編 1991『説話の国際比較』桜楓社
高木敏雄 1943「日韓共通の民間説話」『日本神話伝説の研究』岡書院
________ 1977『童話の研究』講談社
武田正 1991「柳田国男・関敬吾その後-昔話研究の奇蹟-」『〈口承〉研究の「現在」-ことばの近代史のなかで-』筑波大学歴史・人類学系日本民俗学研究室
______ 1992『日本昔話の伝承構造』名著出版
竹原威滋 1997「異界訪問譚における山の精霊たち-世界の「瘤取り鬼」をめぐって-」『説話-異界としての山-』(説話伝承学会編) 翰林書房
アラン・ダンダス 1980[1964]『民話の構造-アメリカ・インディアンの民話の形態論-』(池上嘉彦訳) 大修館書店
朝鮮総督府 1911「教育ニ関スル諭告」『朝鮮総督府月報』第一巻 第六号
__________ 1915『朝鮮彙報』(「始政五年共進会記念号」)

＿＿＿＿＿ 1917「朝鮮総督府編纂教科書概要」『日本植民地教育政策史料集成(朝鮮編)』第18巻（渡部学・阿部洋編 1990）龍渓書店

＿＿＿＿＿ 1921「現行教科書編纂の方針」『日本植民地教育政策史料集成(朝鮮編)』第18巻（渡部学・阿部洋編 1990）龍渓書店

＿＿＿＿＿ 1933『普通学校朝鮮語読本巻四編纂趣意書』『日本植民地教育政策史料集成(朝鮮編)』第19巻(中)（渡部学・阿部洋編 1990）龍渓書店

＿＿＿＿＿ 1938『朝鮮総督府編纂国語読本教材要旨』『日本植民地教育政策史料集成(朝鮮編)』第20巻（渡部学・阿部洋編 1990）龍渓書店

＿＿＿＿＿ 1939a「『国語読本』の内鮮一体教材に就いて」『日本植民地教育政策史料集成(朝鮮編)』第18巻（渡部学・阿部洋編 1990）龍渓書店

＿＿＿＿＿ 1939b『教師用初等国語読本巻二』朝鮮総督府

津田剛 1939『内鮮一体の基本理念』(今日の朝鮮問題講座1）緑旗連盟

東京書籍株式会社社史編纂委員会編 1980『近代教科書の変遷-東京書籍七十年史-』東京書籍

ポール・ドラリュ 1993「フランスの民話について」『フランス民話集』（新倉朗子編訳）岩波文庫

鳥居龍蔵 [1912] 1975「三輪山伝説」『鳥居龍蔵全集』(第一巻）朝日新聞社

鳥越信 1983『桃太郎の運命』日本放送出版協会

スティス・トンプソン 1977[1946]『民間説話-理論と展開-(上)(下)』(荒木博之・石原綏代訳）社会思想社

中島悦次 1971「宇治拾遺物語『鬼に癭取らるる事』について」『跡見学園女子大学紀要』第4号 跡見学園女子大学

中田千畝 1926『日本童話の新研究』文友社

永田典子 1990「瘤取爺譚考 -『宇治拾遺物語』第三話をめぐって-」『言

語文化研究』No.1 中部大学女子短期大学
日本昔話学会編 1997『昔話と呪物・呪宝』(昔話-研究と資料-25号、日本昔話学会篇) 三弥井書店
野村泫 1988「グリム童話の残酷性」『昔話と文学』白水社
______ 1989『グリム童話-子どもに聞かせてよいか-』筑摩書房
旗田巍 1965「日本人の朝鮮観」『日本と朝鮮』(アジア・アフリカ講座Ⅲ) 勁草書房
畠山兆子 1983「伝承文学-児童文学の源流-」『児童文学はじめの一歩』世界思想社
馬場あき子 1976[1971]『鬼の研究』角川文庫
久木幸男他 1980「韓人教育論争」『日本教育論争史録』第一巻 近代編(上) 第一法規出版
ウラジミール・プロップ 1983[1928]『昔話の形態学』(北岡誠司・福田美智代訳) 白馬書房
エリック・ホブズボウム、テレンス・レンジャー編 1992[1983]『創られた伝統』(前川啓治・梶原景昭訳) 紀伊国屋書店
槇佐知子 1989「瘤取り爺-こぶの治療と踊りの奉納-」『日本昔話と古代の医術』東京書籍
増古和子 1988「『瘤取り譚』の生成と本質-『宇治拾遺物語』第三話を中心に」『古典遺産』第38号 古典遺産の会
松原秀一 1979『中世の説話-東と西の出会い-』東京書籍
松原孝俊 1985「妖怪トケビと人間のコミュニケーション」『ユリイカ』1985年2月号 青土社
________ 1986「韓国説話学会の動向」『説話と儀礼』(説話・伝承学会編) 桜楓社
________ 1993「朝鮮の『手無し娘』のふるさと」『口承文芸研究』第16号 日本口承文芸学会
南方熊楠 1973[1922]「鳥を食うて王になった話」『南方熊楠全集6』平凡社

宮田節子 1985[1982] 「『内鮮一体』の構造」『朝鮮民衆と「皇民化」政策』未来社
森田芳夫 1987『韓国における国語・国史教育』原書房
文部省編 1937『小学国語読本綜合研究巻二』(『岩波講座 国語教育』第6巻) 岩波書店
安田敏朗 1997『植民地のなかの「国語学」』三元社
柳田国男 1962[1930]「桃太郎の誕生」『定本柳田国男集』第8巻 筑摩書房
________ 1963「妖怪談義」『定本柳田国男集』第4巻 筑摩書房
________ 1964[1916]「童話の変遷について」『定本柳田国男集』第30巻 筑摩書房
山田永 1988「瘤取翁の夢」『北陸古典研究3』北陸古典研究会
吉沢和夫 1995『民話の心と現代』白水社
依田千百子 1985「農耕民の山神信仰」『朝鮮民俗文化の研究』瑠璃書房
__________ 1991[1986]「妖怪トケビと朝鮮の民俗宇宙」『朝鮮神話伝承の研究』瑠璃書房
歴史学研究会編 1994『国民国家を問う』青木書店
魯成煥 1994『韓日王権神話の比較研究』大阪大学文学部博士学位論文
呉天錫 1979『韓国近代教育史』(渡部学・阿部洋訳) 高麗書林
李淑子 1985『教科書に書かれた朝鮮と日本』ほるぷ出版
イ・ヨンスク 1996『「国語」という思想』岩波書店
崔仁鶴 1976『韓国昔話の研究』弘文堂
______ 1979「韓国のトケビと日本のバケモノ」『日本昔話大成12』角川書店
______ 1995『韓日昔話の比較研究』三弥井書店

자료집

稲田浩二・小澤俊夫編 1977-1990『日本昔話通観』全26巻 同朋舎出版
____________________ 1982『日本昔話通観』第4巻 同朋舎出版

______________ 1985『日本昔話通観』第3巻 同朋舎出版

______________ 1986『日本昔話通観』第8巻 同朋舎出版

稲田浩二他編 1977『日本昔話事典』弘文堂

今村与志雄訳注 1981『酉洋雑俎4』平凡社（東洋文庫）

海後宗臣編 1964『日本教科書大系 近代編』（第4巻～第9巻）講談社

_______ 1964『日本教科書大系 近代編』（第5巻）講談社

小澤俊夫編 1976『世界の民話1 ドイツ・スイス』ぎょうせい

_______ 1985『世界の民話28 オーストラリア』ぎょうせい

_______ 1986『世界の民話26 オランダ・ベルギー』ぎょうせい

_______ 1995『日本の昔話』（全5巻）福音館

金田鬼一譯 1979『グリム童話集』岩波文庫

喜多村筠庭編 『嬉遊笑覧』（1979、『日本随筆大成別巻』、日本随筆大成編輯部編）吉川弘文館

小林智明校注 1973『宇治拾遺物語』（日本古典文学全集28）小学館

鈴木棠三校注 1986『醒睡笑(上)・(下)』（安楽庵策伝著）岩波文庫

瀬川拓男・松谷みよ子編 1980『朝鮮の民話』（上）偕成社

関敬吾編 1956『こぶとり爺さん・かちかち山』（日本の昔話Ⅰ）岩波文庫

_______ 1978「194 瘤取爺」『日本昔話大成 4巻』角川書店

高橋亨 1910『朝鮮の物語集 附俚修』日韓書房

朝鮮総督府編 1924『朝鮮童話集』朝鮮総督府

_______ 1939『初等国語読本』（巻二）朝鮮総督府

中村亮平 1926『朝鮮童話集』（1941、再版）富山房

日本放送協会編（柳田国男監修）1948『日本昔話名彙』日本放送出版協会

馮夢竜撰 1983『全訳 笑府（下）』（松枝茂夫訳）岩波文庫

文部省編 1887『尋常小学読本』（巻之四）文部省

_______ 1909『尋常小学読本』（巻一）文部省

_______ 1933『尋常小学読本』（巻一）文部省

_______ 1933『尋常小学読本』（巻二）文部省

柳田国男 1973『改訂版日本の昔話』角川書店

山崎日城 1920『朝鮮の奇談と伝説』ウツボヤ書店

孫晋泰 1930『朝鮮民譚集』郷土研究社

鄭寅燮 1927『温突夜話』日本書院

崔仁鶴 1974『朝鮮昔話百選』日本放送出版協会

洪淳昶 1940「朝鮮の瘤取話」『旅と伝説』第十三巻第二号 三元社

부록편 : 인용 설화자료

『宇治拾遺物語』 수록 〈혹부리 영감〉 원문

第3話 鬼に瘤取らるる事

これも昔、右の顔に大なる瘤ある翁ありけり。大柑子の程なり。人に交るに及ばねば、薪をとりて世を過ぐる程に、山へ行きぬ。雨風はしたなくて、帰るに及ばで、山の中に心にもあらずとまりぬ。また木こりもなかりけり。恐ろしさすべき方なし。木のうつほのありけるにはひ入りて、目も合はず屈まり居たる程に、遙より人の音多くして、とどめき来る音す。いかにも山の中にただ一人居たるに、人のけはひのしければ、少しいき出づる心地して、見出しければ、大方やうやうさまざまなる者ども、赤き色には青き物を着、黒き色には赤き物を褌にかき、大方目一つある者あり、口なき者など、大方いかにもいふべきにあらぬ者ども、百人ばかりひしめき集りて、火を天の目のごとくにともして、我が居たるうつほ木の前に居まはりぬ。大方いとど物覚えず。

宗とあると見ゆる鬼横座に居たり。うらうへに二ならびに居並みたる鬼、数を知らず。その姿おのおの言ひ尽し難し。酒参らせ、遊ぶ有様、この世の人のする定なり。たびたび土器始りて、宗との鬼殊の外に酔ひたる様なり。末より若き鬼一人立ちて、折敷をかざして、何といふにか、くどきくせせる事をいひて、横座の鬼の前に練り出でてくどくめり。横座の鬼盃を左の手に持ちて、笑みこだれたるさま、ただこの世の人のごとし。舞うて入りぬ。次第に下より舞ふ。悪しく、よく舞ふもあり。あさましと見る程に、横座に居たる鬼のいふやう、「今宵の御遊こそいつにもすぐれたれ。ただし、さも珍しからん奏を見ばや」などいふに、この翁物の憑きたりけるにや、また然るべく神仏の思はせ給ひけるにや、あはれ走り出でて舞はばやと思ふを、一度は思ひ返しつ。それに何となく、鬼どもがうち揚げたる拍子のよげに聞えければ、さもあれ、ただ走り出でて舞ひてん、死なばさてありなんと思ひとりて、木のうつほより、烏帽子は鼻に垂れかけたる翁の、腰に斧といふ木伐る物さして、横座の鬼の居たる前に踊り出でたり。この鬼ども踊りあがりて、「こは何ぞ」と騒ぎ合へり。翁伸びあがり、屈まりて、舞ふべき限り、すぢりもぢり、ゑい声を出して、一庭を走りまはり舞ふ。横座の鬼より始めて、集り居たる鬼どもあさみ興ず。

横座の鬼の曰く、「多くの年比この遊をしつれども、いまだかかる者にこそあはざりつれ。今よりこの翁、かやうの御遊に必ず参れ」といふ。翁申すやう、「沙汰に及び候はず、参り候べし。この度にはかにて、納の手も忘れ候ひにたり。かやうに御覧にかなひ候はば、静かにつかうまつり候はん」といふ。横座の鬼、「いみじく申したり。必ず参るべきなり」といふ。奥の座の三番に居たる鬼、「この翁はかくは申し候へども、参らぬ事も候はんずらんと覚え候に、質をや取らるべく候らん」といふ。横座の鬼、「然るべし、然るべし」といひて、「何をか取るべき」と、おのおの言ひ沙汰するに、横座の鬼のいふやう、「かの翁が面にある瘤をや取るべき。瘤は福の物なれば、それをや惜み思ふらん」といふに、翁がいふやう、「ただ目鼻をば召すとも、この瘤は許し給ひ候はん。年比持ちて候物を、故なく召されん、すぢなき事に候ひなん」といへば、横座の鬼、「かう惜み申すものなり。ただそれを取るべし」といへば、鬼寄りて、「さは取るぞ」とてねぢて引くに、大方痛き事なし。さて、「必ずこの度の御遊に参るべし」とて、暁に鳥など鳴きぬれば、鬼ども帰りぬ。翁顔を探るに、年比ありし瘤跡なく、かいのごひたるやうにつやつやなかりければ、木こらん事も忘れて、家に帰りぬ。妻の姥、「こはいかなりつる事ぞ」と問へば、しかじかと語る。「あさましき事や」といふ。

隣にある翁、左の顔に大なる瘤ありけるが、この翁、瘤の失せたるを見て、「こはいかにして瘤は失せ給ひたるぞ。いづこなる医師の取り申したるぞ。我に伝へ給へ。この瘤取らん」といひければ、「これは医師の取りたるにもあらず。しかじかの事ありて、鬼の取りたるなり」といひければ、「我その定にして取らん」とて、事の次第をこまかに問ひければ、教へつ。この翁いふままにして、その木のうつほに入りて待ちければ、まことに聞くやうにして、鬼ども出で来たり。居まはりて、酒飲み遊びて、「いづら翁は参りたるか」といひければ、この翁恐ろしと思ひながら、揺ぎ出でたれば、鬼ども、「ここに翁参りて候」と申せば、横座の鬼、「こち参れ、とく舞へ」といへば、さきの翁よりは天骨もなく、おろおろ奏でたりければ、横座の鬼、「この度はわろく舞うたり。かへすがへすわろし。その取りたりし質の瘤返し賜べ」といひければ、末つ方より鬼出で来て、「質の瘤返し賜ぶぞ」とて、今片方の顔に投げつけたりければ、うらうへに瘤つきたる翁にこそなりたりけれ。物羨みはせまじき事なりとか。

『宇治拾遺物語』 수록 〈혹부리 영감〉 한국어 번역문

옛날, 얼굴 오른쪽에 큰 혹이 달린 노인이 살았다. 그 혹이 큰 귤만큼 컸다. 남들과 어울릴 수 없어서 나무를 하며 살아갔다. 어느 날 나무를 하러 산에 갔다. 비바람이 심해서 집에 돌아갈 수 없자 하는 수없이 산속에서 밤을 새우게 되었다. 노인 이외에 다른 나무꾼들이 보이지 않아서 말할 수 없이 무서웠다. 노인은 나무 구멍으로 들어가 눈도 감지 못한 채 웅크리고 있었다. 그러자 저 멀리서 사람 목소리가 들리더니 왁자지껄 소란을 피우며 다가오는 소리가 났다. 산속에서 혼자 있다가 사람이 다가오는 소리가 들리자 조금은 안심이 되었다. 바깥쪽을 내다보니 갖가지 무리가 나타났다. 빨간 몸뚱어리에 파란 옷을 걸친 자, 검은 몸뚱어리에 빨간 훈도시(褌)를 걸친 자, 눈이 하나만 달린 자, 입이 없는 자 등, 무어라 형언할 수 없을 정도로 이상케 생긴 무리가 백 명 정도 몰려들었다. 그리고 그들은 태양처럼 붉게 불을 밝히고 노인이 들어가 있는 나무 구멍 앞에서 둥글게 원을 만들어 앉았다. 갈수록 두려움이 커져 노인은 정신을 잃을 정도였다.

우두머리로 보이는 오니(鬼)는 상좌에 앉았다. 그 우두머리 오니의 좌우에는 헤아릴 수 없이 많은 오니들이 두 줄로 나란히 앉아 있었다. 어느 오니나 그 생긴 모습이 기묘했다. 서로 술을 권하며 노는 모습이 마치 이 세상의 인간들 같았다. 자주 술잔을 주고받더니, 그 중에서 우두머리 오니가 특히 많이 취한 듯했다. 말석에 앉아있던 어린 오니 한 명이 일어나서 술잔을 머리에 올리고서 무언가 알아듣기 힘든 말을 지껄이더니 상좌에 앉아있던 오니 앞으로 천천히 다가갔다. 무언가 되풀이해서 말을 건네고 있었다. 상좌에 앉은 오니가 왼손에 술잔을 들고 몸을 비틀며 웃는 모습이 마치 이 세상의 인간 같았다. 어린 오니는 춤을 추고 물러났다. 뒤이어 아래쪽에서 오니들이 나와 춤을 추었다. 춤이 서툰 오니도 있고 춤을 잘 추는 오니도 있었다. 노인이 놀란 모습으로 그 관경을 보고 있는데, 상좌에 앉은 오니가 "오늘 밤 술잔치는 평소보다 훨씬 재미있었다. 그런데 다음번에는 더 뛰어난 춤을 보고 싶구나."라고 말했다. 노인은 무엇에 홀렸는지 아니면 신불(神佛)이 그런 생각이 들도록 만든 것인지, '좋아! 내가 달려 나가서 춤을 보여줄까.'하는 생각이 들었지만 일단은 단념했다. 그러다가 결국 오니들이 맞추는 장단소리에 마음이 이끌려 '까짓거, 달려 나가서 춤을 추자. 죽으면 그만이지!'라고 마음을 정하고 나무 구멍에서 나왔습니다. 에보시(烏帽子)를 코 언저리까지 눌러쓰고 허리에는 나무할 때 사용하는 도끼를 찬 채로, 상좌에 앉아있는 오니 앞으로 뛰쳐나갔다. 오니들은 깜짝 놀라 자리에서 일어나 "이건 뭐야!"하며 허둥댔다. 노인은 몸을 뻗었다가 굽히고, 온갖 기교를 부리며 춤을 추었다. 몸을 비틀어 "얼쑤!"하고 장단을 맞추며 그 부근을 돌아다니면서 춤을 추었다. 그 모습을 보고 상좌에 앉아 있던 우두머리 오니를 비롯한 모든 오니들이 깜짝 놀라며 재미있어 했다.

상좌에 앉은 오니는 "이 놀이를 오랫동안 해왔지만 여태껏 이런 사람을 본 적이 없다. 앞으로도 이 노인은 우리들 놀이에 반드시 참석토록 하여라."라고 말했다. 노인이 말하기를 "말씀대로 하겠습니다. 참석하지요. 이번에는 갑자기 뛰쳐나와서 마지막에 추는 춤을 빠뜨렸습니다. 괜찮으시다면 다음번에는 조용히 춤을 추겠습니다."라고 대답했다. 상좌의 오니는 "잘 말했다. 반드시 와야 한다."라고 강조했다. 그러자 안쪽 세 번째 자리에 앉아있던 오니가 "이 노인이 말은 그렇게 하지만 오지 않을지도 모릅니다. 무언가 증표로 저당을 잡아두어야 하지 않겠습니까?"라고 말했다. 상좌의 오니가 "당연하지. 당연하지."하면서, "무엇을 맡아두면 좋을까?"하고 의논을 하게 했다. 상좌의 오니는 "그 노인 얼굴에 달린 혹을 맡아두는 것이 좋지 않을까? 혹은 복 있는 물건이니까. 아마 그 혹을 아깝게 생각할 것이다."라고 말했다. 노인은 "눈이나 코를 떼어가더라도 이 혹만큼은 면제해주십시오. 오랫동안 지니고 있던 것을 아무 이유 없이 떼어 가는 것은 억울한 일입니다."라고 대답했다. 상좌의 오니는 "그토록 아끼는 물건이구나. 그 혹을 떼어라."라고 명령했다. 오니들이 노인에게 다가와서 "그럼 혹을 떼겠다."하고서 혹을 비틀어 당겼다. 전혀 아프지가 않았다. 그런 후에 오니가 "다음번에도 꼭 오도록 하여라."라고 말했다. 이윽고 새벽이 되어 닭이 울자 오니들이 사라졌다. 노인은 얼굴을 만져보았다. 오랫동안 달려있던 혹이 흔적도 없이 사라졌다. 노인은 나무하는 것도 잊은 채 집으로 돌아왔다. 할머니가 "도대체 어찌된 영문인가요?"라고 묻자, 노인은 자초지종을 들려주었다. 할머니는 "참으로 황당한 일이로군요."하고 놀랐다.

이웃에 사는 노인은 왼쪽 얼굴에 커다란 혹이 달려있었다. 오른쪽 얼굴에 혹이 달렸던 노인의 혹이 없어진 것을 보고 "어떻게 해서 혹이 없어졌는지, 어디 사는 의사가 혹을 떼어 주었는지 나한테도 가르쳐주시오. 나도 혹을 떼었으면 하오."라고 물어보았다. 노인은 "이 혹은 의사가 떼어준 것이 아니오. 이러저러해서 오니가 떼어준 것이오."라고 알려주었다. 이웃집 노인은 "나도 똑같이 해서 혹을 떼야지."라고 말했다. 그 내막을 상세히 묻기에 가르쳐주었다. 이웃집 노인은 가르쳐준대로 그 나무 구멍으로 들어가 오니들을 기다리고 있었다. 그러자 전해들은대로 오니들이 몰려들었다. 오니들이 둘러앉아 술을 마시고 놀다가 "그런데 그 노인은 왔는가?"라고 말했다. 이웃집 노인은 무서운 생각이 들었지만 몸을 흔들면서 느릿느릿 앞으로 나갔다. 오니들이 이를 보고 "여기 노인이 와 있습니다."라고 말하자, 상좌의 오니는 "이쪽으로 와서 빨리 춤을 추거라."라고 재촉했다. 그런데 이전 노인보다 춤이 서툴고 볼품이 없었다. 상좌의 오니는 "이번에는 춤이 서툴구나. 아무리 보아도 너무 서툴다. 맡아놓은 혹을 돌려주거라."라고 명령했다. 그러자 말석에서 오니 한 명이 나와 "맡아두었던 혹을 돌려주마."하고서 혹이 달려 있지 않은 반대쪽 얼굴을 향해 혹을 던졌다. 그 노인은 얼굴 양쪽에 혹이 달리고 말았다. 따라서 다른 사람을 부러워해서는 안 되는 법이다. (한국어 번역 : 김용의)

『尋常小學讀本』卷之四 수록 〈혹부리 영감〉

第七課 こぶ取 一

昔、右のほほに、大なる爺ある、ひとりのきこりありけり。或る日、山中にて雨風にあひしかば、杉の木のうろにはひ入りて、はれまを待ちしが、とかくする中に、日もくれたれば、歸ることもかなはで、そこに一夜をあかさんとせり。

木こりは、さびしさおそろしさに、眠られもせず、かがまり居たるに、夜もふけたる頃、何物かの來る音のしたれば、木こりは、そとおもてを伺ひ見しに、きたいなる顏付のものども、多く集り來りて、その木の前に居まはり、やがて酒もりを開き、又まひをも始めたり。始めのほどは、木こりもおそれ居たりしが、もとより好むまひの事なれば、しらずしらず其拍子に浮かされて、自分も出でてまひて見んと、つひに酒もりの座へまひこみしに、皆々、一時は、おどろきたる樣なりしが、木こりのまひの上手なるに感じいりて、しきりに之をほめはやせり。

かくて、夜あけも近づきたれば、皆々、早や歸るべき時來れりとて、酒もりをやめ、木こりに向ひて、「汝のまひは、誠におもしろし、此後も、また必ず來れ、其約束のしるしに、この瘤をあづかり置くべし」とて、たやすく瘤をぬき取り、何處ともなく持ち去れり。

木こりは、ゆめのさめたる如く、あとにて、顔をさぐり見るに、瘤は、ぬぐひ取りたるやうにきえうせ、何の痛もなかりければ、夜あけて後、いそぎ家に歸りて、ありし事をつまにもはなし、誠に幸なることしたりとて、共に喜びあへりとぞ。

杉 頃 伺 顔 好 拍子 感 痛 幸

第八課 こぶ取 二

かのきこりの隣に、また左のほほに、大なる瘤ある老人ありしが、前のきこりの瘤の、にはかになくなりしを見て、大に之を羨み、「如何なる醫者に療治して貰ひしぞ、我にも教へてくれよ」と云へり。かの木こりは、前夜のことを、殘りなく話しきかせたれば、老人は、大に喜び、さらば、我も、そこに行きて、瘤を拔き取りて貰はんとて、すぐさま家を立ち出で、やがてかの山に至りしに、木こりよりききたるとほり、杉のうろのありしかば、そこに入りて待ち居たり。

はや夜半とおもふ頃、はたしてきたいなる顔付のもの集り來て、酒もりを始め、前夜のまひては、未だ來ぬかと、しきりに待ち居る様子なるにぞ、老人は、今こそと思ひて、うろをはひ出で、皆々のすわれる中にまひ出でたれば、皆々は、「まひの上手來れり」とて大に喜びもてはやしたり。

しかるに、此老人は、もとよりまひの上手には非ず、何の面白き事もなきゆゑに、皆々は、「このたびのまひは面白からず、さきの瘤を返して追ひやれ」とて、かのとりおきたる瘤を出して、投げ返したるに、ひたと右のほほに付きて、これより、右と左とのほほに瘤ある人となりしとぞ。

これは、眞にありし事にはあらざれど、ものうらやみする人のいましめにせんとて、昔の人の語りつたへたるなり。

隣 羨 醫者 療治 非 面白 (본서 [사례 1], [사례 16-a], [사례 16-b] 참조)

柳田國男『日本昔話名彙』수록〈혹부리 영감〉

瘤取爺

昔、正直な爺と心の悪い爺があって、二人とも頬に大きな瘤を持っていた。正直な爺が或日、山へ木を伐りに行き、帰る時になったら雨がふり出したので、木の洞穴の中に入って休んでいるうち眠ってしまった。起きてみると夜中で、洞穴の前にはいろいろな化物どもが沢山集まって酒盛りをしていたが、そのうちに酔って踊り出した。爺も思わず踊りの面白さにつられて、そこへ出て行って踊りはじめた。みんな驚いたが、仲間に入れてくれて夜明けまで騒いで引上げる時、面白い爺だから、また今夜も来るように、大事なものを預ってやると言って頬の瘤を取ってしまった。爺は家に帰ってその話を婆にして二人で大喜びをした。

心の悪い爺は、自分の瘤も取ってもらいたいものだと山の中の洞穴で待っていた。夜中になると、また化物が出て来たが、怖いので慄えていると、化物共はゆうべの爺は來ないかと洞穴の中を探して爺を引出した。が、少しも踊らないので怒って、昨夜の瘤を片方へひっつけた。それで悪い爺は両方に瘤のある頬になって帰った。— 山形県最上郡 —

(본서 [사례 4] 참조)

関敬吾『日本昔話大成』수록 〈혹부리 영감〉

瘤取り

むがし、むがし。

むがし、あったけどな。うんとしょでん(昔)にな。

あるところさ爺ど婆どいだけ。うんとまめ爺でな、朝まに、土間掃いだった。したれば、豆こ一粒転ばてきた。あんまり青ばこ(豆の品種名)でいやんべえ(りっぱ)だ青ばこださげて、拾うべえど思って手伸ばしたらば、コロリッハラリっどんて転ばてすまう。まだ転ばたなば拾うかんじゅすれば、ココンコロン、ココンコロンど転ばって、土間の隅この鼠穴さ入ってココンコロンで落でったどは。

ほんで爺、あまりもったいなくて追っかげだらば、ひょえっと穴こん中さ入れるけど。ずうっとずうっと道があって、爺追かげでったらば、たんでに暗ぐなてしまいあした。ずうっと、追かげでったれば、お宮こあっけど。そのお宮こさ入ってった。ほれがら、もう暗ぐなて、とでも歩がんねぐなては、お宮この板敷の下さ入り込んで、寝るごどにした。

ほしたれば、夜中時分なって、ズドンズドーンとなにがが来た音すっと。

「はあて、何だべ、何来たんだが、来るんだが、おら、こんげたとこで食われっかもすんねはな。まず、まず、おかねちゃ」と、爺なのふるふるて震えった。

ほごさ来たな、天狗さんでした。してるうぢ、西の方がらも天狗さんドエーン、ドスン、ズドーンどんてきた。

「はで、今度はあ何事始まるべえ」て、不思議してるうぢに、まだ南の方がらもドエーン、ドスン、ズドーンじゅう音して、天狗さんが来ましたど。そうしてるうぢまだ、北の方角がらもドエーン、ドスン、ズドーンじゅう恐すね音させで、北の天狗が来た。その爺じゃ大き瘤のある瘤爺つあであったそうだなおす。瘤こば砂さくっつげるようにして、板敷の下がら見だらば、爺の前で、天狗だ踊りこするなでしたど。

天狗 天狗 八天狗
おれと天狗で九天狗
シチヤのトラが来ねうちは
なんだが拍子あそろわねちゃ
スットン スットン それーそれ
天狗 天狗 八天狗
おれと天狗で九天狗
シチヤのトラが来ねうちは
なんだが拍子あそろわねちゃ
スットン スットン

て、おもしろぐ踊ってる。爺あそれば見でるうぢわ(自分)がお宮の下さ隠ぐてるなも忘ってしまた。まず、まず、おもしろそで、黙てらんねくて、瘤ばぶらめがせで、踊こ仲間になってしまた。ほんで、だえだえど踊た。

天狗 天狗 八天狗
おれと天狗で九天狗
シチヤのトラが来ねうちは

なんだが拍子あそろわねちゃ
スットン スットン それ一それ
天狗 天狗 八天狗
おれと天狗で九天狗
シチヤのトラが来ねうちは
なんだが拍子あそろわねちゃ
スットン スットン

爺あ、おもしろくておもしろくて、天狗も何も忘れでしまたは。たんだ踊りこばりするど、天狗たち

「今日はなえだが、あずんた(妙な)爺がねが入っているども、この爺がね、まんず踊りこの上手だごど。おもしろいごど、いったいこの爺がねあ、どこがら踊りこに来たべ。こら、その爺、おめあずいぶんと踊り上手だ。明日の晩もきっと来てけろちゃ」ていう。

「はいっ」

爺、はっと気がついで、こんだおかねくてだど。ふるふるてだ。すっと天狗

「明日の晩、もしかしたら来ねがすんね。その面の下さぶらっとしたもの、もらておげや。すれば取りに来るべ」

やっきど(懸命に)力出して、天狗たちは爺の瘤こば持って取ってしまた。爺、瘤ば取ってもらて大喜びで、家さ帰ってきた。

ほうしたら、隣の爺も瘤のあった爺でな。

「やや、まめ爺、おめの瘤なじゅして(どのようにして)取った。教えろ、おらもこの瘤ば取りでえさげ、瘤なくてええな」て、そのへやみ爺、けなりがて(うらやむ)よ。ほんで、まめ

爺、昨日のごど一つ残らず語ってけった。

「朝まに土間ば掃いでるうぢに豆こば見つけでよ、豆こ追かげでるうぢ、鼠穴さペロッと入って、おらも入ったれば、なんと夜まよ。困ってお宮さ行って寝っかじゅしたら、そさ天狗が集ばてきてよ、踊るもんだけ。あんまり踊りこがおもしろいもんで、いっしょに踊ってしまたら、明日も來いどんてな。あんまりたいせつそうださげて、このおら瘤ぐうえら取ってしまたなよ。ほんで瘤ば取らったなよ」

「ほんねば、おらどごも連れであいでげろ」

「やあや、おめ一人がいいべ」て、へやみ爺、つぎの日こっ早ぐ、土間掃ぎだけど。やっぱり豆こ転ばてで、穴こさ落ぢだ。

「こりゃあ、おらも穴こさ入るべ」て、ペロッと穴さ入った。やっぱりお宮こあてな、暗ぐなったごです。ほんで、お宮で待ぢったらば、天狗さんが来た。西がら東がら北がら南がら、ドスーンドスーンど到着しあすけど。ほして、やっぱり踊りこが始まったけ、

天狗 天狗 八天狗
おれと天狗で九天狗
シチヤのトラが来ねうちは
なんだが拍子あそろわねちゃ
スットン スットン それーそれ
天狗 天狗 八天狗
おれと天狗で九天狗
シチヤのトラが来ねうちは
なんだが拍子あそろわねちゃ

スットン スットン

て踊るもんで、へやみ爺もいっしょに踊った。ほんでも、ぎぐもぐじゅうもんで、とでもとでも見るも聞ぐも哀れさんつま(さんざん)でな、天狗なの踊りこ中止してしまた。

「まず、この爺がね、下手だごどや。こちのほうまで、あずんたものになる(変になる)べ」て、わやわやどたがり

「ほんねば、よべな(昨夜)の瘤ばもどすべちゃや。ほれっ」と、天狗の大力でベダリど押してくった。すっと、一つだった瘤あ二つになってしまた。

「あんあん、あんあん、二つ瘤になったはあ。婆や、たいへんだはあ」て、その爺、大困りでは、がおってやっこぐ(意気消沈)なて帰りあんした。

「おらえの爺、瘤ば取ってもろて、大歌で帰ってきたなだべ」

その声ば聞いで、婆家で大喜びしったど。ほしたら、何と瘤がつけで(つかえて)、鼠穴が、ら出はらんねたんだへやみ爺、庭の隅この穴ん中で、ばだばだめいだど。

それば婆なの知らねべし、「なえだて今日はお姫こ(鼠)あばれるごどな」て、鼠穴ば臼でふさいでしまたけどは、んださげて、あまり人ばけなりがる(うらやむ)もんでねけど。

とんびすかんこ ねっけど。— 山形県新庄市 —

(본서 [사례 5] 참조)

稲田浩二・小澤俊夫『日本昔話通觀』수록 〈혹부리 영감〉

こぶ取り爺

類話１　江刺市(旧江刺郡米里村人首)・男 額にこぶのある爺が大森の観音様に七日七夜の願をかける。満願の夜「古道古坂古大道、てかひが薩婆訶にしゃあどんどん」とはやして鬼たちが来る。鬼が、舞い手がそろわないので、爺を発見して引っぱり出すと、爺は恐れて鬼ににぎり飯をやる。うまかったので鬼は、その代わりに鉄棒でこぶを取ってくれる。隣の婆が聞いてこれもこぶのある爺にまねをさせるが、にぎり飯のことを聞いてないので、そば団子一つしか持ってなく、鬼は怒って昨夜のこぶをくっ付けた。

(본서 [사례 6] 참조)

高橋亨『朝鮮の物語集附俚諺』수록 〈혹부리 영감〉

瘤取

今は昔、と或る田舎にいと大けき瘤を頬に下げたる老爺ありけり。勿論其の頃のこととて、之を切取らんの醫術もなく、幾十年の間徒にブラブラと邪魔氣に打振りながら困じ果てありき。一日の事なり、山に採薪に往き日影を見忘れて、未だ吾家に歸着かざるに日はドブリと暮れ、月の光も朧なるに、辿り往かんも例の朝鮮一流の悪道の心元なければ、エエ儘よと道傍の一軒の荒屋に薪打ち卸して、今夜は此處にと覺悟したり。見渡す限り人里離れし一ッ家の、夜更くるに從ひ何となく荒凉寂寞にえ堪へで眠るべくもあらず。一層起きて過さばやとて、日頃自慢の咽喉を惜し氣もなく張擧げて、おもしろしと云ふ歌共歌ふに、實に梁塵も漂ふ許りなり。

かかる寂しき境には、必ず色々の妖怪共住みなすを法とすれば。夜としなれば、彼等は皆盛に活動を始め往さ来るさいと頻繁なり。忽ちこの老爺の歌に驚かされ、通り懸りの妖怪共我も我もと詰めかけ來り、餘りの歌ひ上手に皆恍惚と聽きとれぬ。

異種異形の妖怪共の何時ともなく現れ來りて、別に我を害せんとはせざれ共、取巻きて居列びたるには老人頗る吃驚したれ。かかる所に妖怪の住むべきは勿論の事なれば、逃げも隠れもせんとは思はず。却て弱味を見せまじとて、矢張聲高に更におもしろき歌共數を盡して歌ひたり。餘りの上手に滿場寂として音なく、妖怪共も感に堪へざる様子なり。

かくて歌ひ明して、夜も漸く東雲ならんとすれば、老爺はほホッと安心し、妖怪共は今夜のいとも短きを打呟きつつ各歸途に着かんとす。其の内一番頭と見ゆる妖怪、流石に怪しき愛嬌を湛えながら。老爺よ君は如何にしてかかる美しき聲をば出すかと問へり。老爺はもはや氣丈夫なれば、されはとよ大王の見らるる通り、我は此處に大きやかなる瘤を持てり、これこそ我が聲の溜め所よと答へたれば。妖怪さらばいかでその瘤をば我に賣り玉へとて、種々の寶共を持ち出で交換してけり。

日影刺しぬれば妖怪共は野末の露と諸共に消えて迹なし。老爺は獨りほくそ笑み、昨宵はしてやつたり、年來の惡嫉は癒る、難病中の難病なる貧の病さへ癒えたりと。薪も何も打捨てて急ぎ足にて我家へ歸りぬ。此に老爺と同じく頰に瘤持てる一人其の町内に住みてけり。一日老爺の瘤なくなりたるを認め、怪しみ其の譯を糺して、さらば己れも其の妖怪共を騙しくれんと。一夜かの野中の一軒屋に往きて、これも自慢の下手にはあらぬ歌を歌ひながら、妖怪今か今かと待ち居たり。妖怪共は忽ち聽き着け今夜も先夜の嘘吐き老人來居るとて、打誘ひて來合ひ、色々の歌共注文して歌はせ、終りに如何でかくもおもしろく歌をば歌ふぞと問ふからに。瘤爺は待ちたりと許りに眞面目顏して、見らるる通りこの大けき瘤よりぞといふ。妖怪の大將カラカラと聲高に打笑ひ。さてもこの嘘付き爺め、先日我れ一人間に欺かれ、高金出して肉瘤を買取り、之を頰に附けて、さて歌はむとすれ共、美聲はおろか、却りて聲出惡くき樣なりき。もはやこの瘤我には用なし。汝の聲の出處ならば、これも序に汝に遺らんとて元の瘤の傍に又一つ附けてやり、人間の愚さを見よやとて一同聲高に囃し立哄笑しつつ出行けりとぞ。

(본서 [사례 9] 참조)

山崎日城『朝鮮の奇談と伝說』수록 〈혹부리 영감〉

瘤取物語 ＝母國と酷似＝

……母國の瘤取物語……美音の出る瘤……鬼には必要なし………

我が母國に瘤取物語とい話が傳はつてゐる。宇治拾遺物語に「これも今は昔、右の顔に大なる瘤ある翁ありけり。大かう山へ行きぬ、雨風はしたなくて歸るに及ばで、山の中に心にもあらず泊りぬ(中略)木のうつぼありけるに這入りてゐたる程に(妖怪多く集りて)うつぼの木の前に廻りぬ(妖怪の頭を始めとして)二並びに並みたる鬼數を知らず、其の姿各々云ひ盡し難し、酒參らせ遊ぶ有さま此の世の人のする定めなり」とあつて、是から多く妖怪が興に乘じて舞ひ出したので、此の翁は元々舞ひが巧みなのでツイ浮かれて其の座へ踊り出したところが、殊の外鬼の氣に入つて、鬼は今度の宴會にも是非來て踊つて呉ろといふ、とうとう其の質に翁の瘤を取つて歸して遣つた。翁は永年苦にしてゐた瘤が取れたので喜んでゐると、之を聞いた近所に住ひ左の顔に瘤のある慾深爺いが、早速其の眞似をして鬼の酒宴の席で踊つたところが、前の正直な翁とは似ても付かない下手な踊りなので妖怪の群れが追ひ返してしまつたが、其の時慾張爺いは前に鬼が取てつ置いた、正直の翁の瘤を右の頰に付けられて顔に二つの瘤が出來たといふのか我が國に傳へられてゐる瘤取物語の筋である。

ところが朝鮮にも瘤取物語が傳へられてゐる。大方は何づれ母國のも朝鮮のも其の物語の元祖は花咲か爺いの話杯と共に或は支那あたりから來たものであらうと思はれるが、朝鮮の瘤取物語は斯うである。

むかしむかし或る片田舎に大きな瘤が顔にある翁があつて、薪を採りに行つた所が、ゆき暮れて山の中の荒ばら家に泊つた、翁は淋びしさの餘り日頃自慢の歌を節面白く唄つた所が、お定まりの丑滿つ頃、妖怪の群れが多數に集つて來て、其の歌に聞き惚れた揚句、翁は妖怪の所望によつて、とうとう夜明け近くなるまで、歌を謳つた所が、其が頭とも見ゆる妖怪が「一体どうすればソンなに美音が出るのか」と聽いたので翁は出鱈目に「私の顔にある大きな瘤から此の美しい聲が出るのである」と答へたので、妖怪は「然らばドウかして其の瘤を賣つて貰ひたい」と云つて、多くの寶を持ち出して其の瘤を翁の顔から無理に取り去つてしまつた。

夜も明けたので翁は寶を貰つた上に、瘤を取つて貰つたので大喜びに吾が家へ歸つて來た。

ところが隣家に之れも顔に大きな瘤のある慾の深き翁があつて、其の眞似をして夜る妖怪の住み家に行き、妖怪に歌を聽かせたまで好かつたが、妖怪の頭が

「どうして貴公はソンなに美しい聲が出るのか」

と聞かれたので、爺いさんは得たりと顔の瘤を指して「此の瘤から出る」と答へると、妖怪の頭は嘲笑つて實は先夜汝の如き老人より瘤を買ひ求めて之を頬につけて歌つて見たが、美音は愚か却て聲が惡くなつたので、吾々には用のないものであるから、「貴様に遣る」といつて、先に正直なお爺いさんから取つた瘤を其の欲張り爺いにつけたので、顔の右と左に瘤が二つ出來た。

(본서 [사례 10] 참조)

朝鮮總督府『朝鮮童話集』수록 〈혹부리 영감〉

瘤とられ・瘤もらひ

鬼から瘤をとられた男と瘤をつけられた男の話といへば皆さんはすぐに「うん、あの話か」と想ひだされるでせう。だからここでは鬼でない外のものから瘤をとられた話をしませう。

これもむかしむかしの事ですが、あるところに一人の男がありました。この男は頰に一つの大きな瘤を持つてゐました。何しろ大きな瘤が顔のところで年中ぶらぶら垂れてゐるのですから、そのうるさい事はひと通りではありません。人前に出ても始終愧かしい思をせねばならないので、男はいつもそればかりを氣にして、「ああ何とかしてこの瘤を取り除く工夫はないものか」と思ひながら、永い歲月を過してきました。

ある時のこと男は旅に出ました。路が田舍の山道にかかつたので、なかなか人里に出られず、そのうちに日が暮れてしまひました。かうなつてはもう仕方がないので、男は路傍に立つてゐる長丞の下に臥て一夜を明すことにしました。何しろ人家のない淋しい野原の暗闇の中に臥るのですから、男は何とはなしに氣味がわるくて、いくら眠らうとしても眠られません。「ああ淋しくつて、何だか氣味がわるいな」と思へば思ふほど、あたりはしんしんと靜まりかへつて、そこへらにある草木や石塊までもただのものではないやうな氣がしてきたり、今にもふらふらと動き出すやうにも見ゑて恐しくて仕樣がないので、ぢつと目を閉ぢて何も見まいとしました。

夜はだんだん更けてくる、一切萬物が死んだやうに鳴を鎮めてくる。その時不意に暗の中にウルウルといふ聲がきこゑました。暗の中の不思議な聲にびつくりして、男は思はず目を開けると、暗い中を何やら黑い柱の樣なものが跳ね廻りながら、ウルウルと唸つてゐます。男は益益愕いて、一體何物であらうと思つて、よくよく見ると、これはまた意外なことで、自分の後に立つてゐた長丞が動き出して、あの通り唸りながら跳ね廻つてゐるのでありました。長丞は幾度かそこへらを跳ね廻つた後、大そう疲れた樣子で、もと立つてゐたところに戻つてきて息を切らしながら苦しげに呼吸をしてゐましたが、やがてまた悲しげな妙な聲を出して駈け出さうとしました。これを見ると、男は何となく長丞を氣の毒に思つて、長丞の代りにウルウルと聲をかけながら駈け廻つてやりました。さうして往復幾度かしてから、もとの位地に歸つて寢ました。とろとろと眠つたと思ふと、夢の中にさきの長丞が現れてきて言ふことには、

「さきほどは私の代りになつて苦しい役目をしてくれて、眞に有りがたい。何かお禮をしようと思つたが何も無いから、その代りにお前の瘤を取り除いてやらう。」

明くる朝目が覺めると、男は昨夜の夢を想ひ出したので、まさかそんな事はあるまいと思ひながら、頰のところへそつと手をあててみると、不思議不思議、昨夜まで大きな塊になつてぶら下つてゐたあの瘤が、どこへ行つたやら、いくら顏中をなでてみても、影も形もない。瘤のあつたところはつるつるとして、まるで生れつき瘤の無かつた人と少しの變りもないやうになりました。これを知つた男の喜びは非常なもので、早速に自分の村に

飛んで歸り、そこへら中にこの事を話して歩きました。

さてこの村に生れつき慾深の瘤を持つたいま一人の男がありました。何でも人がうまい事をした話を聞くと、すぐ自分もその眞似をして一つ得を取つてやらうといふ考を起す男でしたから、すぐ次の朝には早くから村を立つて、長丞のあるところへ出かけました。行つてみると、なるほど路傍に長丞が立つてゐました。そこで男は長丞の下のところに腰を卸して日が暮れ夜の更けるのを待ちました。

夜中になると、果たして長丞はウルウルの聲を發しつつ跳ね出しました。男は「占めた」と思つて、よい頃を見はからつて、ウルウルといふ聲の後にタクタクと聲をかけながら、一生懸命にあちらこちら駈け廻つてから、また長丞の下へ歸つて寢みました。すると男はやはり夢を見ました。夢の中には長丞が現れて來ました。しかし長丞は御禮に瘤を取つてやらうとは言つてくれないで、

「お前はよくもタクタクなどといふ餘計な掛聲をしたな。そのために自分は非常に苦しい思をした。その怨を晴らすためにはお前の苦勞も殖してやる。」と言ひました。この言葉を聽くと男はがつかりして、そのまま眠入つてしまひました。

明くる朝男は目を覺して、そつと顏のところに手をあててみると、顏の瘤は元の通りついてゐてとれてゐません。「おやおや、やつぱり瘤がある」と思つて男は非常にがつかりしました。そればかりではない、何うやら片方の頬も俄かに重くなつてきたやうに感じたので、その方へ手をあててみると、これは大變、そこにもまた今一つの瘤が出來てゐたとのことであります。(본서 [사례 11] 참조)

高橋亨『朝鮮の物語集附俚諺』수록 <도깨비 방망이>

鬼失金銀棒

今は昔、ある山里にいと貧しけれども正直なる爺ありけり。或る日山に薪採りに往きて、樫の實一つ落ち來れるを、こは我母にと獨言して拾ひ取り。又一つ落來れるを我弟にとて拾ひ。又一つ落ちたるをば、我妻にとて拾ひ。又一つ落ち來れるをば我子に、又一つ落ち來れるをば、これは我にとて拾ひ上げ。折柄既に日は西山に沒したれば、薪肩にし家路に向へるに、道にして日は全く暮れたり。野宿やせんかと困じ居たりしに、不圖道傍に傾きかけし大なる門ある家を見付け、これ幸ひと内に入り見るに、荒草庭裡に盈ちて、虫の音高く、住む人絶えて既に久し。家に上りたるに、奥まりたる所に更に一層の樓あり。ここぞよからんとて樓に上りて寢ねんとす。

夜露漸く冷かならんとする頃より、下の廣間俄かに騒々しく。耳を傾くればこのわたりの鬼共夥多集まりて、重き棒もておのがしじ床を打撲きて、金出よ銀出よと聲高くののしりわめくなりけり。餘りの騷々しさに爺はえ眠るべくもあらず。殊に又かかる境にて鬼共と一つ家に在ればいつ何事の起らんも知れずと恐ろしさ凄さいふ許りなし。覺えずいつか膝顫ひ出す。爺一計を案して、先きに拾ひ取りし樫の實一つ取出して、力を極めて嚼み潰したるに。靜かなる夜にカチンと聲高く響き渡れり。鬼共驚き騒ぎ、ああ古びたるこの高樓の崩れおつるなめりとて、我先きにと逃げ行けり。爺してやつたりと靜々と下り來見れば、暗にも知るき銀棒金棒いと数多取り殘されたり。爺は仕合せよしと皆拾ひとりて、薪の代わりに之を負ひ。今日は木こりにあらで銀こり金こりなりと喜びつつ、市にひさぎて巨額の富を得たりけり。隣家の慾張り爺之を聽きて、おのれも儲けしてやらんと、矢張其の山に往きて彼の樫の木の下にて樫の實今や落ち來ると待ち居たりしに、果して一つ落ちたり。手早く拾ひて之は我にと獨言す。次に又一つ落つるをば、これは我子にと拾ひ。又一つ落ひるをば、これは我が妻にと拾ひ。又一つ落ちたるをば、これは我弟にとて拾ひ。又一つ落ち來れるをば、これは母にとて拾ひとり。態と日を暮して徐々歩み、日影は猶少し早けれど彼の荒屋の高樓に上りて、鬼共今やと待ち居たり。果して夜半にも及びたらん頃、例の鬼共重き棒にて床を打撲きて騒々しく金よ銀よとののしりわめく。時分はよしとことに大けき樫の實をカチンと許りかみ潰せり。鬼共ききつけ逃げると思ひしに、其の中の一つがああ怪し、今夜も先夜の怪しきこゑすなりといふに。他の一つが人臭し人臭し、必定人間あると見えたり。又々我等を欺きて金棒銀棒を奪ひ去らんとする奸計なるらし。此度は捕へやらんと家中隈なく探し廻り、高樓にうろつく爺を引捉らへ、金棒銀棒にて處嫌はず打据ゑたれば、骨もひしけむ痛さにただ哀號するのみなり。其の内に夜明近くなりぬれば、鬼共も二度と來るなしれものよと罵りつつ、かき消えたり。爺やうやう命許りは死なでありて、痛き腰延して立上れば、いかにひどく打たれたりけむ、身丈延びに延びてせいの高さ昨日の倍にも餘り、門低くして容易く出づべからず。やうやう人里近く來れるに、見まじとすれど人の家々周圍

の墻を見越して内房の様迄手に取る如く見下さるれば。家々の主人共あら憎し、何處の背高盜賊や人の家の墻を見越すや、目にもの見せんと。名々棍棒持來りていやといふ程打ちたりけり。二度の痛手に息もたえたえになりつつも情なき事情共打明して、やうやう許して貰ひたりとぞ。 (본서 [사례 13] 참조)

『小學國語讀本』卷二　수록 〈혹부리 영감〉

十二 コブトリ

右ノホホニ、大キナコブノアルオヂイサンガアリマシタ。アル日、山デ木ヲキッテヰルト、雨ガ、ザアザアフッテ來マシタ。

オヂイサンハ、木ノアナニハイッテ、雨ノヤムノヲマッテヰマシタ。

オヂイサンハ、イツノマニカ、ネムッテシマヒマシタ。目ガサメタ時ハ、モウヨルデ、雨ハ、スッカリヤンデヰマシタ。

見ルトオヂイサンノハイッテヰル木ノ前ニ、タクサンノオニガ、アツマッテヰマシタ。

青イオニヤ、赤イオニガ、タキビノマハリデヲドリヲヲドッテヰマシタ。ドノオニモ、大シャウノオニニオジギヲシテハ、カハルガハル立ッテ、ヲドッテヰマシタ。

オヂイサンハ、大ソウヲドリガスキデシタ。見テヰルウチニ、ジブンモ、ヲドリタクテタマラナクナリマシタ。オソロシイコトモワスレテ、木ノアナカラトビ出シマシタ。

オニハ、ビックリシマシタ。

「アレハナンダ。」

「アレハナンダ。」

トイヒナガラ、ワイワイサワギマシタ。

オヂイサンハ、ソレニハカマハズウタヲウタヒナガラ、イッシャウケンメイニヲドリマシタ。

オニハ、

「コレハオモシロイ。」
「コレハオモシロイ。」
トイッテ、手ヲタタイテホメマシタ。
オニノ大シャウハ、オヂイサンニ、
「コレカラモ、トキドキ來テ、ヲドッテクダサイ。」
トイヒマシタ。
オヂイサンハ、
「ヨロシイ。コノツギニハ、モットジャウズニヲドッテ見セマセウ。」
トイヒマシタ。
オニノ大シャウハ、大ソウヨロコビマシタ。シカシ、オヂイサンガ、ホンタウニマタ來テクレルカドウカ、ワカラナイトオモヒマシタ。ミンナデサウダンシテ、
「コンド來テクダサル時マデ、オヂイサンノ右ノホホニアルコブヲ、アヅカッテオキマセウ。」
トイヒマシタ。
オヂイサンハ、
「コレハ、大ジナコブデス。アヅケルコトハデキマセン。」
トイッテ、ヲシサウナフウヲシマシタ。
オニノ大シャウハ、「オヂイサンガヲシガルノダカラ、ヨホド大ジナモノニチガヒナイ。」トオモヒマシタ。サウシテ、コブヲトッテシマヒマシタ。
ヨガアケマシタ。
オニハ、ドコニモヰマセンデシタ。
オヂイサンハ、ユメヲミテヰタノデハ、ナイカトオモヒマシタ。

右ノホホヲナデテミマシタ。左ノホホヲナデテミマシタ。

右ノホホニモ、コブハアリマセンデシタ。左ノホホニモ、コブハアリマセンデシタ。 (본서 [사례 17] 참조)

朝鮮總督府『初等國語讀本』卷二 수록 〈혹부리 영감〉

十一 コブトリ

右ノホウニ、大キナコブノアルオジイサンガイマシタ。アル日、山デ木ヲキッテイルト、アメガ、フッテ來マシタ。オジイサンハ、木ノアナニハイッテ、アメノヤムノヲマッテイマシタ。

オジイサンハ、イツノマニカ、ネムッテシマイマシタ。目ガサメタトキハ、モウヨルデ、アメハ、スッカリヤンデイマシタ。見ルト、オジイサンノカクレテイル木ノマエニ、オウゼイノオニガアツマッテ、オドリヲオドッテイマシタ。

オジイサンハ、見テイルウチニ、オドリタクテタマラナクナリマシタ。オソロシイコトモワスレテ、木ノアナカラトビダシマシタ。

オニハ、ビックリシマシタ。

オジイサンハ、ウタヲウタイナガラ、イッショウケンメイニオドリマシタ。

オニハ、

「コレハオモシロイ。」

「コレハオモシロイ。」

トイッテ、手ヲタタイヨロコビマシタ。

オニノ大ショウハ、オジイサンニ、

「コレカラモ、トキドキ來テ、オドッテクダサイ。」

トイイマシタ。

オジイサンハ、

「ヨロシイ。コノツギニハ、モットジョウズニオドッテ見セマショウ。」

トイイマシタ。

オニノ大ショウハ、大ソウヨロコビマシタ。ミンナトソウダンシテ、

「コンド來テクダサル時マデ、オジイサンノ右ノホウニアルコブヲ、アズカッテオキマショウ。」トイイマシタ。

オジイサンハ、

「コレハ大ジナコブデス。アズケルコトハデキマセン。」トイッテ、オシソウナフウヲシマシタ。

オニノ大シショウハ、オジイサンノコブヲトッテシマイマシタ。ヨガアケマシタ。

オニハ、ドコニモイマセンデシタ。

オジイサンハ、ユメヲミテイタノデハ、ナイカトオモイマシタ。

右ノホウヲナデテミマシタ。左ノホウヲナデテミマシタ。右ノホウニモ、コブハアリマセンデシタ。左ノホウニモ、コブハアリマセンデシタ。 (본서 [사례 21] 참조)

『普通學校國語讀本』 수록 〈세 개의 단지〉

二十五　三つのつぼ

昔ある村に、眞純という兄と、華香という妹が居ました。おとうさんもおかあさんも、早くなくなったので、二人は、たがいにたすけあって、なかよくくらしていました。

ある年のことでした。米や粟のとりいれもすみ、冬のしたくも出來上がって、さあ、これからお正月のよういをするという時になりました。兄は、にしんやなつめや干柿を買いそろえ、妹は、着物をぬって、もう、いつお正月が來てもよいように、よういをしました。

ある晩のこと、眞純は、妹のさけびごえで目をさましました。おそろしい山男が、泣きさけぶ妹をつかまえて、ぐんぐんひっぱって行くところです。びっくりして、眞純は一生けんめいにおいかけました。しかし、山男の足にはかないません。だんだんおくれて、とうとう山男のすがたを、見うしなってしまいました。

妹を氣づかう一心で、眞純は、山男のあとをつけて、どんどん山おくへはいって行きました。山は、だんだんふかくなって、大きな木がおいしげり、高い木の枝には、風が、さびしく吹いています。ほそい山道を、まがり曲って行く中に、大きな岩のある所に出ました。

すると、その岩のかげから、一人のおじいさんが出て來ました。かみもひげも、銀のようにまっ白な、見るからけ高いおじいさんです。

おじいさんは、眞純を見ると、にこにこしながら、

「なかなか元氣だ、かん心なことだ。」

と、言いました。

さびしい所で、やさしいおじいさんにはげまされたので、眞純は、すっかり元氣になりました。そうして、なおもすすんで行こうとしました。おじいさんは、

「ちょっとお待ち。」

とよびとめて、ふところから、白い小さなつぼを出しました。そうして、

「これを上げるから、もしこまる事が出來たらなげなさい。」

と、言いました。

眞純は、ふしぎに思いながら、それをいただきました。それから、おじいさんは、青いつぼと赤いつぼを出して、

「それでも、まだこまる事がつずいたら、はじめに青い方を、次に赤い方をなげなさい。」

と言って、わたしました。

眞純が頭を上げると、もう、おじいさんのすがたは見えません。眞純は、

「ああ、あの方は神さまにちがいない。」

と思って、大そうよろこびました。

眞純は、三つのつぼを持って、どんどん山おくへ進んで行きました。

しばらく行くと、大きな岩穴の前に出ました。中をのぞくと、

山男は「ぐう、ぐう」いびきをかきながら、ねむっています。そばで、妹の華香が泣いています。「これはしめた。」と、思わずひとりごとをいいました。眞純は、しばらく中のようすをうかがっていたが、とうとう妹をつれ出しました。

「さあ、一生けんめいににげよう。」

二人はむちうで走りました。

間もなく、山男が氣づいて、おいかけて來ました。二人は、一生けんめいににげました。しかし、いくら走っても、山男にはかないません。だんだんおいつかれて、今にもつかまりそうになりました。眞純は「此の時だ。」と思い、山男目がけて、白いつぼをなげつけました。すると、見る間に大きな川が出來て、ごうごう音をたててながれ出しました。

おにのような山男も、なかなかこの川をこすことは出來ません。その間に、二人は遠くの方へにげました。ようようにげはにげたが、二人はだんだんつかれて來て、思うように走れません。その中に、またもおいつかれそうになりました。

今度は、青いつぼをなげつけました。すると、道一ぱいにいばらが生いしげりました。山男は、いばらにひっかかってもがいています。眞純は、山男目がけて、赤いつぼをなげつけました。すると、つぼはたちまち火になって、いばらのやぶにもえつき、山男は、すっかり火につつまれてしまいました。そこで、二人は、ぶじに家ににげかえることが出來ました。

おわり　(본서 [사례 24] 참조)

山崎日城『朝鮮の奇談と伝説』수록 〈도깨비 방망이〉

金銀の棒　＝正直と慾張＝

…………鬼を驚ろかしたる夜陰の怪聲……何處も同じ慾張り爺の失敗…………

これも瘤取物語に能く似た話である。ある山里に正直な爺がゐた。木樵を渡世としてゐるので終日山へ木を切りに行き、其の歸る道で樫の實を拾つたが、遲くまで山にゐたので道で日が暮れてしまつた。

ふと見ると大きな家があつて、其の中に人の住む氣はいもないので、其の夜は此の家に泊ることとし、奥の方に當る一番高い樓上に寢ることにした。

ところが夜も更けたる丑滿つの頃、俄かに下の廣間ががやがやしだしたので、密かに覗いて見た所が鬼が、大勢集つて何だか棒の樣なもので、床を叩いて「金出ろ」「銀出ろ」といふと、云ふがままに金銀の延棒が出て來るので、爺はガタガタふるへてゐたが、どうかした機みに先きに山で拾つた樫の實を踏み潰したので、カチンと一聲高樓の方で夜陰に響ゐたので、鬼は大に驚き、之は多分高樓が古くなつて崩れかけたのだらうと云ひ合ひつゝ、我先きにと其の家から逃げだしてしまつた。

跡で爺さんは、鬼が逃げたので、下へ降りて見ると金銀の棒が澤山取り殘されてあるので、大に喜び、早速之を背負つて家へ持つて歸つた。そこで爺は其の金銀の棒を賣つて俄に大金持になつたが、隣りに慾張りの爺があつて、段々正直な爺から話を聞て見ると、鬼の家で樫の實を潰ぶした所が、鬼が其の音に驚て逃げて行つた蹐に金銀の棒が落ちてゐたのだと聞き、早速自分もやつて見ようと思つて、夜になつて鬼の家を探し當て、奥の高樓に待つてゐた所が、果して鬼が大勢がやがやして來た。そこで用意の樫の實を潰した所が、鬼が聞き付けて、逃げると思ひの外、今度は高樓の方へ近付いて來た所が、鬼は口々に「人臭い人臭い」といつて、とうとう慾張り爺いの隱れてゐたのを見付け出して、捉へた上に散々毆ぐつて追ひ返してしまつたとある。

(본서 88~90쪽 참조)

中村亮平『朝鮮童話集』 수록 <혹부리 영감>

瘤取爺さん

一

昔、或片田舎に、片一方の頬に大きな瘤が出来てゐるお爺さんがありました。あんまり大きいので、その重さで、いつもその瘤のある方に、首をかしげてゐました。お爺さんは、その見つともない瘤を、邪魔になる瘤を、如何かして取つてしまひたい。落してしまひたいと思つてゐました。薬を遠くから戴いて来てはつけて見ても、それから行者のやうなものに、幾度ご祈祷をして貰つても、どうにもなりませんでした。しかしお爺さんは、如何かして取りたい取りたいと思ひつづけてゐました。

或日のこと、お爺さんはいつものやうに山へ薪を取りに行きました。随分山奥の方まで行かなければ、薪を取つて来ることが出来ませんでした。

お爺さんは、その日も一生懸命に薪を取つて、もう人負ひになりましたから、それをチゲにのせて、さあ戻らうとしますと、已に日は傾いて、夕月はもう東の方の木の間に、あかるくかかつてゐました。『やれしまつた、これはついおそくなつてしまつたわい。』と、お爺さんはびつくりして、重いチゲを負つたまま、家の方に急いで戻りかけましたが、何分にも奥深い山道でありますから、足元は暗く、道は悪く、せつかく取つた薪は重し、年寄の身にはどんなにせいてもなかなかはかどりませんでした。汗みどろになつて急いで見ましたが、とても夜の道をたどつては帰られさうもありませんでした。さうするうちに、體もすつかり疲れて来て、歩くことさへ出来なくなつてしまひました。

お爺さんは、もうその上はどうすることも出来ず、チゲを道端に下ろしたまゝ、ボンヤリして、汗を拭つてゐました。

と、道の下手の方に、どうやら家の屋根らしいものが見えました。お爺さんは、『これは樵夫小屋か知ら。』と思つて、よくよくすかして見ますと、それはまがふことなく小さい小屋でした。静かに近よつて見ると、たしかに樵夫の小屋らしく、荒れ果てたままで、ただ夜露をしのぐに足りる位のものでした。お爺さんは、『まあここで一晩明さう。』さう言つて、疲れ切つた體をグツタリと横たへて、休んでは見ましたものの、山奥の谷間から吹いて来る淋しい風は、ひしひしと體にせまつて来て、とてもたまりませんでした。そこで、お爺さんは、その淋しさをまぎらさうと、日頃ひそかに自慢にしてゐた唄を歌ひ出しました。まるで山から山に響き渡るやうな声を揚げて、歌ひつづけました。

谷から谷に響いて行く声は、夜が更けるに従つて冴えて行きました。お爺さんは、こんな晩には怪物でも出て来はしないか、と思つて、元気をつけては、自らはげまして歌ひつづけてゐました。

二

そのうちに、どうも變な気がしたので、やをら體を起して見廻はすと、

集つた。集つた。多くの鬼どもが!　何処からともなく集つて来て、固唾をのんでそのお爺さんの歌に聞きとれてゐるのでした。さあお爺さんはとてもおそろしくて、おそろしくてたまりませんでした。

併し、そんな弱味を見せてはいけないと思つて、附け元気を出して、前にもまして声朗かに、そして曲おもしろく歌ひつづけたのであります。

鬼共も、不思議なものがゐると思つて、變な人声に集つて来て見たのに、さて、そば近く立ちよつて聞いて見ると、実に上手に唄ひこなしてゐるので、興に乗つて聞いてゐました。この珍しいお爺さんの興に、鬼達は、おもしろくて、おもしろくてたまりませんでした。

さうしてゐるうちに、夜は最早だんだんと明けはじめて来ました。お爺さんは、

『最早大丈夫だ。』

独言のやうにさう言つて、元気を出して喜んでゐました。

併し鬼達の方では、顔を見合はせて、夜のあけたのをうらめしさうにしてゐました。どんなになごりをしく思つても、もう明るくなつては、そのまま聞いてゐるわけには行かないので、空しく立ち去るより仕方がありませんでした。しかし、そのまま立ち去り兼ねたと見えて、鬼の首領のやうなのが、お爺さんのそばへ近よつて来て、

『もしお爺さん、私達も永い年月歌も聞いて来たが、こんな上手な歌は、まだ一度だつて聞いた事はなかつた。一體お爺さんはどうしてこんな美しい声が出るんかい。どうも不思議でたまらない。一體どこから出すのかな、咽喉でも違つてゐるのかい。』

たうとう鬼はそんなことを言つて尋ねました。

するとお爺さんは、直ぐ様、さも得意気に、

『御覧なさい、わしのここにあるこの瘤を、この大きな瘤を、こゝからこの美妙な音が出るんぢや。』

と、実に平気になつて、少しの不自然さもなく、すらすらといひました。

それを聞いた鬼の首領は、どうかして自分もあんな声を出して見たいと思ひつめてゐたので、早速手下たちを呼んで、たくさんの寶物をそこへ運ばせました。そして言ふことに、『どうぞその瘤をわたしに下さい。その代り粗末なものながら、この僅ばかりの寶物をお納め下さい。』さう丁寧にいつたかと思ふと、少しも痛くもかゆくもなく、ボンとお爺さんの瘤をもぎ取つて、何処ともなく立ち去つてしまひました。

日は高く登つてゐました。お爺さんはまるで夢のやうな気がして、改めて頬を撫でて見ました。まるで軽くなつて、せいせいして、気持まで大變晴々しくなつてゐました。それどころか背に負つてゐる荷までもかるいやうに思はれました。

お爺さんは急いで家に戻りました。村々の人達もその事を聞き傳へて、皆不思議がりました。

すると、お爺さんと同じ村に、やつぱり大きな瘤に困つてゐ

るお爺さんがありました。その話を聞くと甚くうらやましがりました。どうかして自分も、そのお爺さんのやうに、瘤を取つて貰ひたくて仕様がありませんでした。

それで、或日の事、瘤を取つて貰つた時の様子を尋ねにやつて行きました。そして、その夜の事をこまごまと聞いて『こいつは占めたわい、わしも一つ、さうやつて、爺さんよりももつと沢山、寶物を貰つて来よう。』さう一人ごとをいひながらホクホクと喜んで帰りました。もう自分も取つて貰へるものと、独りできめてよろこんでゐました。

その同じ村のお爺さんは、もうとてもぢつとしてゐるわけにはいかないので、その翌日は早速山の方へ登つて行きました。そして、よく聞いてきた通りにして、小屋に寝てゐました。すると間もなく、前のお爺さんから聞いて来た通りに、鬼どもが沢山出て来ました。さあこの時だと思つて、一生懸命に唄を歌ひました。するうちに夜も明けて来ました。すると、やつぱり同じやうに、鬼の首領が尋ねました。そこで前のおぢいさんが言つたやうに、真面目さうな顔を一倍ほんたうらしくして、瘤をおさへながら話しました。

黙つて聞いてゐた鬼の首領は、その話をみんなきいてしまふと、カラカラと笑つて、

『このうそつきめ、よくも又だましに来たな。昨夜はたうとうだまされてしまつて、貴い寶と換へてしまつたが、もうだまされやしないぞ。

あんな瘤を頬につければ良い音が出ると！　まつ赤な嘘をつきやがつて。いい声どころか、咽喉がつまつて、まるで悪い声に

なつてしまつた。もうこの瘤も用がないから持つて失せろ。』

さういつて、甚くおこつて、その瘤をお爺さんの頬へたゝきつけました。

お爺さんは、元の瘤のそばに、又一つたたきつけられて、重い上にも重たく、大きな瘤を二つもぶら下げて、すごすごと戻るより他に仕方がありませんでした。

鬼どもはその後姿を見送つて、みんなで笑ひこけてゐました。

(본서 77, 163, 196쪽 참조)

찾아보기

ㄱ

ㄴ

ㄷ

ㅁ

ㅂ

ㅅ

ㅇ

ㅈ

ㅊ

ㅌ

ㅍ

ㅎ

김용의

1961년 광주에서 태어나 전남대학교 일어일문학과를 졸업하였다. 중앙대학교 대학원 석사과정에서 일본신화를 공부했으며, 일본의 오사카대학 대학원에서 일본문화학(민속학)을 공부하여 석사・박사학위를 취득하였다. 현재 전남대학교 일어일문학과 부교수로 재직 중이다. 관심 분야는 한일설화의 비교연구, 오키나와의 민속종교, 일제강점기의 문화변용 등이다. 저・역서로는 『도노모노가타리』(역서), 『일본인은 일 년 동안 어떻게 생활할까』(역서), 『한국 근대민속의 이해Ⅰ』(공저), 『동아시아의 생사관』(공저), 『세계 속의 일본문학』(공저), 『유로설전(遺老說傳)』(역서) 등이 있다.

혹부리 영감과 내선일체

2011년 2월 10일 인쇄
2011년 2월 21일 발행

저 자 | 김용의
발행인 | 김윤수
발행처 | 전남대학교출판부

등록 | 1981. 5. 21. 제53호
주소 | 500-757 광주광역시 북구 용봉로 77
전화 | (062) 530-0571～3
팩스 | (062) 530-0579
홈페이지 | http://altair.chonnam.ac.kr/～cnup

값 13,000 원

ISBN 978-89-7598-908-7 (93810)

이 도서의 국립중앙도서관 출판시도서목록(CIP)은 e-CIP홈페이지(http://www.nl.go.kr/ecip)에서 이용하실 수 있습니다. **(CIP제어번호: CIP2011000907)**